中国语言资源保护工程

浙江方言资源典藏　编委会

主任

朱鸿飞

主编

王洪钟　黄晓东　叶　晗　孙宜志

编委

（按姓氏拼音排序）

包灵灵　蔡　嵘　陈筱婳　程　朝　程永艳　丁　薇

黄晓东　黄沚青　蒋婷婷　雷艳萍　李建校　刘力坚

阮咏梅　施　俊　宋六旬　孙宜志　王洪钟　王文胜

吴　众　肖　萍　徐　波　徐丽丽　徐　越　许巧枝

叶　晗　张　薇　赵翠阳

教育部语言文字信息管理司
浙 江 省 教 育 厅　指导

中国语言资源保护研究中心　统筹

中国语言资源
保护工程

本书由浙江省财政资助出版

江山

浙江方言资源典藏

王洪钟　著

ZHEJIANG UNIVERSITY PRESS
浙江大学出版社
·杭州·

图书在版编目（CIP）数据

浙江方言资源典藏. 江山 / 王洪钟著. -- 杭州 ：
浙江大学出版社，2024. 12. -- ISBN 978-7-308-25679
-7

Ⅰ. H173

中国国家版本馆 CIP 数据核字第 2024JZ7405 号

浙江方言资源典藏·江山

王洪钟 著

策　　　划	陈　洁　包灵灵	
丛书主持	包灵灵	
责任编辑	田　慧	
责任校对	仝　林	
封面设计	周　灵	
出版发行	浙江大学出版社	
	（杭州市天目山路 148 号　邮政编码 310007）	
	（网址：http://www.zjupress.com）	
排　　版	杭州朝曦图文设计有限公司	
印　　刷	浙江省邮电印刷股份有限公司	
开　　本	710mm×1000mm　1/16	
印　　张	15.5	
插　　页	4	
字　　数	187 千	
版 印 次	2024 年 12 月第 1 版　2024 年 12 月第 1 次印刷	
书　　号	ISBN 978-7-308-25679-7	
定　　价	68.00 元	

江山名胜江郎山,2021年,王洪钟摄

江山古迹汪氏宗祠,2015年,王洪钟摄

江山方言老男发音人蔡秉洪,2020 年,王洪钟摄

江山方言老女发音人祝文娟,2016 年,王洪钟摄

江山方言青男发音人张康,2015 年,王洪钟摄

江山方言青女发音人徐珺,2015 年,王洪钟摄

江山口头文化发音人邓作友,2015 年,王洪钟摄

江山口头文化发音人刘青青,2015 年,王洪钟摄

江山口头文化发音人徐长秋, 2016 年, 王洪钟摄

江山口头文化发音人王锦土, 2020 年, 王洪钟摄

江山口头文化发音人叶玉萍、叶玉仙和徐珺母女，2020年，王洪钟摄

江山口头文化发音人徐小英和女儿，2020年，王洪钟摄

江山民俗揭子孙桶，2014 年，王洪钟摄

江山民俗抽惊，2015 年，王洪钟摄

江山方言调查现场(右一作者王洪钟),2015 年,李仪摄

江山方言摄录现场(右一顾问赵普义先生),2015 年,王洪钟摄

序

　　浙江省的方言资源具有丰富性、濒危性和未开发性的特点,急需开展大规模的全面深入的调查研究。几十年来,浙江省方言研究人才辈出,但很多专家都在省外工作。浙江方言的调查研究一直缺乏总体规划和集体行动,故而除了一些个人自发的研究以外,很少有成系列的调查报告和研究成果,与一些兄弟省(区、市)相比,反而远远落在了后面,这不能不说是一件十分遗憾的事。

　　近年来,随着语保工程的深入开展,浙江方言调查迎来了一个高潮。在浙江省教育厅、浙江省语言文字工作委员会办公室统一有力的领导下,在全省方言专业工作者的共同努力下,浙江省的语保工作开展得有声有色,成绩斐然,很多方面都走在了全国的前列。如省财政的配套支持、《浙江语保》杂志的出版、"浙江乡音"平台的建设、人才队伍的整合等方面,从全国来看都是具有创新性或领先性的。仅从人才队伍来说,经过这几年的持续培养锻炼,一大批年轻的方言工作者迅速成长。2018年年底,浙江省语言学会方言研究会成立,当时会员人数已达到60多人,可以说是浙江省历史上方言研究力量最为强盛的时期。

　　这次"浙江方言资源典藏"丛书的编写出版,就是浙江省语保工程成果的一次大展示。全省88个方言调查点,一点一本,每本包含概况、语音、词汇、语法、话语、口头文化,体系已相当完备,同时还配有许多生动的图片和高质量的音像语料,显示出该丛书与时俱进的一面。尽管篇幅还稍显单薄,话语材料也没有全部转写成音标,但各个方言调查点(其中包括许多从未报道过的方言调查点)的基本面貌已经呈现出来了,这无疑给今后更加详细深入的研究奠定了一个很好的基础。特别值得一提的是,"浙江方言资源典藏"丛书是全国首个以省为单位编写出版的语言资源成果。

我最近提出了浙江方言工作的四大任务:队伍建设、调查研究、保护传承、开发应用。这四个方面的工作有的处于起步阶段,有的尚处于基本空白的状态,可谓任重道远。方言及其文化的濒危和快速消亡无疑是令人痛心的,对方言的保护是时代给我们方言工作者提出的一项不可推卸的课题。从调查研究的角度,可以说我们赶上了一个大有可为的历史机遇。只要抓住机遇,脚踏实地去干,我们一定能够共同书写出一部浙江方言文化的鸿篇巨制,为后人留下一笔丰厚的非物质文化遗产。在此,我也预祝浙江省的方言工作者能够继续推出更多更好的研究成果。

是为序。

曹志耘

2018 年 12 月

前　言

"浙江方言资源典藏"丛书是"中国语言资源保护工程·浙江汉语方言调查"项目的成果汇编,是集体工作的结晶。

一、项目目标

"中国语言资源保护工程"是教育部、国家语言文字工作委员会2015年启动的以语言资源调查、保存、展示和开发利用等为核心的国家工程。首席专家为时任中国语言资源保护研究中心主任曹志耘教授。"中国语言资源保护工程·浙江汉语方言调查"项目负责人先后由浙江省教育厅语言文字应用管理处的李斌副处长和朱鸿飞处长担任。

"中国语言资源保护工程·浙江汉语方言调查"项目在浙江设77个方言调查点,浙江省在此基础上另增了11个方言调查点。该项目有如下目标:(1)记录以县(市、区)为代表点的方言;(2)以音像手段保存各地的方言。该项目设置的调查点覆盖了浙江的主要方言:吴方言、闽方言、徽方言和畲话。历史上对浙江汉语方言进行的比较全面的调查主要有两次:一次是1964—1966年的调查,调查的成果后来结集成《浙江省语言志(上、下)》(浙江人民出版社2015年11月第1版);另一次是2002—2005年的调查,后来出版了《汉语方言地图集》(商务印书馆2008年11月第1版),但是语料并未出版。这是第三次,与前两次相比,这次调查不仅利用了音像等现代化手段,而且覆盖面更广,每个县(市、区)用统一的调查材料至少调查一个地点;调查材料更加详尽细致,包括语音、词汇、语法、话语、口头文化等方面。

二、编纂缘起

在中国语言资源保护研究中心和浙江省语言文字工作委员会的领导和推动下,"中国语言资源保护工程·浙江汉语方言调查"项目进展顺利。浙江语言资源保护工程团队一致认为,调查成果对一般读者来说有一定的可读性,对语言学界来说具有重要的学术价值。在征得中国语言资源保护研究中心的同意后,项目负责人李斌副处长开始积极推动和筹划出版"浙江方言资源典藏"丛书,并得到了浙江语言资源保护工程团队各位专家的热烈响应。叶晗研究员积极联系出版社,丛书第一辑(16 册)最终于 2019 年年初由浙江大学出版社正式出版。在李斌副处长因工作需要换岗后,朱鸿飞处长继续大力推进《中国语言资源集·浙江》的编纂出版,始终关心"浙江方言资源典藏"丛书后续各册的编辑出版工作,积极筹措出版资金,为"浙江方言资源典藏"丛书(88 册)的全面出版奠定了扎实基础。

三、语料来源

"浙江方言资源典藏"丛书所有语料均来自浙江语言资源保护工程团队的实地调查,调查手册为《中国语言资源调查手册·汉语方言》(商务印书馆 2015 年 7 月第 1 版),调查内容包括方言的概况、语音、词汇、语法、话语、口头文化,以及地方普通话。丛书的语音部分收录了老年男性(正文中简称为"老男")以及青年男性(正文中简称为"青男")的音系和 1000 个单字音;词汇部分收录了以老年男性为发音人的 1200 个词语;语法部分收录了以老年男性为发音人的 50 个语法例句;话语部分收录了老年男性、老年女性(正文中简称为"老女")、青年男性、青年女性(正文中简称为"青女")篇幅不等的话题讲述,以及他们之间的 20 分钟的对话片段;口头文化部分收录了规定故事、其他故事、歌谣和自选条目,并补充了一些调查手册之外的浙江乡音材料;丛书未收录地方普通话材料。

四、丛书体例

1. 概况。包括地理位置、历史沿革、方言概况、发音人简介和常用方言词五个部分,其中方言概况部分附带地方曲艺介绍。

2. 音系。按照方言学界惯例排列,声母按发音部位分行,按发音方法分列。韵母按四呼分列,按韵尾分行,同类型的韵母按主要元音开口度的大小分行。声调标调值。例字的白读音使用单下画线,文读音使用双下画线。零声母符号[∅]除用于音系外,实际标音一律省略;调值及送气符号"ʰ"上标。

3. 单字。按"果、假、遇、蟹、止、效、流、咸、深、山、臻、宕、江、曾、梗、通"十六摄排序。同摄先分开合口,再分一二三四等,摄、呼、等、韵相同再按"帮(非)、滂(敷)、並(奉)、明(微);端、透、定;泥(娘)、来;精、清、从、心、邪;知、彻、澄;庄、初、崇、生;章、昌、船、书、禅、日;见、溪、群、疑、晓、匣;影、云、以"三十六字母排序,摄、呼、等、韵、声相同再按中古"平、上、去、入"四声排序。

单字音后的小字注采用简称形式,具体含义如下:

白:白读音	今:现在的读法
文:文读音	声殊:声母特殊
又:又读音	韵殊:韵母特殊
小:小称音	调殊:声调特殊

老:老派的读法　　　　　音殊:声韵调不止一项特殊

新:新派的读法　　　　　读字:只用于书面语,不用于口语

旧:过去的读法　　　　　单用:可单独使用,不必组合成词

无方言说法的单字,注明"(无)"。

4.词汇。词条按意义范畴分类,按实际发音标音。用字一般使用现行规范字,有本字可用者一律使用本字,本字不明者用方言同音字,同时在该字右上角用上标"⁼"标明。但表近指或远指的"格""葛""即""介""乙"、复数义的"拉"等,属于习用的表音字,不加同音字符号"⁼"。既无本字又无同音字的用方框"□"表示。一律不使用训读字,尽量不使用俗字。合音字尽量使用已有现成字形的字,例如"勠、勠、劺"等;如方言无现成字形的合音字,用原形加"[ ]"表示。"並、睏、煠、隑、盪"等异体字或繁体字是音韵学、方言学中具有特殊含义的专用字,本丛书予以保留。

一个词条有多个读音时,用单斜线"/"间隔;一个词条有多种说法时,按使用频率由高到低排序;各种说法的性质不同时,音标后加注小字,体例同上文单字音后的小字注;鼻尾型或鼻化型的小称,采用方言词加小号字"儿"的方式表示,如:义乌"弟弟"义的"弟儿din²⁴",温岭"父亲"义的"伯儿pã⁵¹";变调型及变韵＋变调型的小称,采用音标后加小号字"小"的方式表示,如:江山"爷爷"义的"公koŋ²⁴¹小",宁波"鸭子"义的"鸭ε³⁵小"。

无方言说法的词条,注明"(无)"。

5.语法、话语、口头文化一律只记实际读音;方言转写使用宋体字,普通话译文使用楷体字。话语及故事属于即时讲述的自然口语,难免出现口误、重复、颠倒、跳脱等现象,其方言转写与国际音标力求忠实于录音,普通话译文采取意译方式,不强求与之一一对应。

6.单字、词汇、语法例句及其释例基本依据《中国语言资源调查

手册·汉语方言》。

　　本丛书从第二辑开始,对所有方言材料均标注国际音标。各种音标符号形体繁复,浙江大学出版社的编辑团队克服困难,精心编校,尽心尽力,是特别需要表示感谢的。

目　录

第一章 概　况

一、地理位置

江山隶属于浙江省衢州市,位于浙江省西南部,浙闽赣三省交界处,东邻衢江区及丽水市的遂昌县,南连福建省的浦城县,西接江西省的玉山、广丰两县,北与常山县相交。江山市域南北长 70.75 公里,东西宽 41.75 公里,总面积 2019 平方公里,辖 11 镇 5 乡 3 街道,分别是:上余镇、四都镇、贺村镇、坛石镇、大桥镇、新塘边镇、长台镇、石门镇、凤林镇、峡口镇、廿八都镇,大陈乡、碗窑乡、张村乡、塘源口乡、保安乡,双塔街道、虎山街道、清湖街道。[1] 截至 2015 年年底,全市总户数 19.78 万,户籍人口 61.09 万。[2]

距江山市区 25 公里的江郎山为中国丹霞第一奇峰,三爿巨石耸立山巅,形如天柱,堪称"雄奇冠天下,秀丽甲东南",自唐宋以来,历代文人如白居易、陆游、辛弃疾、徐霞客等都曾在此驻足并留下诗

---

[1]　参见江山市政府门户网站,http://www.jiangshan.gov.cn/col/col1206562/index.html,2022 年 8 月 15 日获取。

[2]　参见《2016 年浙江统计年鉴》,http://tjj.zj.gov.cn/col/col1525563/index.html,2022 年 8 月 15 日获取。

文,现已被联合国教科文组织列为世界自然遗产。三省交界处的廿八都古镇,被称作"遗落在大山里的梦",今为国家级历史文化名镇、中国民间艺术之乡。

二、历史沿革

唐武德四年(621)分信安县地置须江县,为江山建县之始,隶属于衢州。五代吴越宝正六年(931),因境南有江郎山,吴越王钱镠改须江县为江山县。南宋咸淳三年(1267),江山县改名为礼贤县,县治徙礼贤。元至元十三年(1276),复礼贤县为江山县,迁旧治。明清,江山均属衢州府。民国年间一度属金华道。1949 年后属衢州专区,1955 年改属金华专区,1985 年属地级衢州市。1987 年撤县设市,仍属衢州市。①

三、方言概况

江山方言,俗称江山腔,属吴语上丽片上山小片,通行于江山全市。江山方言内部差异很小,南北方言只有少数字音略有不同。除江山方言外,市境南部的廿八都镇还通行"廿八都官话",当地称"正字",使用人口约 1 万,他们大多也会讲江山腔。本地流行的婺剧使用金华读书音。

本书语音以城区的江山腔为准。

---

①　参见江山市政府门户网站,http://www. jiangshan. gov. cn/col/col1206562/index. html,2022 年 8 月 15 日获取。

四、发音人简介

姓名	性别	出生年月	文化	职业	出生地
蔡秉洪	男	1954 年 1 月	小学	职工	虎山街道
祝文娟	女	1956 年 8 月	高中	自由职业者	虎山街道
张　康	男	1989 年 10 月	中专	文艺工作者	清湖街道
徐　珺	女	1980 年 12 月	本科	基层干部	坛石镇
邓作友	男	1945 年 10 月	初中	自由职业者	峡口镇
徐长秋	男	1967 年 10 月	高中	工商业者	凤林镇
刘青青	女	1988 年 8 月	本科	基层干部	清湖街道
王锦土	男	1948 年 9 月	高中	职工	虎山街道
叶玉仙	女	1954 年 7 月	高中	自由职业者	坛石镇
叶玉萍	女	1970 年 12 月	中专	协警	坛石镇
徐小英	女	1978 年 9 月	大专	自由职业者	大陈乡

五、常用方言词

渠　　　　$\eta\partial^{22}$　　　　代词,第三人称单数,他:～姓毛。

渠侬　　　$\eta\partial^{22}\,na\eta^{53}$　　同上。

渠些侬　　$\eta\partial^{22}\,\varphi i\varepsilon\Omega^5\,na\eta^0$　代词,第三人称复数,他们:～走罢。

俺　　　　$a\eta^{243}$　　　　代词。①第一人称复数,我们:～是徛车

站买个票。②第一人称所有格,我(的)、

我们(的):～馳爸爹妈。|～江山

乙　　　　$i\varepsilon\Omega^5$　　　　代词,这,本字或为"这",采用表音字:～

个|～里。

[乙样]	iaŋ²⁴³	代词，这样、这么，"乙样 iɛʔ⁵iaŋ³¹"的合音：～快。
[乙个]记	ia⁵³ki⁰	现在，这会儿，"ia⁵³"是"乙个 iɛʔ⁵ka⁵³"的合音：早时跟～无法比个。
喝⁼	xaʔ⁵/aʔ⁵	代词，那，本字或为"许"，采用同音字：～个｜～里。
[喝⁼样]	xaŋ²⁴³	代词，那样、那么，"喝⁼样 xaʔ⁵iaŋ³¹"的合音：～快。
喝⁼记	xaʔ⁵ki⁰	那时，过去：～个水清得来。
喃⁼	naŋ²¹³	代词，怎么、怎样，本字不明，采用同音字：你～知得嘎？
嚓⁼	tsʰaʔ⁵	代词，哪，本字不明，采用同音字：～里｜～个。
督⁼岁⁼	toʔ⁴xuɛ⁵³	代词，什么事、干什么，本字不明：你侬～啦？
倒⁼	tɐɯ²⁴³	代词，什么，本字不明：～侬｜～时｜～场地。
倒⁼西	tɐɯ²⁴ɕi⁴⁴	代词，什么：唱～｜无～嬉。
侬	naŋ²¹³	名词，人，本字为"农"：江山～｜媒～。
水	y²⁴³	名词，音"椅"，也作"朩"，本字是"水"：发大～。"水"另有 ɕy²⁴³白、suɛ²⁴³文两音。
触⁼	tɕʰyɛʔ⁵	名词，家，"处"的促读：～里无侬。
衰⁼衰⁼	ɕiɐ̃⁴⁴ɕiɐ̃⁴⁴	名词，孩提、小时候，本字不明：～欠侬账。
咥	tiɛʔ⁵	动词，吃：～饭。
促⁼	tsʰoʔ⁵	动词，看，本字不明：～电视。
话	yə³¹/yə⁵³	动词，说，有学者作"曰"：我～渠弗过。
畀	pɛ⁴⁴/pəʔ⁵	①动词，拿：帮镜～出来照。②动词，给：～你一本书。③介词，把：～渠搭来。

□	gyaŋ²¹³	动词，叫，音"光阳平"，本字未明：①呼唤、叫：～渠三声。②称：大家～渠牛郎。③使、让：～你坐红凳，你□[lɐɯ⁵³]要坐碚石石头。
徛	gE²²	①动词，站：～岗⁼在堂里。②动词，盖、起：～新屋。③动词，在：渠媗～触⁼里。④介词，在：～车站买个票。
□	lɐɯ⁵³	动词，要，音"涝阴去"，本字不明：弗～客气。
倒	tɐɯ⁰	动词，用在动词后表结果，相当于普通话"掉"：帮老屋拆～∣毛病少～罢。
啦	la⁵³	叹词，对话中用来提醒注意、寻求回应的话语标记，相当于普通话"知道吧""对吧"：囡妹儿哼大起，～。
喂吔	uE³¹iə⁰	叹词，哎呀：～，真煞劲有趣嘞。
个₁	a⁵³/ka⁵³/aʔ⁵	数词，用于位数词、量词前表示"一"：～百五∣～竹篙捶死～船侬。"一"单纯计数或表序数时读 iEʔ⁵。
末	moʔ⁰	量词，点儿：装～香拜拜。
些儿	çĩ⁴⁴	量词，些：病好～罢。
个嘞	kəʔ⁵lE⁴⁴	数量词，一个：～侬∣～面头馒头∣～事体。
蛮	maŋ²¹³	副词，挺：～有意思。
得⁼	təʔ⁵	副词，都：大家～蛮欢喜渠。
蛤⁼	gəʔ²	副词，还，本字不明：～有两个侬。
腔⁼	kʰiaŋ⁴⁴	副词，刚，本字不明：～碰着两个刁民。
常⁼	dʑiaŋ²¹³	副词，"就乙样 dʑiEʔ²iEʔ⁵iaŋ³¹"的合音，相当于"就这样"：～逃归跑进逃出。

孛=	bəʔ²	副词,用于是非问发问,相当于"是否":你~跟渠话过啦?
亦	iɛʔ²	副词,又:喝=记~无电灯,~弗准点蜡烛。
都	to⁴⁴	副词,也:我~去。
劦	fa²⁴³	副词,不会,"弗会"的合音,这里使用俗字:渠~来个。
徛里	gɛ²² ləʔ⁰ / gəʔ² ləʔ⁰	副词:在,正在:~促=看电视。
亦屑=	iɛʔ² səʔ⁵	副词,更:规矩~多。
担	taŋ⁴⁴	介词,把:~纸得=划破罢。
得	təʔ⁵	介词,被:~王母娘娘促=着罢。
岗=	kaŋ⁰/gəʔ⁰	介词,用在动词与处所宾语之间,相当于"在":徛~外向外面。
个₂	gəʔ⁰	①助词,相当于普通话"的":我~书。②语气词,相当于普通话"的":好~。
察	tsʰaʔ⁰	助词,看,用在重叠动词后表示尝试,读轻声:算算~。
哱	bəʔ⁰	语气词,用在句中表示停顿,相当于"呢":过年个时候~有粽咥个。
嘞	ləʔ⁰/lɛʔ⁰	语气词,①用在句中表示停顿,相当于"呢":其实~乙老牛~是天里个金牛星。②用在句末感叹,相当于"啊":日子过真快~。

第二章 语 音

一、音 系

(一)老男音系

1.声母(28个,包括零声母在内)

p 布兵八	pʰ 派片劈	b 肥病白	m 马明麦	f 飞风法	v 肥饭罚
t 多张竹	tʰ 讨天塔	d 大甜毒	n 脑南日		l 老蓝落
ts 资争扎	tsʰ 抽寸插	dz 茶赚值		s 丝山色	z 祠床贼
tɕ 早装节	tɕʰ 刺春尺	dʑ 柱上舌	ȵ 泥年热	ɕ 书双锡	ʑ 事床日
k 九关角	kʰ 开轻壳	g 球共局	ŋ 熬软月	x 好响血	
∅ 壶安药					

说明:

(1)[b][d][g][dz][dʑ]等浊音声母遇阳平字时有较强的送气。

如:排、弹、茄、财、棋。

（2）[tɕ]组声母遇[iɐ][iɐʔ][iɐ̃]韵时音值接近[tʃ]组。如:针、深、陈、使、事。

（3）[k]组声母拼细音时,实际音值为[c]组。

2. 韵母（53 个）

	i 二戏飞是	u 豆后芋无	y 吹垂跪水
ɒ 茶牙猪蟹		uɒ 瓦花挂画	
a 排鞋破锤	ia 驰	ua 快怪饿外	
o 歌马做错			
ə 丝鱼去抱	iə 写饱磨鸡	uə 布路草讨	yə 过靴书雨
ɛ 开赔皮迟		uɛ 对鬼灰水	
ɯ 师豆走牛	iɯ 油有		
ɵ 二记块龟	iɵ 师事使柿		
ɐɯ 宝刀老敲	iɐɯ 笑桥敲瘦		
ɜ̃ 根新长床	iɜ̃ 盐年肩半	uɜ̃ 寸滚碗嫩	yɜ̃ 缠官权县
	ĩ 心灯正星		yĩ 春云永船
ə̃ 金转银勤	iə̃ 深震陈身		
aŋ 山糖争兄	iaŋ 减响讲长	uaŋ 弯王梗横	yaŋ 光慌黄王
ɒŋ 暗算方讲	iɒŋ 痒龙双床		
əŋ 断裙僧肯			
oŋ 东关门朋	ioŋ 终穷用冲		
aʔ 塔八色六	iaʔ 捏勺药学	uaʔ 活刮郭或	yaʔ 霍镬

ɒʔ 盒辣壳学　　　iɒʔ 熟肉烛赎

ɛʔ 是　　　　　　iɛʔ 急热笔直　　　　　　　　　yɛʔ 阔雪月出

əʔ 七刻贼黑

ɐʔ 笔骨绿曲　　　iɐʔ 汁十刷镯

oʔ 月北六绿　　　ioʔ 局叔熟曲　　　uoʔ 国谷哭屋

说明：

（1）央半低圆唇元音[ɐ]发音时舌面下压，带卷舌色彩，也有学者记作[ɵ]或[œ]。

（2）[ɯ]韵舌位偏央，略开，与[ts]组声母相拼时音色与舌尖前元音[ɿ]颇似；[iɯ]韵实际音值接近[iəʊ]。

（3）元音[u]作韵头与韵腹时均较开，音值近[ʊ]。

（4）[a][ia][ua][ɛ][uɛ][ə][iə][uə]诸韵的主元音[a][ɛ][ə]略有动程，音值近[aɛ][ɛɐ][əɐ]，其中[uə]跟[p]组声母相拼时，韵头[u]仅体现为嘴角略收。

（5）[ɒŋ]韵有鼻化倾向，[ɒ][uɒ][ɒŋ][iɒŋ][ɒʔ][iɒʔ]中[ɒ]的音值在[ɔ][ɒ]之间。

（6）[aŋ][aʔ]等韵母中的[a]舌位偏央，实际音值为[ʌ]。

（7）[oŋ]韵拼零声母时实际音值为[uoŋ]，[oʔ]拼[k]组和零声母时，记作[uoʔ]。

（8）[iɛʔ][yɛʔ]韵里的[ɛ]舌位稍偏后。

（9）[ə]韵与[ts]组声母相拼时带有近似[ɿ]或[ɯ]的过渡音。

3.声调(8个)

阴平	44	东该灯风通开天春
阳平	213	门龙牛油铜皮糖红
阴上	243	懂古鬼九统苦讨草
阳上	22	买老五有动近后卖
阴去	53	冻怪半四痛快寸去
阳去	31	路硬乱洞地饭树罪
阴入	5	谷百搭节急拍塔刻
阳入	2	六麦叶月毒白盒罚

说明:

(1)阳平[213]实际调值为[2131]。

(2)阴上[243]实际调值为[2243],升势较缓,降势有时不明显。部分阴上字调值趋近阳平[2131]。如:死、子、狗。

(3)阴去[53]实际调值为[453]。

(4)阳去[31]实际调值为[231]。

4.两字组连读变调规律

江山方言两字组连读变调规律见下表。表中首列为前字本调,首行为后字本调。每一格的第一行是两字组的本调组合,第二行是连读变调,若连读调与单字调相同,则此处空白,第三行为例词。同一两字组若有两种以上的变调,则以横线分隔。

江山方言两字组连读变调表

后字 前字	阴平 44	阳平 213	阴上 243	阳上 22	阴去 53	阳去 31	阴入 5	阳入 2
阴平 44	44 44 24 生 姜	44 213 24 53 清 明	44 243 烧 酒	44 22 师 父	44 53 24 冬 至	44 31 24 53 杉 树	44 5 24 猪 血	44 2 蜂 蜜
	44 44 24 天 光	44 213 24 梳 头			44 53 归 去		44 5 知 得	44 2 24 阴 历
阳平 213	213 44 22 台 风	213 213 22 蚊 虫	213 243 22 牛 牯	213 22 22 肥 皂	213 53 22 油 菜	213 31 22 53 松 树	213 5 22 芦 粟	213 2 22 茶 叶
				213 22 22 53 徒 弟		213 31 22 22 皮 蛋		213 2 24 阳 历
阴上 243	243 44 44 手 巾	243 213 44 本 钿	243 243 44 狗 牯	243 22 24 起 码	243 53 44 散 碎	243 31 44 姊 妹	243 5 44 喜 鹊	243 2 44 扁 食
		243 213 24 早 时	243 243 24 几 许		243 53 24 几 个	243 31 24 古 代		
阳上 22	22 44 舞 狮	22 213 上 坟	22 243 老 虎	22 22 弟 妇	22 53 断 气	22 31 女 妹	22 5 徛 屋	22 2 老 佛
		22 213 53 后 年						
阴去 53	53 44 44 背 心	53 213 44 拜 堂	53 243 44 戒 指	53 22 44 昼 罢	53 53 44 种 菜	53 31 44 53 算 命	53 5 44 教 室	53 2 44 放 学
阳去 31	31 44 22 面 巾	31 213 22 旧 年	31 243 22 事 体	31 22 22 味 道	31 53 22 大 蒜	31 31 22 53 雾 露	31 5 22 大 腹	31 2 22 大 麦

续表

前字＼后字	阴平 44	阳平 213	阴上 243	阳上 22	阴去 53	阳去 31	阴入 5	阳入 2
阴入 5	5 44 结 婚	5 213 腹 脐	5 243 黑 板	5 22 屋 柱	5 53 4 合 算	5 31 柏 树	5 5 4 吸 铁	5 2 扎 实
阳入 2	2 44 目 睛	2 213 木 头 2 213 53 日 时	2 243 麦 秆	2 22 木 耳	2 53 月 半	2 31 佛 豆	2 5 蜡 烛	2 2 目 热

江山方言两字组的连读变调有如下特点：

(1)完全不变调的组合约占全部声调组合的三分之一以上。

(2)入声不论前字后字,均不变调,仅个别阴入前字的实际调值在后字的起始调值为 5 度时降为 4 度;

(3)阴调类舒声前字大多变读为[44],少部分变读为[24],阳调类前字则变读为[22];

(4)阴调类舒声后字均不变调,少数阳调类后字变读为[53]。

(5)阴平、阴上作前字时会产生新调值[24];阴入作后字时调型略有上扬,实际音值为短调[45]。

5.小称音变规律

江山方言存在少量小称音,音变方式有两类：

(1)阴声韵音节读小称时,韵母鼻化或加鼻尾[ŋ],同时声调也多有变化。例如：

姑夫 kuə⁴⁴fuə⁴⁴——姑夫ﾉﾚ kuə⁴⁴fɛ̃²⁴³

大姨 do³¹i⁵³——大姨ﾉﾚ do²²ĩ²²

兄嫂 xaŋ⁴⁴suə²⁴³——兄嫂ﾉﾚ xaŋ⁴⁴suɛ̃⁴⁴

外婆 ŋua²²biə²¹³—外婆儿 ŋua²²biɛ̃²²

舅 gɯ²²—舅儿 gəŋ²²

舅母 gɯ²²mu²²—舅母儿 gəʔ²moŋ²²

（2）阳声韵音节的小称音只变声调，不变韵母。例如：

公 koŋ⁴⁴—公爷爷 koŋ²⁴³小

外公 ŋua²²koŋ⁴⁴—外公 ŋua²²koŋ²⁴³小

玄孙 yɛ̃²¹³suɛ̃⁴⁴—玄孙 yɛ̃²²suɛ̃²⁴³小

细后生 ɕiə⁵³u²²saŋ⁴⁴—细后生 ɕiə⁴⁴uoʔ²saŋ²⁴³小

6.其他主要音变规律

（1）语流中，有时会出现[n][m]自成音节的情况。例如：你[n̠i²²]语流中也读[n²²]，无[mu²⁴³]语流中也读[m²⁴]或[m⁴⁴]。

（2）词语中意义相对较虚的后字及句子中的动态助词、语气词等往往弱读为轻声，其调值统一标记为[0]。

（3）有些常用词中的舒声字会出现促化。例如：东西 təʔ⁵ɕi⁴⁴∣今日 kɒʔ⁵ləʔ²∣明日 maʔ²ləʔ²∣舅母儿 gəʔ²moŋ²²∣前头 zuɛ²²doʔ²∣后头 u²²doʔ²∣大姨夫儿 do²²iɛʔ²fɛ̃²⁴³。

（4）有些常用词的声韵母会受前后音节的影响而发生顺同化或逆同化。例如：木耳 moʔ²mi²²∣包萝 po²⁴lo⁵³。

（二）青男音系

1.声母（28个）

p 八兵	pʰ 派片	b 病爬肥	m 麦明味	f 飞风副	v 肥饭味
t 多张竹	tʰ 讨天	d 甜毒	n 脑南		l 老连路
ts 资租争	tsʰ 草寸抽	dz 茶		s 丝三山	z 字贼祠

tɕ 早酒装　tɕʰ 刺清春　dʑ 全柱城　ɲ 年泥热　ɕ 想双书　　z 坐事顺
k 高九　　kʰ 开轻　　　ɡ 共权　　　ŋ 软熬月　x 好灰响
Ø 活安温

说明：

(1)[tɕ]组声母遇[iɐ]韵时带舌叶色彩。

(2)[k]组声母与细音相拼时实际音值为[c]组声母。

(3)[x]有时与阳调类韵母相拼。例如：学、魂。

(4)[b][d][ɡ][dz][dʑ]声母遇阳平字时有较强送气。例如：图、渠、除、锤。

2. 韵母(50个)

	i 坐米戏二飞短	u 豆	y 水
ɒ 茶牙猪		uɒ 瓦	
a 排鞋	ia 驰	ua 快	
o 歌			
ə 丝	iə 写饱		yə 过靴雨
ɛ 开赔		uɛ 对鬼灰	
ɯ 师走	iɯ 油		
ɵ 二	iɵ 师		
ɐɯ 宝	iɐɯ 笑桥		
ɛ̃ 根新	iɛ̃ 盐年半	uɛ̃ 寸滚	yɛ̃ 官权
	ĩ 心灯升星		yĩ 春云
ɵ̃ 金	iɵ̃ 深		
aŋ 南山糖硬争病兄	iaŋ 响	uaŋ 王横	yaŋ 王

ɔŋ 讲	iɒŋ 双床		
əŋ 断裙僧肯			
oŋ 东	ioŋ 用		
aʔ 塔鸭法八托色白六	iaʔ 药学	uaʔ 活刮郭	yaʔ 霍
ɒʔ 盒辣壳学	iɒʔ 肉		
ɜʔ 七	iɛʔ 接贴急热节一橘直尺锡	uəʔ 月北国谷	yɐʔ 出局
ɐʔ 骨绿	iɐʔ 十		
	ioʔ 月		

说明：

(1)[ɐ][iɐ]两韵带卷舌色彩。

(2)[ə]略有动程,实际音值为[əɐ]。

(3)[ɜ]韵元音[ɜ]略开,音值接近[æ]。

(4)[aŋ][iaŋ][uaŋ][yaŋ][aʔ][iaʔ][uaʔ]中的[a]舌位偏央,音值接近[ʌ]。

(5)[oŋ]韵拼零声母时实读[uoŋ]。

(6)[uəʔ]韵中韵头[u]音近[ʊ],音程极短,例如:毒、足、缩。

(7)[ɯ]韵遇[ts]组声母时舌位偏前,听感上与[ɿ]颇为相似。

3.声调(8个)

阴平	44	东该灯风通开天春
阳平	213	门龙牛油铜皮糖红
阴上	243	懂古鬼九统苦讨草
阳上	22	买老五有动近后卖

阴去	53	冻怪半四痛快寸去
阳去	31	路硬乱洞地饭树罪
阴入	5	谷百搭节急哭拍塔切刻
阳入	2	六麦叶月毒白盒罚

说明：

(1)阳平[213]实际调值为[2131]。

(2)阴上[243]实际调值为[2243]，调型有时与阳平相近。

(3)阴去[53]前半段微升，实际调值为[453]。

(4)阳去[31]实际调值为[231]。

4. 新老异读

江山方言新老派差异主要体现在声母和韵母方面。下文"/"前为老派（老男读音），"/"后为新派（青男读音）。

(1)新派文读音及一字多音大大减少。

老派文白两读字较多，新派往往只读其中一种。例如：

绿 $lɐʔ^2$ 白 $loʔ^2$ 文/$lɐʔ^2$　　　　六 $laʔ^2$ 白 $loʔ^2$ 文/$laʔ^2$

密 $maʔ^2$ 白 $miɛʔ^2$ 文/$miɛʔ^2$　　　震 $tɕiɐ^{53}$ 白 $tɕ\tilde{i}^{53}$ 文/$tɕ\tilde{i}^{53}$

剥 $piaʔ^5$ 白 $paʔ^5$ 文/$piaʔ^5$　　　讲 $kɒŋ^{243}$ 白 $kiaŋ^{243}$ 文/$kɒŋ^{243}$

帮 $piaŋ^{243}$ 白 $pɒŋ^{243}$ 文/$piaŋ^{243}$　　绑 $piaŋ^{243}$ 白 $pɒŋ^{243}$ 文/$piaŋ^{243}$

忙 $miaŋ^{213}$ 白 $mɒŋ^{213}$ 文/$miaŋ^{213}$　　长 $d\tilde{ɛ}^{213}$ 白 $dʑiaŋ^{213}$ 文/$d\tilde{ɛ}^{213}$

裙 $gəŋ^{213}$ 白 $gy\tilde{i}^{213}$ 文/$gəŋ^{213}$　　笔 $pɐʔ^5$ 白 $piɛʔ^5$ 文/$pɐʔ^5$

神 $ziɐ^{213}$ 白 $z\tilde{i}^{213}$ 文/$ziɐ^{213}$　　远 $xoŋ^{243}$ 白 $y\tilde{ɛ}^{44}$ 文/$xoŋ^{243}$

园 $koŋ^{53}$ 白 $y\tilde{ɛ}^{213}$ 文/$koŋ^{53}$　　圆 $oŋ^{53}$ 白 $y\tilde{ɛ}^{213}$ 文/$y\tilde{ɛ}^{213}$

厚 gu^{22} 白 $ɯ^{22}$ 文/gu^{22}　　　狗 ku^{243} 白 $kɯ^{243}$ 文/ku^{243}

钩 ku^{44} 白 $kɯ^{44}$ 文/ku^{44}　　　头 du^{213} 白 $dɯ^{213}$ 文/du^{213}

豆 du³¹ 白 dɯ³¹ 文/du³¹　　　　　　试 ɕi⁵³ 白 sɯ⁵³ 文/ɕi⁵³

时 ʑiɵ²¹³ 白 zɯ²¹³ 文/ʑiɵ²¹³　　　地 diɵ³¹ 白 di³¹ 文/diɵ³¹

岁 xuE⁵³ 白 ɕy⁵³ 文/xuE⁵³　　　　世 sE⁵³ 白 ɕi⁵³ 文/ɕi⁵³

戒 ka⁵³ 白 kia⁵³ 文/ka⁵³　　　　来 li²¹³ 白 lE²¹³ 文/li²¹³

老派有不少字有两个或多个读音,新派通常只会读一个音。

例如:

择 daʔ² ~菜 dzaʔ² 选~/dzaʔ²　　　孔 kʰəŋ²⁴³ 单用 kʰoŋ⁵³ 姓~/kʰoŋ²⁴³

旺 yaŋ³¹ ~猪 uaŋ³¹ 兴~/uaŋ⁵³　　各 kɒʔ⁵ ~顾 kuaʔ⁵ ~侬/kɒʔ⁵

新 sɛ̃⁴⁴ 单用 soŋ⁴⁴ ~妇/sɛ̃⁴⁴　　　缺 kʰiE⁵ 田~kʰyE⁵ 单用/kʰyE⁵

监 kaŋ⁵³ 太~kiaŋ⁴⁴ ~督/kaŋ⁵³　　南 naŋ²¹³ 单用 nɒŋ²¹³ ~坞:地名/naŋ²¹³

品 pʰĩ⁵³ 奖~pʰi⁵³ ~貌/pʰĩ⁵³　　　手 tɕʰyɵ²⁴³ 顺~sɯ²⁴³ ~机/tɕʰyɵ²⁴³

灶 tsuɵ⁵³ ~公~母 tɕioʔ⁵ ~木=底/tsuɵ⁵³　　土 tʰuɵ⁴⁴ 名词 tʰuɵ²⁴³ 形容词/tʰuɵ⁴⁴

坐 ʑi²² ~车 zo²² 一定/ʑi²²

此外,新派还有"鹤 ŋɒʔ²、暖 nɒŋ²²、截 ʑiEʔ²、瞎 xaʔ⁵、看 kʰaŋ⁵³、敲 kʰɐɯ⁴⁴ 白 kʰiɐɯ⁴⁴ 文、糙 tsʰɯ⁵³、季 kyɵ⁵³"等少数字不会读。

(2)新派不少字的读音在向普通话靠拢。

新派虽然并未增加新的音位,即变化仍在原有的音系框架内,但声韵调的配合与分布在一定程度上突破了原有格局,更趋近于普通话。例如:

完 yɛ̃²¹³/uaŋ²¹³　　搬 bɛ̃²¹³/paŋ⁴⁴　　产 saŋ²⁴³/tɕʰiaŋ²⁴³

甲 kaʔ⁵/kiaʔ⁵　　　武 vu²²/u²²　　　锤 dza²¹³/dzuE²¹³

转 tɵ²⁴³/tɕyɛ̃²⁴³　　眉 mɵ²¹³/mE²¹³　　蚁 ŋa²²/i²²

(3)古匣母字,老派读零声母,新派多读擦音声母[ɕ][ʑ][x]。

例如:

学 ɒʔ²/xɒʔ²　　　项 ɒŋ³¹/ɕiaŋ⁵³　　魂 uɛ̃²¹³/xuɛ̃²¹³

害 E³¹/xE³¹　　　　祸 o³¹/xyɵ⁵³　　降 ɒŋ²¹³/ʑiaŋ²¹³

限 aŋ²² / xiɛ̃⁵³　　　　　盒 ɒʔ² / xɒʔ²　　　　　鞋 a²¹³ / xa²¹³

形 ĩ²¹³ / ʑĩ²¹³　　　　　熊 ioŋ²¹³ / ʑioŋ²¹³　　　咸 aŋ²¹³ / xaŋ²¹³

（4）疑母少数字，老派读[ŋ]声母，新派读零声母。例如：

蚁 ŋa²² / i²²　　　　　　岩 ŋaŋ²¹³ / iɛ̃²¹³　　　　原 ŋyɛ̃²¹³ / yɛ̃²¹³

（5）见组及晓母部分字，老派读[k]组声母，新派读[tɕ]组声母。例如：

均 kyĩ⁴⁴ / tɕyĩ⁴⁴　　　　契 kʰi⁵³ / tɕʰiɐʔ⁵　　　牵 kʰiɛ̃⁴⁴ / tɕʰiɛ̃⁴⁴

吃 kʰiɐʔ⁵ / tɕʰiɐʔ⁵　　　休 xiɐɯ⁴⁴ / ɕiɐɯ⁴⁴　　歇 xiɐʔ⁵ / ɕiɐʔ⁵

穷 gioŋ²¹³ / dʑioŋ²¹³

（6）知母少数字，老派读[t]组声母，新派读[tɕ]组声母。例如：

转 tɵ̃²⁴³ / tɕyɛ̃²⁴³　　　桩 tiɒŋ⁴⁴ / tɕiɒŋ⁴⁴　　　中 tioŋ⁴⁴ / tɕioŋ⁴⁴

（7）老派读[oʔ]韵的，新派都读[uəʔ]或[əʔ]。例如：

足 tsoʔ⁵ / tsuəʔ⁵　　　缩 soʔ⁵ / suəʔ⁵　　　　族 zoʔ² / dzuəʔ²

毒 doʔ² / duəʔ²　　　　鹿 loʔ² / luəʔ²　　　　木 moʔ² / məʔ²

（8）老派读[ioʔ]韵的，新派都读[yɐʔ]。例如：

菊 kioʔ⁵ / kyɐʔ⁵　　　曲 kʰioʔ⁵ / kʰyɐʔ⁵　　局 gioʔ² / gyɐʔ²

浴 ioʔ² / yɐʔ²　　　　粥 tɕioʔ⁵ / tɕyɐʔ⁵　　　叔 ɕioʔ⁵ / ɕyɐʔ⁵

熟 dʑioʔ² / ʑyɐʔ²

（9）咸山摄、曾梗摄个别字，老派读[aŋ]韵的，新派读[iɛ̃]及[ĩ]。例如：

岩 ŋaŋ²¹³ / iɛ̃²¹³　　　限 aŋ²² / xiɛ̃⁵³　　　　冰 paŋ⁴⁴ / pĩ⁴⁴

柄 paŋ⁵³ / pĩ²⁴³

（三）文白异读

江山方言的文白异读主要体现在声母和韵母方面，具体如下（下文"/"前为白读，后为文读）。

(1)非母奉母合口三等个别字,白读为[p][b][m]声母,文读为[f][v]声母。例如:

放 poŋ⁵³/fɒŋ⁵³ 　　　肥 bi²¹³/vi²¹³ 　　　味 mi³¹/vi³¹

(2)澄母开口二三等少数字,白读为[d]声母,文读为[dʐ]或[dz]声母。例如:

长 dɛ̃²¹³/dʐiaŋ²¹³ 　　　择 daʔ²/dzaʔ²

(3)生母、书母三等个别字,白读为[ɕ]或[tɕʰ]声母,文读为[s]声母。例如:

师 ɕiɐ⁴⁴/sɯ⁴⁴ 　　　水 ɕy²⁴³/suɛ²⁴³ 　　　手 tɕʰyə²⁴³/sɯ²⁴³

(4)日母开口三等少数字,白读为[n̠]声母,文读为零声母或[ʐ]声母。例如:

儿 n̠i²⁴³/ɚ²¹³ 　　　二 n̠i³¹/ɚ⁵³ 　　　人 n̠ĩ²¹³/ʐĩ²¹³

(5)果摄开口一等少数字,白读为[a]韵母,文读为[o]韵母。例如:

拖 tʰa⁴⁴/tʰo⁴⁴ 　　　个 ka⁵³/ko⁵³

(6)遇摄合口三等少数字,白读为[ə]、[iə]、[ɯ]韵母,文读为[yə]韵母。例如:

书 ɕiɐ⁴⁴/ɕyə⁴⁴ 　　　许 xə²⁴³/xȳə²⁴³ 　　　树 dzɯ³¹/zyə³¹

(7)止摄开口三等少数字,白读为[iɐ]韵母,文读为[ɯ]韵母。例如:

师 ɕiɐ⁴⁴/sɯ⁴⁴ 　　　时 ʐiɐ²¹³/zɯ²¹³

(8)止摄合口三等少数字,白读为[y]韵母,文读为[uɛ]韵母。例如:

亏 kʰy⁴⁴/kʰuɛ⁴⁴ 　　　围 y²¹³/uɛ²¹³ 　　　水 ɕy²⁴³/suɛ²⁴³

(9)效摄开口二等少数见晓组字,白读为[ɐɯ]韵母,文读为[iɐɯ]韵母。例如:

交 kɐɯ⁴⁴/kiɐɯ⁴⁴　　　敲 kʰɐɯ⁴⁴/kʰiɐɯ⁴⁴　　　孝 xɐɯ⁵³/xiɐɯ⁵³

(10)流摄开口一等部分字,白读为[u]韵母,文读为[ɯ]韵母。例如:

头 du²¹³/dɯ²¹³　　　　豆 du³¹/dɯ³¹　　　　钩 ku⁴⁴/kɯ⁴⁴

狗 ku²⁴³/kɯ²⁴³　　　　口 kʰu²⁴³/kʰɯ²⁴³　　　厚 gu²²/ɯ²²

(11)山摄合口云母少数字,白读为[oŋ]韵母,文读为[yɛ̃]韵母。例如:

圆 oŋ⁵³/yɛ̃²¹³　　　　园 koŋ⁵³/yɛ̃²¹³　　　远 xoŋ²⁴³/yɛ̃⁴⁴

(12)臻摄开口三等个别字,白读为[iɵ̃]韵母,文读为[ĩ]韵母。例如:

震 tɕiɵ̃⁵³/tɕĩ⁵³　　　神 ʑiɵ̃²¹³/ʑĩ²¹³

(13)臻摄合口三等个别字,白读为[əŋ]韵母,文读为[yĩ]韵母。例如:

裙 gəŋ²¹³/gyĩ²¹³　　　熏 kʰəŋ⁵³/xyĩ⁴⁴

(14)宕江摄一二等少数字,白读为[iaŋ]韵母,文读为[ɒŋ]韵母。例如:

帮 piaŋ⁴⁴/pɒŋ⁴⁴　　　绑 piaŋ²⁴³/pɒŋ²⁴³　　　忙 miaŋ²¹³/mɒŋ²¹³

(15)宕摄合口三等个别字,白读为[yaŋ]韵母,文读为[uaŋ]韵母。例如:

王 yaŋ²¹³/uaŋ²¹³　　　旺 yaŋ³¹/uaŋ³¹

(16)江摄开口二等个别见母字,白读为[ɒŋ]韵母,文读为[iaŋ]韵母。例如:

江 kɒŋ⁴⁴/kiaŋ⁴⁴　　　讲 kɒŋ²⁴³/kiaŋ²⁴³。

二、单 字

编 号	单 字	音韵地位	老男音	青男音
0001	多	果开一平歌端	to^{44}	to^{44}
0002	拖	果开一平歌透	t^ha^{44}～车 t^ho^{44}～鞋	t^ha^{44}～车 t^ho^{44}～鞋
0003	大～小	果开一去箇定	do^{31}	do^{31}
0004	锣	果开一平歌来	lo^{213}	lo^{213}
0005	左	果开一上哿精	tso^{53}	$tɕiə^{44}$
0006	歌	果开一平歌见	ko^{44}	ko^{44}
0007	个	果开一去箇见	ka^{53}两～ ko^{53}～别	ka^{53}
0008	可	果开一上哿溪	k^ho^{44}调殊	k^ho^{44}调殊
0009	鹅	果开一平歌疑	$ŋo^{213}$	$ŋo^{213}$
0010	饿	果开一去箇疑	$ŋua^{31}$	$ŋua^{31}$
0011	河	果开一平歌匣	o^{213}	o^{213}
0012	茄	果开三平戈群	go^{213}～饼 $gɒ^{31}$番～	go^{213}～饼 $gɒ^{31}$番～
0013	破	果合一去过滂	p^ha^{243}形容词 p^ha^{53}动词	p^ha^{243}
0014	婆	果合一平戈並	$biə^{213}$舅～ bo^{22}傻～	$biə^{213}$舅～ bo^{31}傻～
0015	磨动词	果合一平戈明	$miə^{213}$	$miə^{213}$
0016	磨名词	果合一去过明	$miə^{31}$	$miə^{31}$
0017	躲	果合一上果端	to^{243}	to^{243}
0018	螺	果合一平戈来	lo^{213}	lo^{213}
0019	坐	果合一上果从	$ʑi^{22}$～车 zo^{22}一定	$ʑi^{22}$

续表

编 号	单 字	音韵地位	老男音	青男音
0020	锁	果合一上果心	so²⁴³	so²⁴³
0021	果	果合一上果见	kyə²⁴³ 水~ ko²⁴³ 结~	kyə²⁴³ 水~ ko²⁴³ 苹~
0022	过~来	果合一去过见	kyə⁵³	kyə⁵³
0023	课	果合一去过溪	kʰo⁵³	kʰo⁵³
0024	火	果合一上果晓	xuɛ²⁴³	xuɛ²⁴³
0025	货	果合一去过晓	xyə⁵³	xyə⁵³
0026	祸	果合一上果匣	o³¹	o³¹ 老 xyə⁵³ 新
0027	靴	果合三平戈晓	xyə⁴⁴	xyə⁴⁴
0028	把量词	假开二上马帮	po²⁴³	pɒ²⁴³
0029	爬	假开二平麻並	bo²¹³	bo²¹³
0030	马	假开二上马明	mo²²	mo²²
0031	骂	假开二去祃明	mo³¹	mo³¹
0032	茶	假开二平麻澄	dzɒ²¹³	dzɒ²¹³
0033	沙	假开二平麻生	sa⁴⁴	sa⁴⁴
0034	假真~	假开二上马见	kɒ²⁴³	kɒ²⁴³
0035	嫁	假开二去祃见	kɒ⁵³	kɒ⁵³
0036	牙	假开二平麻疑	ŋɒ²¹³	ŋɒ²¹³
0037	虾	假开二平麻晓	xɒ²⁴³ 调殊	xɒ²⁴³ 调殊
0038	下方位词	假开二上马匣	o²²	o²²
0039	夏春~	假开二去祃匣	ɒ³¹	ɒ³¹
0040	哑	假开二上马影	o²⁴³	o²⁴³
0041	姐	假开三上马精	tɕiə⁵³	tɕiə⁵³
0042	借	假开三去祃精	tɕiə⁵³	tɕiə⁵³

续表

编 号	单 字	音韵地位	老男音	青男音
0043	写	假开三上马心	$\varciia^{243}$	$\varciia^{243}$
0044	斜	假开三平麻邪	$ziə^{213}$	$ziə^{213}$
0045	谢	假开三去祃邪	$ziə^{31}$	$ziə^{31}$
0046	车～辆	假开三平麻昌	$t\varc^{h}iə^{44}$	$t\varc^{h}iə^{44}$
0047	蛇	假开三平麻船	$dzu\varepsilon^{213}$	$dz\gamma^{213}$又 $dzu\varepsilon^{213}$又
0048	射	假开三去祃船	$ziə^{31}$	$ziə^{31}$
0049	爷	假开三平麻以	$iə^{213}$	$iə^{213}$
0050	野	假开三上马以	$iə^{22}$	$iə^{22}$
0051	夜	假开三去祃以	$iə^{31}$	$iə^{31}$
0052	瓜	假合二平麻见	$ku\mathrm{p}^{44}$西～ $ky\mathrm{ə}^{44}$黄～	$ku\mathrm{p}^{44}$西～ $ky\mathrm{ə}^{44}$黄～
0053	瓦名词	假合二上马疑	$\eta u\mathrm{p}^{22}$	$\eta u\mathrm{p}^{22}$
0054	花	假合二平麻晓	$xu\mathrm{p}^{44}$	$xu\mathrm{p}^{44}$
0055	化	假合二去祃晓	$xu\mathrm{p}^{53}$	$xu\mathrm{p}^{53}$
0056	华中～	假合二平麻匣	$u\mathrm{p}^{213}$	$u\mathrm{p}^{213}$
0057	谱家～	遇合一上姥帮	$p^{h}uə^{243}$	$p^{h}uə^{243}$
0058	布	遇合一去暮帮	$puə^{53}$	$puə^{53}$
0059	铺动词	遇合一平模滂	$p^{h}uə^{44}$	$p^{h}uə^{44}$
0060	簿	遇合一上姥并	$buə^{22}$	$buə^{22}$
0061	步	遇合一去暮并	$buə^{31}$	$buə^{31}$
0062	赌	遇合一上姥端	$tuə^{243}$	$tuə^{243}$
0063	土	遇合一上姥透	$t^{h}uə^{44}$名词,调殊 $t^{h}uə^{243}$形容词	$t^{h}uə^{44}$调殊
0064	图	遇合一平模定	$duə^{213}$	$duə^{213}$
0065	杜	遇合一上姥定	$duə^{31}$	$duə^{31}$

续表

编　号	单　字	音韵地位	老男音	青男音
0066	奴	遇合一平模泥	nuə²¹³	nuə²¹³
0067	路	遇合一去暮来	luə³¹	luə³¹
0068	租	遇合一平模精	tsuə⁴⁴	tsuə⁴⁴
0069	做	遇合一去暮精	tso⁵³	tso⁵³
0070	错对～	遇合一去暮清	tsʰo⁵³	tsʰo⁵³
0071	箍～桶	遇合一平模见	kʰuə⁴⁴	kʰuə⁴⁴
0072	古	遇合一上姥见	kuə²⁴³	kuə²⁴³
0073	苦	遇合一上姥溪	kʰuə²⁴³	kʰuə²⁴³
0074	裤	遇合一去暮溪	kʰuə⁵³	kʰuə⁵³
0075	吴	遇合一平模疑	uə²¹³	uə²¹³
0076	五	遇合一上姥疑	ŋuə²²	ŋuə²²
0077	虎	遇合一上姥晓	xuə²⁴³	xuə²⁴³
0078	壶	遇合一平模匣	uə²¹³	uə²¹³
0079	户	遇合一上姥匣	uə²²	uə²²
0080	乌	遇合一平模影	uə⁴⁴	uə⁴⁴
0081	女	遇合三上语泥	nɒ²² 白 ŋyə²² 文	ŋyə²²
0082	吕	遇合三上语来	lyə²²	lyə²²
0083	徐	遇合三平鱼邪	zə²¹³	zə²¹³
0084	猪	遇合三平鱼知	tɒ⁴⁴	tɒ⁴⁴
0085	除	遇合三平鱼澄	dʑyə²¹³	dʑyə²¹³
0086	初	遇合三平鱼初	tsʰo⁴⁴	tsʰo⁴⁴
0087	锄	遇合三平鱼崇	zɒ²¹³	zɒ²¹³
0088	所	遇合三上语生	so⁴⁴ 调殊	so⁴⁴ 调殊

编　号	单　字	音韵地位	老男音	青男音
0089	书	遇合三平鱼书	$\varphi i \partial^{44}$白 $\varphi y \partial^{44}$文	$\varphi i \partial^{44}$白 $\varphi y \partial^{44}$文
0090	鼠	遇合三上语书	$t\varphi^h i\partial^{243}$	$t\varphi^h i\partial^{243}$
0091	如	遇合三平鱼日	$zy\partial^{213}$	$zy\partial^{213}$
0092	举	遇合三上语见	$ky\partial^{44}$	$ky\partial^{243}$
0093	锯名词	遇合三去御见	$k\partial^{53}$	$k\partial^{53}$
0094	去	遇合三去御溪	$k^h\partial^{53}$	$k^h\partial^{53}$
0095	渠~道	遇合三平鱼群	$gy\partial^{213}$	$gy\partial^{213}$
0096	鱼	遇合三平鱼疑	$\eta\partial^{213}$	$\eta\partial^{213}$
0097	许	遇合三上语晓	$x\partial^{243}$~愿 $xy\partial^{243}$姓~	$x\partial^{243}$
0098	余剩~,多~	遇合三平鱼以	$y\partial^{213}$	$y\partial^{213}$
0099	府	遇合三上麌非	$fu\partial^{243}$	$fu\partial^{243}$
0100	付	遇合三去遇非	$fu\partial^{53}$	$fu\partial^{53}$
0101	父	遇合三上麌奉	$vu\partial^{31}$调殊	$vu\partial^{31}$调殊
0102	武	遇合三上麌微	vu^{22}	u^{22}
0103	雾	遇合三去遇微	$mu\partial^{31}$	$mu\partial^{31}$
0104	取	遇合三上麌清	$ts^h\mathrm{w}^{243}$	$t\varphi^h y\partial^{44}$
0105	柱	遇合三上麌澄	$dzy\partial^{22}$	$dzy\partial^{22}$
0106	住	遇合三去遇澄	$d\varsigma y\partial^{31}$	$d\varsigma y\partial^{31}$
0107	数动词	遇合三上麌生	$\varphi y\partial^{243}$	$\varphi y\partial^{243}$
0108	数名词	遇合三去遇生	$\varphi y\partial^{53}$	$\varphi y\partial^{53}$
0109	主	遇合三上麌章	$t\varphi y\partial^{243}$	$t\varphi y\partial^{243}$
0110	输	遇合三平虞书	$\varphi y\partial^{44}$	$\varphi y\partial^{44}$
0111	竖	遇合三上麌禅	$zy\partial^{22}$	$zy\partial^{22}$

续表

编　号	单　字	音韵地位	老男音	青男音
0112	树	遇合三去遇禅	dzɯ³¹白 ʑyə³¹文	dzɯ³¹白 ʑyə³¹文
0113	句	遇合三去遇见	kyə⁵³	kyə⁵³
0114	区地~	遇合三平虞溪	kʰyə⁴⁴	kʰyə⁴⁴
0115	遇	遇合三去遇疑	yə³¹	yə³¹
0116	雨	遇合三上麌云	yə²²	yə²²
0117	芋	遇合三去遇云	u³¹	u³¹
0118	裕	遇合三去遇以	yə³¹	yə³¹
0119	胎	蟹开一平咍透	tʰɛ⁴⁴	tʰɛ⁴⁴
0120	台戏~	蟹开一平咍定	dɛ²¹³	dɛ²¹³
0121	袋	蟹开一去代定	dɛ³¹	dɛ²²调殊
0122	来	蟹开一平咍来	li²¹³白 lɛ²¹³文	li²¹³
0123	菜	蟹开一去代清	tɕʰi⁵³	tɕʰi⁵³
0124	财	蟹开一平咍从	dzɛ²¹³	dzɛ²¹³
0125	该	蟹开一平咍见	kɛ⁴⁴	kɛ⁴⁴
0126	改	蟹开一上海见	kɛ²⁴³	kɛ²⁴³
0127	开	蟹开一平咍溪	kʰɛ⁴⁴	kʰɛ⁴⁴
0128	海	蟹开一上海晓	xɛ²⁴³	xɛ²⁴³
0129	爱	蟹开一去代影	ɛ⁵³	ɛ⁵³
0130	贝	蟹开一去泰帮	pɛ⁵³	pɛ⁵³
0131	带动词	蟹开一去泰端	ta⁵³	ta⁵³
0132	盖动词	蟹开一去泰见	kɛ⁵³	ka⁵³
0133	害	蟹开一去泰匣	ɛ³¹	ɛ³¹老 xɛ³¹新

续表

编　号	单　字	音韵地位	老男音	青男音
0134	拜	蟹开二去怪帮	pa⁵³	pa⁵³
0135	排	蟹开二平皆並	ba²¹³	ba²¹³
0136	埋	蟹开二平皆明	ma²¹³	ma²¹³
0137	戒	蟹开二去怪见	ka⁵³白 kia⁵³文	ka⁵³
0138	摆	蟹开二上蟹帮	pa²⁴³	pa²⁴³
0139	派	蟹开二去卦滂	pʰa⁵³	pʰa⁵³
0140	牌	蟹开二平佳並	ba²¹³	ba²¹³
0141	买	蟹开二上蟹明	mɒ²²	mɒ²²
0142	卖	蟹开二去卦明	mɒ²²调殊	mɒ²²调殊
0143	柴	蟹开二平佳崇	za²¹³姓~	za²¹³姓~
0144	晒	蟹开二去卦生	sɒ⁵³	sɒ⁵³
0145	街	蟹开二平佳见	ka⁴⁴	ka⁴⁴
0146	解~开	蟹开二上蟹见	kɒ²⁴³	kɒ²⁴³
0147	鞋	蟹开二平佳匣	a²¹³	xa²¹³
0148	蟹	蟹开二上蟹匣	xɒ²⁴³	xɒ²⁴³
0149	矮	蟹开二上蟹影	a²⁴³	a²⁴³
0150	败	蟹开二去夬並	ba³¹	ba³¹
0151	币	蟹开三去祭並	bi³¹	bi³¹
0152	制~造	蟹开三去祭章	tɕi⁵³	tɕi⁵³
0153	世	蟹开三去祭书	sᴇ⁵³白 ɕi⁵³文	ɕi⁵³
0154	艺	蟹开三去祭疑	ȵi³¹	ȵi³¹
0155	米	蟹开四上荠明	mi²²	mi²²
0156	低	蟹开四平齐端	ti⁴⁴	ti⁴⁴

续表

编　号	单　字	音韵地位	老男音	青男音
0157	梯	蟹开四平齐透	$t^h E^{44}$	$t^h E^{44}$
0158	剃	蟹开四去霁透	$t^h i\ni^{44}$ 调殊	$t^h i\ni^{44}$ 调殊
0159	弟	蟹开四上荠定	$di\ni^{22}$	$di\ni^{22}$
0160	递	蟹开四去霁定	dE^{31}	dE^{31}
0161	泥	蟹开四平齐泥	$\eta i\ni^{213}$	$\eta i\ni^{213}$
0162	犁	蟹开四平齐来	lE^{213}	li^{22}
0163	西	蟹开四平齐心	φi^{44}	φi^{44}
0164	洗	蟹开四上荠心	φi^{243}	φi^{243}
0165	鸡	蟹开四平齐见	$i\ni^{44}$ 声殊	$i\ni^{44}$ 声殊
0166	溪	蟹开四平齐溪	$t\varphi^h i\ni^{44}$	$t\varphi^h i\ni^{44}$
0167	契	蟹开四去霁溪	$k^h i^{53}$	$t\varphi^h iE\text{ʔ}^5$ 音殊
0168	系 联~	蟹开四去霁匣	xi^{53}	xi^{53}
0169	杯	蟹合一平灰帮	pE^{44}	pE^{44}
0170	配	蟹合一去队滂	$p^h E^{243}$ 调殊	$p^h E^{243}$ 调殊
0171	赔	蟹合一平灰并	bE^{213}	bE^{213}
0172	背~诵	蟹合一去队并	bE^{31}	bE^{31}
0173	煤	蟹合一平灰明	mE^{213}	mE^{213}
0174	妹	蟹合一去队明	mE^{31}	mE^{31}
0175	对	蟹合一去队端	tuE^{53}	tuE^{53}
0176	雷	蟹合一平灰来	luE^{213}	lE^{213}
0177	罪	蟹合一上贿从	$dzuE^{31}$	$dzuE^{31}$
0178	碎	蟹合一去队心	suE^{53}	suE^{53}
0179	灰	蟹合一平灰晓	xuE^{44}	xuE^{44}
0180	回	蟹合一平灰匣	uE^{213}	uE^{213}

续表

编　号	单　字	音韵地位	老男音	青男音
0181	外	蟹合一去泰疑	ŋua^{31}	ŋua^{31}
0182	会开~	蟹合一去泰匣	uɛ^{31}	uɛ^{31}
0183	怪	蟹合二去怪见	kua^{53}	kua^{53}
0184	块	蟹合一去怪溪	kʰɐ^{243}音殊	kʰɐ^{243}音殊
0185	怀	蟹合二平皆匣	ua^{213}	ua^{213}
0186	坏	蟹合二去怪匣	（无）	（无）
0187	拐	蟹合二上蟹见	kua^{243}	kua^{243}
0188	挂	蟹合二去卦见	kuɒ^{53}	kuɒ^{53}
0189	歪	蟹合二平佳晓	ɐ^{44}白 ua^{44}文	ua^{44}
0190	画	蟹合二去卦匣	uɒ^{31}	uɒ^{31}
0191	快	蟹合二去夬溪	kʰua^{53}	kʰua^{53}
0192	话	蟹合二去夬匣	yə^{31}白 uɒ^{31}文	yə^{31}白 uɒ^{31}文
0193	岁	蟹合三去祭心	xuɛ^{53}几~ ɕy^{53}太~	xuɛ^{53}
0194	卫	蟹合三去祭云	uɛ^{213}调殊	uɛ^{213}调殊
0195	肺	蟹合三去废敷	fi^{53}	fi^{53}
0196	桂	蟹合四去霁见	kuɛ^{53}	kuɛ^{53}
0197	碑	止开三平支帮	pɛ^{44}	pɛ^{44}
0198	皮	止开三平支并	bɛ^{213}	bɛ^{213}
0199	被~子	止开三上纸并	bɛ^{22}	bɛ^{22}
0200	紫	止开三上纸精	tsə^{243}	tsə^{243}
0201	刺	止开三去寘清	tɕʰiə^{53}	tɕʰiə^{53}
0202	知	止开三平支知	tsə^{44}白 tɕi^{44}文	tsə^{44}~得 tɕiɐ^{44}~了

续表

编　号	单　字	音韵地位	老男音	青男音
0203	池	止开三平支澄	dʑi²¹³	dʑi²¹³
0204	纸	止开三上纸章	tɕiə²⁴³	tɕiə²⁴³
0205	儿	止开三平支日	ȵi²⁴³ 白 ɐ²¹³ 文	ȵi²⁴³ 白 ɐ²¹³ 文
0206	寄	止开三去寘见	kᴇ⁵³	kᴇ⁵³
0207	骑	止开三平支群	gɐ²¹³	gɐ²¹³
0208	蚁	止开三上纸疑	ŋa²²	ŋa²² 老 i²² 新
0209	义	止开三去寘疑	ȵi³¹	ȵi³¹
0210	戏	止开三去寘晓	xi⁵³	xi⁵³
0211	移	止开三平支以	i²¹³	i²¹³
0212	比	止开三上旨帮	pi²⁴³	pi²⁴³
0213	屁	止开三去至滂	pʰi⁵³	pʰi⁵³
0214	鼻	止开三去至並	bəʔ²	bəʔ²
0215	眉	止开三平脂明	mɐ²¹³	mɐ²² 老 mᴇ²¹³ 新
0216	地	止开三去至定	diə³¹ 白 di³¹ 文	diə³¹
0217	梨	止开三平脂来	li²¹³	li²¹³
0218	资	止开三平脂精	tsə⁴⁴	tsə⁴⁴
0219	死	止开三上旨心	sə²⁴³	sə²⁴³
0220	四	止开三去至心	ɕi⁵³	ɕi⁵³
0221	迟	止开三平脂澄	dᴇ²¹³	dᴇ²¹³
0222	师	止开三平脂生	ɕiɐ⁴⁴ 白 sɯ⁴⁴ 文	ɕiɐ⁴⁴ 白 sɯ⁴⁴ 文

续表

编 号	单 字	音韵地位	老男音	青男音
0223	指	止开三上旨章	tɕiɐ^{243}六~ tiɐ^{243}~依	tɕiɐ ʔ^5~头 tiɐ^{243}~依
0224	二	止开三去至日	n̠i^{31}白 ɚ^{53}文	n̠i^{31}白 ɚ^{31}文
0225	饥~饿	止开三平脂见	kᴇ^{44}	kᴇ^{44}
0226	器	止开三去至溪	kʰi^{53}	kʰi^{53}
0227	姨	止开三平脂以	i^{53}调殊	i^{53}调殊
0228	李	止开三上止来	li^{22}	li^{22}
0229	子	止开三上止精	tsə^{243}	tsə^{243}
0230	字	止开三去志从	zə^{31}	zə^{31}
0231	丝	止开三平之心	sə^{44}	sə^{44}
0232	祠	止开三平之邪	zə^{213}	zə^{213}
0233	寺	止开三去志邪	zə^{31}	（无）
0234	治	止开三去志澄	dʑi^{31}	dʑi^{31}
0235	柿	止开三上止崇	ʑiɐ^{22}	ʑiɐ^{22}
0236	事	止开三去志崇	ʑiɐ^{31}	ʑiɐ^{31}
0237	使	止开三上止生	ɕiɐ^{243}	ɕiɐ^{243}
0238	试	止开三去志书	ɕi^{53}~用 sɯ^{53}~~	ɕi^{53}
0239	时	止开三平之禅	ʑiɐ^{213}白 zɯ^{213}文	ʑiɐ^{213}
0240	市	止开三上止禅	zɯ^{22}	zɯ^{22}
0241	耳	止开三上止日	n̠i^{22}	n̠i^{22}
0242	记	止开三去志见	kə^{53}	kə^{53}
0243	棋	止开三平之群	gi^{213}	gi^{213}
0244	喜	止开三上止晓	xi^{243}	xi^{243}

续表

编　号	单　字	音韵地位	老男音	青男音
0245	意	止开三去志影	ŋɐ⁵³ 生~ i⁵³ 中~	ŋɐ⁵³ 做生~ i⁵³ ~思
0246	几~个	止开三上尾见	ki²⁴³	ki²⁴³
0247	气	止开三去未溪	kʰɐ⁵³ 断~ kʰi⁵³ 生~	kʰɐ⁵³ ~死 kʰi⁵³ 天~
0248	希	止开三平微晓	xi⁴⁴	xi⁴⁴
0249	衣	止开三平微影	i⁴⁴	i⁴⁴
0250	嘴	止合三上纸精	tɕy²⁴³	tɕy²⁴³
0251	随	止合三平支邪	zuɛ²¹³	zuɛ²¹³
0252	吹	止合三平支昌	tɕʰy⁴⁴	tɕʰy⁴⁴
0253	垂	止合三平支禅	dzuɛ²¹³	dzuɛ²¹³
0254	规	止合三平支见	kuɛ⁴⁴	kuɛ⁴⁴
0255	亏	止合三平支溪	kʰy⁴⁴ 吃~ kʰuɛ⁴⁴ ~心事	kʰuɛ⁴⁴
0256	跪	止合三上纸群	kʰy²⁴³	kʰy²⁴³
0257	危	止合三平支疑	uɛ²¹³	uɛ³¹
0258	类	止合三去至来	luɛ³¹	lɛ³¹
0259	醉	止合三去至精	tɕy⁵³	tɕy⁵³
0260	追	止合三平脂知	tsuɛ⁴⁴	tsuɛ⁴⁴
0261	锤	止合三平脂澄	dza²¹³ 韵殊	dzuɛ²¹³
0262	水	止合三上旨书	y²⁴³ 大~① ɕy²⁴³ ~果 suɛ²⁴³ 自来~	ɕy²⁴³ ~果

① 此音有人写作"渿"。"渿",《集韵》旨韵之诔切:"闽人谓水曰渿。"也见于常山、开化、龙泉、遂昌等方言,多脱落声母[tɕ]。

续表

编　号	单　字	音韵地位	老男音	青男音
0263	龟	止合三平脂见	kɐ⁴⁴	kɐ⁴⁴
0264	季	止合三去至见	kyə⁵³	（无）
0265	柜	止合三去至群	gɐ³¹	guɛ³¹
0266	位	止合三去至云	uɛ³¹	uɛ³¹
0267	飞	止合三平微非	fi⁴⁴	fi⁴⁴
0268	费	止合三去未敷	fi⁵³	fi⁵³
0269	肥	止合三平微奉	bi²¹³白 vi²¹³文	bi²¹³白 vi²¹³文
0270	尾	止合三上尾微	mɛ²²	mɛ²²
0271	味	止合三去未微	mi³¹白 vi³¹文	mi³¹白 vi³¹文
0272	鬼	止合三上尾见	kuɛ²⁴³	kuɛ²⁴³
0273	贵	止合三去未见	kuɛ⁵³	kuɛ⁵³
0274	围	止合三平微云	y²¹³白 uɛ²¹³文	y²¹³白 uɛ²¹³文
0275	胃	止合三去未云	uɛ³¹	uɛ³¹
0276	宝	效开一上晧帮	pɐɯ²⁴³	pɐɯ²⁴³
0277	抱	效开一上晧並	buə²²	buə²²
0278	毛	效开一平豪明	mɐɯ²¹³	mɐɯ²¹³
0279	帽	效开一去号明	mɐɯ³¹	mɐɯ³¹
0280	刀	效开一平豪端	tɐɯ⁴⁴	tɐɯ⁴⁴
0281	讨	效开一上晧透	tʰuə²⁴³	tʰuə²⁴³
0282	桃	效开一平豪定	dɐɯ²¹³	dɐɯ²¹³
0283	道	效开一上晧定	dɐɯ³¹调殊	dɐɯ²²
0284	脑	效开一上晧泥	nɐɯ²²	nɐɯ²²

续表

编　号	单　字	音韵地位	老男音	青男音
0285	老	效开一上晧来	lɐɯ²² lɒ²² ～鸦	lɐɯ²²
0286	早	效开一上晧精	tɕiɐɯ²⁴³	tɕiɐɯ²⁴³
0287	灶	效开一去号精	tsuə⁵³ ～公～母:灶神 tɕioʔ⁵ ～木=底:厨房	tsuə⁵³
0288	草	效开一上晧清	tsʰuə²⁴³	tsʰuə²⁴³
0289	糙	效开一去号清	tsʰɐɯ⁵³	（无）
0290	造	效开一上晧从	dzɐɯ³¹	dzɐɯ³¹
0291	嫂	效开一上晧心	suə²⁴³	suɛ̃⁴⁴小
0292	高	效开一平豪见	kɐɯ⁴⁴	kɐɯ⁴⁴
0293	靠	效开一去号溪	kʰɐɯ⁵³	kʰɐɯ⁵³
0294	熬	效开一平豪疑	ŋɐɯ²¹³	ŋɐɯ²¹³
0295	好～坏	效开一上晧晓	xɐɯ²⁴³	xɐɯ²⁴³
0296	号名词	效开一去号匣	ɐɯ³¹	ɐɯ³¹
0297	包	效开二平肴帮	pɐɯ⁴⁴	pɐɯ⁴⁴
0298	饱	效开二上巧帮	piə²⁴³韵殊	piə²⁴³韵殊
0299	炮	效开二去效滂	pʰɐɯ⁵³	pʰɐɯ⁵³
0300	猫	效开二平肴明	mɐɯ²¹³	mɐɯ²¹³
0301	闹	效开二去效泥	nɐɯ³¹	nɐɯ³¹
0302	罩	效开二去效知	tsɐɯ⁵³	tsɐɯ⁵³
0303	抓用手～牌	效开二平肴庄	tsɒ⁴⁴韵殊	tsɒ⁴⁴韵殊
0304	找～零钱	效开二上巧庄	tsɐɯ²⁴³	tsɐɯ²⁴³
0305	抄	效开二平肴初	tsʰɐɯ⁴⁴	tsʰɐɯ⁴⁴
0306	交	效开二平肴见	kɐɯ⁴⁴白 kiɐɯ⁴⁴文	kɐɯ⁴⁴白 kiɐɯ⁴⁴文

编　号	单　字	音韵地位	老男音	青男音
0307	敲	效开二平肴溪	kʰɐɯ^{44}白 kʰiɐɯ^{44}文	（无）
0308	孝	效开二去效晓	xɐɯ^{53}白 xiɐɯ^{53}文	xiɐɯ^{53}白 xiɐɯ^{53}文
0309	校学~	效开二去效匣	iɐɯ^{31}	iɐɯ^{31}
0310	表手~	效开三上小帮	piɐɯ^{243}	piɐɯ^{243}
0311	票	效开三去笑滂	pʰiɐɯ^{243}调殊	pʰiɐɯ^{243}调殊
0312	庙	效开三去笑明	miɐɯ^{31}	miɐɯ^{31}
0313	焦	效开三平宵精	tɕiɐɯ^{44}	tɕiɐɯ^{44}
0314	小	效开三上小心	ɕiɐɯ^{44}调殊	ɕiɐɯ^{44}调殊
0315	笑	效开三去笑心	tɕʰiɐɯ^{53}	tɕʰiɐɯ^{53}
0316	朝~代	效开三平宵澄	dʑiɐɯ^{213}	dʑiɐɯ^{213}
0317	照	效开三去笑章	tɕiɐɯ^{53}	tɕiɐɯ^{53}
0318	烧	效开三平宵书	ɕiɐɯ^{44}	ɕiɐɯ^{44}
0319	绕~线	效开三去笑日	ȵiɐɯ^{22}调殊	ȵiɐɯ^{22}调殊
0320	桥	效开三平宵群	giɐɯ^{213}	giɐɯ^{213}
0321	轿	效开三去笑群	giɐɯ^{31}	giɐɯ^{31}
0322	腰	效开三平宵影	iɐɯ^{44}	iɐɯ^{44}
0323	要重~	效开三去笑影	iɐɯ^{53}	iɐɯ^{53}
0324	摇	效开三平宵以	iɐɯ^{213}	iɐɯ^{213}
0325	鸟	效开四上筱端	tiɐɯ^{243}	tiɐɯ^{243}
0326	钓	效开四去啸端	tiɐɯ^{53}	tiɐɯ^{53}
0327	条	效开四平萧定	diɐɯ^{213}	diɐɯ^{213}
0328	料	效开四去啸来	liɐɯ^{31}	liɐɯ^{31}
0329	箫	效开四平萧心	ɕiɐɯ^{44}	ɕiɐɯ^{44}

续表

编　号	单　字	音韵地位	老男音	青男音
0330	叫	效开四去啸见	iɐɯ⁵³声殊	iɐɯ⁵³声殊
0331	母丈~,舅~	流开一上厚明	moŋ²²小	moŋ²²小
0332	抖	流开一上厚端	tɯ²⁴³	tɯ²⁴³
0333	偷	流开一平侯透	tʰu⁴⁴	tʰu⁴⁴
0334	头	流开一平侯定	du²¹³舌~ du²¹³鼻~	du²¹³
0335	豆	流开一去候定	du³¹佛~ du³¹~腐	du³¹
0336	楼	流开一平侯来	lɯ²¹³	lɯ²¹³
0337	走	流开一上厚精	tsɯ²⁴³	tsɯ²⁴³
0338	凑	流开一去候清	tsʰɯ⁵³	tsʰɯ⁵³
0339	钩	流开一平侯见	ku⁴⁴鱼~ kɯ⁴⁴挂~	ku⁴⁴
0340	狗	流开一上厚见	ku²⁴³黄~ kɯ²⁴³走~	ku²⁴³
0341	够	流开一去候见	kɯ⁵³	kɯ⁵³
0342	口	流开一上厚溪	kʰu²⁴³水~ kʰɯ²⁴³人~	kʰɯ²⁴³
0343	藕	流开一上厚疑	ŋɯ²²	ŋɯ²²
0344	后前~	流开一上厚匣	u²²	u²²
0345	厚	流开一上厚匣	gu²²白 ɯ²²文	gu²²
0346	富	流开三去宥非	fuə⁵³	fuə⁵³
0347	副	流开三去宥敷	fuə⁵³	fuə⁵³
0348	浮	流开三平尤奉	vuə²¹³	vuə²¹³
0349	妇	流开三上有奉	vuə²²	vuə²²
0350	流	流开三平尤来	lɯ²¹³	lɯ²¹³

续表

编 号	单 字	音韵地位	老男音	青男音
0351	酒	流开三上有精	tɕyə²⁴³	tɕyə²⁴³
0352	修	流开三平尤心	suɯ⁴⁴	suɯ⁴⁴
0353	袖	流开三去宥邪	dʑiɯ³¹	dʑiɐɯ³¹
0354	抽	流开三平尤彻	tsʰɯ⁴⁴	tsʰɯ⁴⁴
0355	绸	流开三平尤澄	dzɯ²¹³	dzɯ²¹³
0356	愁	流开三平尤崇	zɯ²¹³	zɯ²¹³
0357	瘦	流开三去宥生	ɕiɐɯ⁵³韵殊	ɕiɐɯ⁵³韵殊
0358	州	流开三平尤章	tsɯ⁴⁴	tsɯ⁴⁴
0359	臭香~	流开三去宥昌	tsʰɐɯ⁵³	tsʰɐɯ⁵³
0360	手	流开三上有书	tɕʰyə²⁴³顺~ suɯ²⁴³~机	tɕʰyə²⁴³顺~ suɯ²⁴³~机
0361	寿	流开三去宥禅	zɯ³¹	zɯ²²调殊
0362	九	流开三上有见	kuɯ²⁴³	kuɯ²⁴³
0363	球	流开三平尤群	guɯ²¹³	guɯ²¹³
0364	舅	流开三上有群	guɯ²²	guɯ²²
0365	旧	流开三去宥群	guɯ³¹	guɯ³¹
0366	牛	流开三平尤疑	ŋuɯ²¹³	ŋuɯ²¹³
0367	休	流开三平尤晓	xiɐɯ⁴⁴	ɕiɐɯ⁴⁴
0368	优	流开三平尤影	iɯ⁴⁴	iɐɯ⁴⁴
0369	有	流开三上有云	iɯ²²	iɐɯ²²
0370	右	流开三去宥云	iɯ³¹	iɐɯ³¹
0371	油	流开三平尤以	iɯ²¹³	iɐɯ²¹³
0372	丢	流开三平幽端	tuɯ⁴⁴	tuɯ⁴⁴
0373	幼	流开三去幼影	iɯ⁵³	iɐɯ⁵³

续表

编　号	单　字	音韵地位	老男音	青男音
0374	贪	咸开一平覃透	$t^haŋ^{44}$	$t^haŋ^{44}$
0375	潭	咸开一平覃定	$dɒŋ^{213}$	$dɒŋ^{213}$
0376	南	咸开一平覃泥	$naŋ^{213}$单用 $nɒŋ^{213}$~坞:地名	$naŋ^{213}$
0377	蚕	咸开一平覃从	$zɒŋ^{213}$	$zɒŋ^{213}$
0378	感	咸开一上感见	$kɒŋ^{53}$调殊	$kɒŋ^{44}$调殊
0379	含~一口水	咸开一平覃匣	$gəŋ^{22}$调殊	$gəŋ^{22}$老 $xɒŋ^{213}$新
0380	暗	咸开一去勘影	$ɒŋ^{53}$	$ɒŋ^{53}$
0381	搭	咸开一入合端	$taʔ^5$	$taʔ^5$
0382	踏	咸开一入合透	$daʔ^2$	$daʔ^2$
0383	拉	咸开一入合来	la^{44}	$lɒ^{44}$拖~机 la^{213}~腹泻
0384	杂	咸开一入合从	$zɒʔ^2$	$zɒʔ^2$单用 $dzɒʔ^2$~技
0385	鸽	咸开一入合见	$kɒʔ^5$	$kɒʔ^5$
0386	盒	咸开一入合匣	$ɒʔ^2$	$xɒʔ^2$
0387	胆	咸开一上敢端	$taŋ^{243}$	$taŋ^{243}$
0388	毯	咸开一上敢透	$t^hɒŋ^{243}$	$t^hɒŋ^{243}$
0389	淡	咸开一上敢定	$daŋ^{22}$	$daŋ^{22}$
0390	蓝	咸开一平谈来	$laŋ^{213}$	$laŋ^{213}$
0391	三	咸开一平谈心	$saŋ^{44}$	$saŋ^{44}$
0392	甘	咸开一平谈见	$kɒŋ^{44}$	$kɒŋ^{44}$
0393	敢	咸开一上敢见	$kɒŋ^{243}$	$kɒŋ^{243}$
0394	喊	咸开一上敢晓	$xaŋ^{53}$	$xaŋ^{53}$
0395	塔	咸开一入盍透	$t^haʔ^5$	$t^haʔ^5$

续表

编号	单字	音韵地位	老男音	青男音
0396	蜡	咸开一入盍来	la?^{2}	lɒ?^{2}
0397	赚	咸开二去陷澄	dzaŋ^{22} 调殊	dzaŋ^{22} 调殊
0398	杉～木	咸开二平咸生	saŋ^{44}	saŋ^{44}
0399	减	咸开二上豏见	kiaŋ^{243}	kiaŋ^{243}
0400	咸～淡	咸开二平咸匣	aŋ^{213}	xaŋ^{213}
0401	插	咸开二入洽初	ts^{h}a?^{5}	ts^{h}a?^{5}
0402	闸	咸开二入洽崇	za?^{2}	za?^{2}
0403	夹～子	咸开二入洽见	ɡa?^{2} 音殊	ɡa?^{2} 音殊
0404	衫	咸开二平衔生	saŋ^{44}	saŋ^{44}
0405	监	咸开二平衔见	kaŋ^{53} 太～ kiaŋ^{44} ～督	kaŋ^{53}
0406	岩	咸开二平衔疑	ŋaŋ^{213}	iɛ̃^{213}
0407	甲	咸开二入狎见	ka?^{5}	kia?^{5}
0408	鸭	咸开二入狎影	a?^{5}	a?^{5}
0409	黏～液	咸开三平盐泥	ȵiɛ̃^{213}	ȵiɛ̃^{213}
0410	尖	咸开三平盐精	tɕiɛ̃^{44}	tɕiɛ̃^{44}
0411	签～名	咸开三平盐清	tɕ^{h}iɛ̃^{44}	tɕ^{h}iɛ̃^{44}
0412	占～领	咸开三去艳章	tɕiɛ̃^{53}	tɕiɛ̃^{53}
0413	染	咸开三上琰日	ȵiɛ̃^{22}	ȵiɛ̃^{22}
0414	钳	咸开三平盐群	ɡiɛ̃^{213}	ɡiɛ̃^{213}
0415	验	咸开三去艳疑	ȵiɛ̃^{31}	ȵiɛ̃^{31}
0416	险	咸开三上琰晓	xiɛ̃^{243}	xiɛ̃^{243}
0417	厌	咸开三去艳影	iɛ̃^{53}	iɛ̃^{53}
0418	炎	咸开三平盐云	iɛ̃^{31} 调殊	iɛ̃^{31} 调殊

续表

编　号	单　字	音韵地位	老男音	青男音
0419	盐	咸开三平盐以	$i\tilde{\varepsilon}^{213}$	$i\tilde{\varepsilon}^{213}$
0420	接	咸开三入叶精	$tɕiɐʔ^{5}$	$tɕiɐʔ^{5}$
0421	折~叠	山开三入叶章	$tɕiɐʔ^{5}$	$tsə ʔ^{5}$
0422	叶树~	咸开三入叶以	$dʑiɐʔ^{2}$	$dʑiɐʔ^{2}$
0423	剑	咸开三去酽见	$ki\tilde{\varepsilon}^{53}$	$ki\tilde{\varepsilon}^{53}$
0424	欠	咸开三去酽溪	$k^{h}i\tilde{\varepsilon}^{53}$	$k^{h}i\tilde{\varepsilon}^{53}$
0425	严	咸开三平严疑	$ȵi\tilde{\varepsilon}^{213}$	$ȵi\tilde{\varepsilon}^{213}$
0426	业	咸开三入业疑	$ȵiɐʔ^{2}$	$ȵiɐʔ^{2}$
0427	点	咸开四上忝端	$ti\tilde{\varepsilon}^{243}$	$ti\tilde{\varepsilon}^{243}$
0428	店	咸开四去㮇端	$ti\tilde{\varepsilon}^{53}$	$ti\tilde{\varepsilon}^{53}$
0429	添	咸开四平添透	$t^{h}i\tilde{\varepsilon}^{44}$	$t^{h}i\tilde{\varepsilon}^{44}$
0430	甜	咸开四平添定	$di\tilde{\varepsilon}^{213}$	$di\tilde{\varepsilon}^{213}$
0431	念	咸开四去㮇泥	$ȵi\tilde{\varepsilon}^{31}$	$ȵi\tilde{\varepsilon}^{31}$
0432	嫌	咸开四平添匣	$i\tilde{\varepsilon}^{213}$	$i\tilde{\varepsilon}^{213}$
0433	跌	咸开四入帖端	$tiɐʔ^{5}$	$tiɐʔ^{5}$
0434	贴	咸开四入帖透	$t^{h}iɐʔ^{5}$	$t^{h}iɐʔ^{5}$
0435	碟	咸开四入帖定	$diɐʔ^{2}$	$diɐʔ^{2}$
0436	协	咸开四入帖匣	$iɐʔ^{2}$	$iɐʔ^{2}$
0437	犯	咸合三上范奉	$vaŋ^{22}$	$vaŋ^{22}$
0438	法	咸合三入乏非	$faʔ^{5}$	$faʔ^{5}$
0439	品	深开三上寝滂	$p^{h}\tilde{i}^{53}$~行 $p^{h}\tilde{i}^{53}$~貌	$p^{h}\tilde{i}^{53}$
0440	林	深开三平侵来	$l\tilde{i}^{213}$	$l\tilde{i}^{213}$
0441	浸	深开三去沁精	$tɕ\tilde{i}^{53}$	$tɕ\tilde{i}^{53}$

续表

编　号	单　字	音韵地位	老男音	青男音
0442	心	深开三平侵心	ɕĩ^{44}	ɕĩ^{44}
0443	寻	深开三平侵邪	z̧ĩ^{213}	z̧ĩ^{213}
0444	沉	深开三平侵澄	dzi ɐ̃^{213}	dzi ɐ̃^{213}
0445	参人~	咸开一平侵生	ɕi ɐ̃^{44}	ɕi ɐ̃^{44}
0446	针	深开三平侵章	tɕi ɐ̃^{44}	tɕi ɐ̃^{44}
0447	深	深开三平侵书	tɕʰi ɐ̃^{44}声殊	tɕʰi ɐ̃^{44}声殊
0448	任责~	深开三去沁日	z̧ĩ^{31}	z̧ĩ^{31}
0449	金	深开三平侵见	k ɐ̃^{44}	k ɐ̃^{44}
0450	琴	深开三平侵群	gĩ^{213}	gĩ^{213}
0451	音	深开三平侵影	ĩ^{44}	ĩ^{44}
0452	立	深开三入缉来	liɛʔ^{2}	liɛʔ^{2}
0453	集	深开三入缉从	dziɛʔ^{2}	dziɛʔ^{2}
0454	习	深开三入缉邪	ziɛʔ^{2}	ziɛʔ^{2}
0455	汁	深开三入缉章	tɕiɐʔ^{5}	tɕiɐʔ^{5}
0456	十	深开三入缉禅	ziɐʔ^{2}	ziɐʔ^{2}
0457	入	深开三入缉日	ziɛʔ^{2}	ziɛʔ^{2}
0458	急	深开三入缉见	kiɛʔ^{5}	kiɛʔ^{5}
0459	及	深开三入缉群	giɛʔ^{2}	giɛʔ^{2}
0460	吸	深开三入缉晓	xiɛʔ^{5}	xiɛʔ^{5}
0461	单简~	山开一平寒端	tɒŋ^{44}	tɒŋ^{44}
0462	炭	山开一去翰透	tʰɒŋ^{53}	tʰɒŋ^{53}
0463	弹~琴	山开一平寒定	dɒŋ^{213}	dɒŋ^{213}
0464	难~易	山开一平寒泥	nɒŋ^{213}	nɒŋ^{213}
0465	兰	山开一平寒来	lɒŋ^{213}	lɒŋ^{213}

续表

编　号	单　字	音韵地位	老男音	青男音
0466	懒	山开一上旱来	lɒŋ²²	lɒŋ²²
0467	烂	山开一去翰来	lɒŋ³¹	lɒŋ³¹
0468	伞	山开一上旱心	sɒŋ²⁴³	sɒŋ²⁴³
0469	肝	山开一平寒见	kɒŋ⁴⁴	kɒŋ⁴⁴
0470	看～见	山开一去翰溪	（无）	（无）
0471	岸	山开一去翰疑	ɒŋ³¹	ɒŋ³¹
0472	汉	山开一去翰晓	xɒŋ⁵³	xɒŋ⁵³
0473	汗	山开一去翰匣	ɡɒŋ³¹	ɡɒŋ³¹
0474	安	山开一平寒影	ɒŋ⁴⁴	ɒŋ⁴⁴
0475	达	山开一入曷定	daʔ²	daʔ²
0476	辣	山开一入曷来	lɒʔ²	lɒʔ²
0477	擦	山开一入曷清	tsʰaʔ⁵	tsʰaʔ⁵
0478	割	山开一入曷见	kɒʔ⁵	kɒʔ⁵
0479	渴	山开一入曷溪	kʰɒʔ⁵	kʰɒʔ⁵
0480	扮	山开二去裥帮	paŋ⁵³	paŋ⁵³
0481	办	山开二去裥並	baŋ³¹	baŋ³¹
0482	铲	山开二上产初	tsʰaŋ²⁴³	tsʰaŋ²⁴³
0483	山	山开二平山生	saŋ⁴⁴	saŋ⁴⁴
0484	产～妇	山开二上产生	saŋ²⁴³	tɕʰiaŋ²⁴³
0485	间房～,一～房	山开二平山见	kaŋ⁴⁴	kaŋ⁴⁴
0486	眼	山开二上产疑	ŋaŋ²²	ŋaŋ²²
0487	限	山开二上产匣	aŋ²²	xiɛ̃⁵³
0488	八	山开二入黠帮	paʔ⁵	paʔ⁵
0489	扎	山开二入黠庄	tsaʔ⁵	tsaʔ⁵

编　号	单　字	音韵地位	老男音	青男音
0490	杀	山开二入黠生	sa?⁵	sa?⁵
0491	班	山开二平删帮	paŋ⁴⁴	paŋ⁴⁴
0492	板	山开二上潸帮	paŋ²⁴³	paŋ²⁴³
0493	慢	山开二去谏明	maŋ³¹	maŋ³¹
0494	奸	山开二平删见	kiaŋ⁴⁴	kiaŋ⁴⁴老 tɕiɛ̃⁴⁴新
0495	颜	山开二平删疑	ŋaŋ²²调殊	ŋaŋ²¹³老 iɛ̃²²新
0496	瞎	山开二入辖晓	xa?⁵	（无）
0497	变	山开三去线帮	piɛ̃⁵³	piɛ̃⁵³
0498	骗欺~	山开三去线滂	pʰiɛ̃⁵³	pʰiɛ̃⁵³
0499	便方~	山开三去线並	biɛ̃³¹	piɛ̃⁵³
0500	棉	山开三平仙明	miɛ̃²¹³	miɛ̃²¹³
0501	面~孔	山开三去线明	miɛ̃³¹	miɛ̃³¹
0502	连	山开三平仙来	liɛ̃²¹³	liɛ̃²¹³
0503	剪	山开三上狝精	tɕiɛ̃²⁴³	tɕiɛ̃²⁴³
0504	浅	山开三上狝清	tɕʰiɛ̃²⁴³	tɕʰiɛ̃²⁴³
0505	钱	山开三平仙从	ʑiɛ̃²¹³值~ dʑiɛ̃²¹³姓~	ʑiɛ̃²¹³值~ dʑiɛ̃²¹³姓~
0506	鲜	山开三平仙心	ɕiɛ̃⁴⁴	ɕiɛ̃⁴⁴
0507	线	山开三去线心	ɕiɛ̃⁵³	ɕiɛ̃⁵³
0508	缠	山开三平仙澄	dʑyɛ̃²¹³	dʑyɛ̃²¹³
0509	战	山开三去线章	tɕiɛ̃⁵³	tɕiɛ̃⁵³
0510	扇名词	山开三去线书	ɕiɛ̃⁵³	ɕiɛ̃⁵³
0511	善	山开三上狝禅	ʑiɛ̃³¹	ʑiɛ̃³¹

续表

编 号	单 字	音韵地位	老男音	青男音
0512	件	山开三上狝群	giẽ²²	giẽ²²
0513	延	山开三平仙以	iẽ²¹³	iẽ²¹³
0514	别~人	山开三入薛帮	biɛʔ²	biɛʔ²
0515	灭	山开三入薛明	miɛʔ²	miɛʔ²
0516	列	山开三入薛来	liɛʔ²	liɛʔ²
0517	撤	山开三入薛彻	tɕʰiɛʔ⁵	tɕʰiɛʔ⁵
0518	舌	山开三入薛船	dʑiɛʔ²	dʑiɛʔ²
0519	设	山开三入薛书	ɕiɛʔ⁵	ɕiɛʔ⁵
0520	热	山开三入薛日	ȵiɛʔ²	ȵiɛʔ²
0521	杰	山开三入薛群	giɛʔ²	giɛʔ²
0522	孽	山开三入薛疑	ȵiɛʔ²	ȵiɛʔ²
0523	建	山开三去愿见	kiẽ⁵³	kiẽ⁵³
0524	健	山开三去愿群	giẽ³¹	giẽ³¹
0525	言	山开三平元疑	ȵiẽ²¹³	iẽ²¹³
0526	歇	山开三入月晓	xiɛʔ⁵	ɕiɛʔ⁵
0527	扁	山开四上铣帮	piẽ²⁴³	piẽ²⁴³
0528	片	山开四去霰滂	pʰiẽ⁵³	pʰiẽ⁵³
0529	面~条	山开四去霰明	miẽ³¹	miẽ³¹
0530	典	山开四上铣端	tiẽ⁴⁴调殊	tiẽ²⁴³
0531	天	山开四平先透	tʰiẽ⁴⁴	tʰiẽ⁴⁴
0532	田	山开四平先定	diẽ²¹³	diẽ²¹³
0533	垫	山开四去霰定	diẽ³¹	diẽ³¹
0534	年	山开四平先泥	ȵiẽ²¹³	ȵiẽ²¹³
0535	莲	山开四平先来	liẽ²¹³	liẽ²¹³

编　号	单　字	音韵地位	老男音	青男音
0536	前	山开四平先从	zuɛ²¹³白 dʑiɛ̃²¹³文	dʑiɛ̃²¹³
0537	先	山开四平先心	ɕiɛ̃⁴⁴	ɕiɛ̃⁴⁴
0538	肩	山开四平先见	kiɛ̃⁴⁴	kiɛ̃⁴⁴
0539	见	山开四去霰见	iɛ̃⁵³声殊	iɛ̃⁵³声殊
0540	牵	山开四平先溪	kʰiɛ̃⁴⁴	tɕʰiɛ̃⁴⁴
0541	显	山开四上铣晓	xiɛ̃⁵³	xiɛ̃²⁴³
0542	现	山开四去霰匣	iɛ̃³¹	iɛ̃³¹
0543	烟	山开四平先影	iɛ̃⁴⁴	iɛ̃⁴⁴
0544	憋	山开四入屑帮	biɛʔ²声殊	piɛʔ⁵
0545	篾	山开四入屑明	miɛʔ²	miɛʔ²
0546	铁	山开四入屑透	tʰiɛʔ⁵	tʰiɛʔ⁵
0547	捏	山开四入屑泥	ȵiaʔ²	ȵiaʔ²
0548	节	山开四入屑精	tɕiɛʔ⁵	tɕiɛʔ⁵
0549	切动词	山开四入屑清	tɕʰiɛʔ⁵	tɕʰiɛʔ⁵
0550	截	山开四入屑从	ziɛʔ²	（无）
0551	结	山开四入屑见	kiɛʔ⁵	kiɛʔ⁵
0552	搬	山合一平桓帮	bɛ̃²¹³声殊	paŋ⁴⁴
0553	半	山合一去换帮	piɛ̃⁵³	piɛ̃⁵³
0554	判	山合一去换滂	pʰɛ̃⁵³	pʰɛ̃⁵³
0555	盘	山合一平桓并	bɛ̃²¹³	biɛ̃²¹³
0556	满	山合一上缓明	miɛ̃²²	miɛ̃²²
0557	端～午	山合一平桓端	tɒŋ⁴⁴	tɒŋ⁴⁴
0558	短	山合一上缓端	ti⁴⁴音殊	ti⁴⁴音殊

续表

编　号	单　字	音韵地位	老男音	青男音
0559	断绳~了	山合一上缓定	dəŋ²²	dəŋ²²
0560	暖	山合一上缓泥	nɒŋ²²	（无）
0561	乱	山合一去换来	lɒŋ³¹	lɒŋ³¹
0562	酸	山合一平桓心	suɛ̃⁴⁴	suɛ̃⁴⁴
0563	算	山合一去换心	sɒŋ⁵³	sɒŋ⁵³
0564	官	山合一平桓见	kyɛ̃⁴⁴	kyɛ̃⁴⁴
0565	宽	山合一平桓溪	kʰyɛ̃⁴⁴	kʰyɛ̃⁴⁴
0566	欢	山合一平桓晓	xyɛ̃⁴⁴	xyɛ̃⁴⁴
0567	完	山合一平桓匣	yɛ̃²¹³	uaŋ²¹³
0568	换	山合一去换匣	uɛ̃³¹	uɛ̃³¹
0569	碗	山合一上缓影	uɛ̃²⁴³	uɛ̃²⁴³
0570	拨	山合一入末帮	piɛʔ⁵	pɒʔ⁵
0571	泼	山合一入末滂	pʰiɛʔ⁵	pʰiaʔ⁵
0572	末	山合一入末明	moʔ²	məʔ²
0573	脱	山合一入末透	tʰoʔ⁵	tʰɒʔ⁵
0574	夺	山合一入末定	doʔ²	dɒʔ²
0575	阔	山合一入末溪	kʰyɛʔ⁵	kʰyɛʔ⁵
0576	活	山合一入末匣	uaʔ²	uaʔ²
0577	顽~皮,~固	山合二平山疑	uaŋ²¹³	uaŋ²¹³
0578	滑	山合二入黠匣	uaʔ²	uaʔ²
0579	挖	山合二入黠影	uaʔ⁵~鼻头秽 uɒ⁴⁴~地	uaʔ⁵~鼻头秽 uɒ⁴⁴~地
0580	闩	山合二平删生	（无）	（无）
0581	关~门	山合二平删见	koŋ⁴⁴	koŋ⁴⁴

续表

编 号	单 字	音韵地位	老男音	青男音
0582	惯	山合二去谏见	kuɛ̃⁵³	kuɛ̃⁵³
0583	还动词	山合二平删匣	uaŋ²¹³	uaŋ²¹³
0584	还副词	山合二平删匣	（无）	（无）
0585	弯	山合二平删影	uaŋ⁴⁴	uaŋ⁴⁴
0586	刷	山合二入辖生	ɕiɐʔ⁵	ɕiɐʔ⁵
0587	刮	山合二入辖见	kuaʔ⁵	kuaʔ⁵
0588	全	山合三平仙从	zyɛ̃²¹³	dzʑyɛ̃²¹³
0589	选	山合三上狝心	ɕyɛ̃⁵³	ɕyɛ̃⁵³
0590	转~眼,~送	山合三上狝知	tɐ̃²⁴³声殊	tɐ̃²⁴³老 tɕyɛ̃²⁴³新
0591	传~下来	山合三平仙澄	dzyɛ̃²¹³	dzʑyɛ̃²¹³
0592	传~记	山合三去线澄	dzyɛ̃³¹	dzʑyɛ̃³¹
0593	砖	山合三平仙章	tɕyɛ̃⁴⁴	tɕyɛ̃⁴⁴
0594	船	山合三平仙船	zyĩ²¹³	ʐyĩ²¹³
0595	软	山合三上狝日	ŋyɛ̃²²	ŋyɛ̃²²
0596	卷~起	山合三上狝见	kyɛ̃²⁴³	kyɛ̃²⁴³
0597	圈圆~	山合三平仙溪	kʰyɛ̃⁴⁴	kʰyɛ̃⁴⁴
0598	权	山合三平仙群	gyɛ̃²¹³	gyɛ̃²¹³
0599	圆	山合三平仙云	oŋ⁵³汤~ yɛ̃²¹³~圈	yɛ̃²¹³
0600	院	山合三去线云	yɛ̃³¹	yɛ̃⁵³
0601	铅~笔	山合三平仙以	kʰaŋ⁴⁴	kʰaŋ⁴⁴
0602	绝	山合三入薛从	zyɛʔ²	ziɐʔ²
0603	雪	山合三入薛心	ɕyɛʔ⁵	ɕyɛʔ⁵
0604	反	山合三上阮非	paŋ⁵³音殊	faŋ²⁴³

续表

编　号	单　字	音韵地位	老男音	青男音
0605	翻	山合三平元敷	paŋ⁴⁴	faŋ⁴⁴
0606	饭	山合三去愿奉	vaŋ³¹	vaŋ³¹
0607	晚	山合三上阮微	maŋ³¹调殊	maŋ²²
0608	万麻将牌	山合三去愿微	maŋ³¹	maŋ³¹
0609	劝	山合三去愿溪	kʰyɛ̃⁵³	kʰyɛ̃⁵³
0610	原	山合三平元疑	ŋyɛ̃²¹³	yɛ̃²¹³
0611	冤	山合三平元影	yɛ̃⁴⁴	yɛ̃⁴⁴
0612	园	山合三平元云	koŋ⁵³菜~ yɛ̃²¹³公~	yɛ̃²¹³
0613	远	山合三上阮云	xoŋ²⁴³白 yɛ̃⁴⁴文,调殊	xoŋ²⁴³
0614	发头~	山合三入月非	faʔ⁵	faʔ⁵
0615	罚	山合三入月奉	vaʔ²	vaʔ²
0616	袜	山合三入月微	maʔ²	maʔ²
0617	月	山合三入月疑	ŋoʔ² 七~半 ŋoʔ⁵ 正~ ŋyɛʔ² ~饼	ŋuəʔ² 老 ȵioʔ² 新
0618	越	山合三入月云	yɛʔ²	yɛʔ²
0619	县	山合四去霰匣	yɛ̃³¹	yɛ̃⁵³
0620	决	山合四入屑见	kyɛʔ⁵	kyɛʔ⁵
0621	缺	山合四入屑溪	kʰiɛʔ⁵田~:田埂缺口 kʰyɛʔ⁵~水	kʰyɛʔ⁵
0622	血	山合四入屑晓	xyɛʔ⁵	xyɛʔ⁵
0623	吞	臻开一平痕透	tʰəŋ⁴⁴	tʰəŋ⁴⁴
0624	根	臻开一平痕见	kɛ̃⁴⁴	kɛ̃⁴⁴
0625	恨	臻开一去恨匣	ɛ̃³¹	ɛ̃³¹

编　号	单　字	音韵地位	老男音	青男音
0626	恩	臻开一平痕影	$\tilde{\varepsilon}^{44}$	$\tilde{\varepsilon}^{44}$
0627	贫	臻开三平真並	$b\tilde{i}^{213}$	$b\tilde{i}^{213}$
0628	民	臻开三平真明	$m\tilde{i}^{213}$	$m\tilde{i}^{213}$
0629	邻	臻开三平真来	$l\tilde{i}^{213}$	$l\tilde{i}^{213}$
0630	进	臻开三去震精	$tɕ\tilde{i}^{53}$	$tɕ\tilde{i}^{53}$
0631	亲~人	臻开三平真清	$tɕ^h\tilde{i}^{44}$	$tɕ^h\tilde{i}^{44}$
0632	新	臻开三平真心	$s\tilde{\varepsilon}^{44}$～旧 $soŋ^{44}$～妇	$s\tilde{\varepsilon}^{44}$
0633	镇	臻开三去震知	$tɕ\tilde{i}^{53}$	$tɕ\tilde{i}^{53}$
0634	陈	臻开三平真澄	$dʑi\tilde{ɵ}^{213}$	$dʑi\tilde{ɵ}^{213}$
0635	震	臻开三去震章	$tɕi\tilde{ɵ}^{53}$白 $tɕ\tilde{i}^{53}$文	$tɕ\tilde{i}^{53}$
0636	神	臻开三平真船	$zi\tilde{ɵ}^{213}$白 $ʑ\tilde{i}^{213}$文	$ʑi\tilde{ɵ}^{213}$
0637	身	臻开三平真书	$ɕi\tilde{ɵ}^{44}$	$ɕ\tilde{i}^{44}$
0638	辰	臻开三平真禅	$ʑi\tilde{ɵ}^{213}$	$ʑi\tilde{ɵ}^{213}$
0639	人	臻开三平真日	$ȵ\tilde{i}^{213}$白 $ʑ\tilde{i}^{213}$文	$ȵ\tilde{i}^{213}$白 $ʑ\tilde{i}^{213}$文
0640	认	臻开三去震日	$ȵ\tilde{i}^{31}$	$ȵ\tilde{i}^{31}$
0641	紧	臻开三上轸见	$k\tilde{i}^{243}$	$k\tilde{i}^{243}$
0642	银	臻开三平真疑	$ŋ\tilde{ɵ}^{213}$	$ŋ\tilde{ɵ}^{213}$
0643	印	臻开三去震影	$\tilde{i}^{53}$	$\tilde{i}^{53}$
0644	引	臻开三上轸以	$\tilde{i}^{22}$	$\tilde{i}^{22}$
0645	笔	臻开三入质帮	$pɵʔ^{5}$白 $piɛʔ^{5}$文	$pɵʔ^{5}$
0646	匹	臻开三入质滂	$p^hiɛʔ^{5}$	$p^hiɛʔ^{5}$

续表

编　号	单　字	音韵地位	老男音	青男音
0647	密	臻开三入质明	maʔ² 白 miɛʔ² 文	miɛʔ²
0648	栗	臻开三入质来	liɛʔ²	（无）
0649	七	臻开三入质清	tsʰəʔ⁵	tsʰəʔ⁵
0650	侄	臻开三入质澄	dʑiɵʔ²	dʑiɵʔ²
0651	虱	臻开三入质生	saʔ⁵	saʔ⁵
0652	实	臻开三入质船	ʑiɵʔ²	ʑiɵʔ²
0653	失	臻开三入质书	ɕiɛʔ⁵	ɕiɛʔ⁵
0654	日	臻开三入质日	nəʔ² 白 ʑiɛʔ² 文	nəʔ² 白 ʑiɛʔ² 文
0655	吉	臻开三入质见	kiɛʔ⁵	kiɛʔ⁵
0656	一	臻开三入质影	iɛʔ⁵	iɛʔ⁵
0657	筋	臻开三平殷见	kɵ̃⁴⁴	kɵ̃⁴⁴
0658	劲有~	臻开三去焮见	kĩ⁵³	kĩ⁵³
0659	勤	臻开三平殷群	gɵ̃²¹³	gɵ̃²¹³
0660	近	臻开三上隐群	gɛ̃²²	gɛ̃²²
0661	隐	臻开三上隐影	ĩ²⁴³	ĩ²⁴³
0662	本	臻合一上混帮	pɛ̃²⁴³	pɛ̃²⁴³
0663	盆	臻合一平魂並	bɛ̃²¹³	bɛ̃²¹³
0664	门	臻合一平魂明	moŋ²¹³	moŋ²¹³
0665	墩	臻合一平魂端	tuɛ̃⁴⁴	tuɛ̃⁴⁴
0666	嫩	臻合一去恩泥	nuɛ̃³¹	nuɛ̃³¹
0667	村	臻合一平魂清	tsʰuɛ̃⁴⁴	tsʰuɛ̃⁴⁴
0668	寸	臻合一去恩清	tsʰuɛ̃⁵³	tsʰuɛ̃⁵³
0669	蹲	臻合一平魂从	tuɛ̃⁴⁴	tuɛ̃⁴⁴

续表

编 号	单 字	音韵地位	老男音	青男音
0670	孙~子	臻合一平魂心	su$\tilde{\epsilon}^{44}$	su$\tilde{\epsilon}^{44}$
0671	滚	臻合一上混见	ku$\tilde{\epsilon}^{243}$	ku$\tilde{\epsilon}^{243}$
0672	困	臻合一去恩溪	k^{h}u$\tilde{\epsilon}^{53}$	k^{h}u$\tilde{\epsilon}^{53}$
0673	婚	臻合一平魂晓	xu$\tilde{\epsilon}^{44}$	xu$\tilde{\epsilon}^{44}$
0674	魂	臻合一平魂匣	u$\tilde{\epsilon}^{213}$	u$\tilde{\epsilon}^{213}$老 xu$\tilde{\epsilon}^{213}$新
0675	温	臻合一平魂影	u$\tilde{\epsilon}^{44}$	u$\tilde{\epsilon}^{44}$
0676	卒棋子	臻合一入没精	tso?^{5}	tsu∂?^{5}
0677	骨	臻合一入没见	kɐ?^{5}	kɐ?^{5}
0678	轮	臻合三平谆来	l$\tilde{\text{ı}}^{213}$	l$\tilde{\text{ı}}^{213}$老 lu$\tilde{\epsilon}^{213}$新
0679	俊	臻合三去稕精	tɕy$\tilde{\text{ı}}^{53}$	tɕy$\tilde{\text{ı}}^{53}$
0680	笋	臻合三上准心	s$\tilde{\epsilon}^{243}$	s$\tilde{\epsilon}^{243}$
0681	准	臻合三上准章	tɕy$\tilde{\text{ı}}^{243}$	tɕy$\tilde{\text{ı}}^{243}$
0682	春	臻合三平谆昌	tɕ^{h}y$\tilde{\text{ı}}^{44}$	tɕ^{h}y$\tilde{\text{ı}}^{44}$
0683	唇	臻合三平谆船	ʑy$\tilde{\text{ı}}^{213}$	dzu$\tilde{\epsilon}^{213}$
0684	顺	臻合三去稕船	ʑy$\tilde{\text{ı}}^{31}$	ʑy$\tilde{\text{ı}}^{31}$
0685	纯	臻合三平谆禅	ʑy$\tilde{\text{ı}}^{213}$	ʑy$\tilde{\text{ı}}^{213}$老 dzu$\tilde{\epsilon}^{213}$新
0686	闰	臻合三去稕日	ʑy$\tilde{\text{ı}}^{31}$	ʑy$\tilde{\text{ı}}^{31}$
0687	均	臻合三平谆见	ky$\tilde{\text{ı}}^{44}$	tɕy$\tilde{\text{ı}}^{44}$
0688	匀	臻合三平谆以	y$\tilde{\text{ı}}^{213}$	y$\tilde{\text{ı}}^{213}$
0689	律	臻合三入术来	liɛ?^{2}	lyɛ?^{2}
0690	出	臻合三入术昌	tɕ^{h}yɛ?^{5}	tɕ^{h}yɛ?^{5}
0691	橘	臻合三入术见	kiɛ?^{5}	kiɛ?^{5}

续表

编　号	单　字	音韵地位	老男音	青男音
0692	分 动词	臻合三平文非	fɛ̃⁴⁴	fɛ̃⁴⁴
0693	粉	臻合三上吻非	fɛ̃²⁴³	fɛ̃²⁴³
0694	粪	臻合三去问非	pɛ̃⁵³	pɛ̃⁵³
0695	坟	臻合三平文奉	vɛ̃²¹³	vɛ̃²¹³
0696	蚊	臻合三平文微	moŋ²¹³	moŋ²¹³
0697	问	臻合三去问微	mɛ̃²² 调殊	mɛ̃²² 调殊
0698	军	臻合三平文见	kyĩ⁴⁴	kyĩ⁴⁴
0699	裙	臻合三平文群	gəŋ²¹³ 白 gyĩ²¹³ 文	gəŋ²¹³
0700	熏	臻合三平文晓	kʰəŋ⁵³ ~蚊虫 xyĩ⁴⁴ ~豆腐	ɕyĩ⁴⁴
0701	云 ~彩	臻合三平文云	yĩ²¹³	yĩ²¹³
0702	运	臻合三去问云	yĩ³¹	yĩ³¹
0703	佛 ~像	臻合三入物奉	vəʔ²	vəʔ²
0704	物	臻合三入物微	vəʔ²	uəʔ²
0705	帮	宕开一平唐帮	piaŋ⁴⁴ 白 pɒŋ⁴⁴ 文	piaŋ⁴⁴
0706	忙	宕开一平唐明	miaŋ²¹³ 白 mɒŋ²¹³ 文	miaŋ²¹³
0707	党	宕开一上荡端	taŋ⁴⁴ 调殊	taŋ⁴⁴ 调殊
0708	汤	宕开一平唐透	tʰaŋ⁴⁴	tʰaŋ⁴⁴
0709	糖	宕开一平唐定	daŋ²¹³	daŋ²¹³
0710	浪	宕开一去宕来	laŋ³¹	laŋ³¹
0711	仓	宕开一平唐清	tsʰɒŋ⁴⁴	tsʰɒŋ⁴⁴
0712	钢 名词	宕开一平唐见	kɒŋ⁴⁴	kɒŋ⁴⁴
0713	糠	宕开一平唐溪	kʰɒŋ⁴⁴	kʰɒŋ⁴⁴

续表

编 号	单 字	音韵地位	老男音	青男音
0714	薄形容词	宕开一入铎並	bia?²	bia?²
0715	摸	宕开一入铎明	mo⁴⁴调殊	mo⁴⁴调殊
0716	托	宕开一入铎透	tʰa?⁵	tʰa?⁵
0717	落	宕开一入铎来	la?²	la?²
0718	作	宕开一入铎精	tsɒ?⁵	tsɒ?⁵
0719	索	宕开一入铎心	sɒ?⁵	sɒ?⁵
0720	各	宕开一入铎见	kɒ?⁵ ～顾～ kua?⁵ ～侬	kɒ?⁵
0721	鹤	宕开一入铎匣	ŋɒ?²	(无)
0722	恶形容词,入声	宕开一入铎影	ɒ?⁵	ɒ?⁵
0723	娘	宕开三平阳泥	ȵiaŋ²¹³ ～家 ȵiaŋ⁵³ 二～ ȵiaŋ²² 老大～:老姑娘	ȵiaŋ²¹³ 母亲 ȵiaŋ⁵³ 婶母
0724	两斤～	宕开三上养来	liaŋ²²	liaŋ²²
0725	亮	宕开三去漾来	liaŋ⁵³	liaŋ³¹
0726	浆	宕开三平阳精	tɕiaŋ⁴⁴	tɕiaŋ⁴⁴
0727	抢	宕开三上养清	tɕʰiaŋ²⁴³	tɕʰiaŋ²⁴³
0728	匠	宕开三去漾从	ziaŋ³¹	tɕiaŋ⁵³
0729	想	宕开三上养心	ɕiaŋ⁵³调殊	ɕiaŋ⁵³调殊
0730	像	宕开三上养邪	ziaŋ²²	ziaŋ²²
0731	张量词	宕开三平阳知	tiaŋ⁴⁴	tiaŋ⁴⁴
0732	长～短	宕开三平阳澄	dɛ̃²¹³白 dʑiaŋ²¹³文	dɛ̃²¹³
0733	装	宕开三平阳庄	tɕiɒŋ⁴⁴	tɕiɒŋ⁴⁴
0734	壮	宕开三去漾庄	tɕiɒŋ⁵³	tɕiɒŋ⁵³

续表

编　号	单　字	音韵地位	老男音	青男音
0735	疮	宕开三平阳初	tsʰɒŋ⁴⁴生～ tsʰɛ̃⁴⁴疙瘩～	tsʰɒŋ⁴⁴生～ tsʰɛ̃⁴⁴疙瘩～
0736	床	宕开三平阳崇	ʑiɒŋ²¹³桌子 zɛ̃²¹³床铺	ʑiɒŋ²¹³桌子 zɛ̃²¹³床铺
0737	霜	宕开三平阳生	ɕiɒŋ⁴⁴	ɕiɒŋ⁴⁴
0738	章	宕开三平阳章	tɕiaŋ⁴⁴	tɕiaŋ⁴⁴
0739	厂	宕开三上养昌	tɕʰiaŋ²⁴³	tɕʰiaŋ²⁴³
0740	唱	宕开三去漾昌	tɕʰiaŋ⁵³	tɕʰiaŋ⁵³
0741	伤	宕开三平阳书	ɕiaŋ⁴⁴	ɕiaŋ⁴⁴
0742	尝	宕开三平阳禅	ʑiaŋ²¹³	ʑiaŋ²¹³
0743	上～去	宕开三上养禅	dʑiaŋ²²	dʑiaŋ²²
0744	让	宕开三去漾日	ȵiaŋ³¹	ȵiaŋ³¹
0745	姜生～	宕开三平阳见	kiaŋ⁴⁴	kiaŋ⁴⁴
0746	响	宕开三上养晓	xiaŋ²⁴³	xiaŋ²⁴³
0747	向	宕开三去漾晓	xiaŋ⁵³	xiaŋ⁵³
0748	秧	宕开三平阳影	ɛ̃⁴⁴	ɛ̃⁴⁴
0749	痒	宕开三上养以	ʑiɒŋ²²	ʑiɒŋ²²
0750	样	宕开三去漾以	iaŋ³¹	iaŋ³¹
0751	雀	宕开三入药精	tɕiaʔ⁵	tɕiaʔ⁵
0752	削	宕开三入药心	ɕiaʔ⁵	ɕiaʔ⁵
0753	着火～了	宕开三入药知	dɛ²²音殊	dɛ²²音殊
0754	勺	宕开三入药禅	ʑiaʔ²	ʑiaʔ²
0755	弱	宕开三入药日	ȵiaʔ²	ȵiaʔ²
0756	脚	宕开三入药见	kɒʔ⁵落～生 kiaʔ⁵～色	kɒʔ⁵

续表

编号	单字	音韵地位	老男音	青男音
0757	约	宕开三入药影	iaʔ⁵	iaʔ⁵
0758	药	宕开三入药以	iaʔ²	iaʔ²
0759	光 ~线	宕合一平唐见	kyaŋ⁴⁴	kyaŋ⁴⁴
0760	慌	宕合一平唐晓	xyaŋ⁴⁴	xyaŋ⁴⁴
0761	黄	宕合一平唐匣	yaŋ²¹³	yaŋ²¹³
0762	郭	宕合一入铎见	kuaʔ⁵	kuaʔ⁵
0763	霍	宕合一入铎晓	xyaʔ⁵ ~闪 xɒʔ⁵ 姓~	xyaʔ⁵
0764	方	宕合三平阳非	fɒŋ⁴⁴	fɒŋ⁴⁴
0765	放	宕合三去漾非	poŋ⁵³ 白 fɒŋ⁵³ 文	poŋ⁵³ 白 fɒŋ⁵³ 文
0766	纺	宕合三上养敷	pʰoŋ²⁴³ 老 fɒŋ²⁴³ 新	fɒŋ²⁴³
0767	房	宕合三平阳奉	vɒŋ²¹³	vɒŋ²¹³
0768	防	宕合三平阳奉	vɒŋ²¹³	vɒŋ²¹³
0769	网	宕合三上养微	moŋ²²	moŋ²²
0770	筐	宕合三平阳溪	kʰyaŋ⁴⁴	kʰuaŋ⁴⁴
0771	狂	宕合三平阳群	guaŋ²¹³	guaŋ²¹³
0772	王	宕合三平阳云	yaŋ²¹³ 老虎~ uaŋ²¹³ 姓~	yaŋ²¹³ 老虎~ uaŋ²¹³ 姓~
0773	旺	宕合三去漾云	yaŋ³¹ ~猪:杀过年猪 uaŋ³¹ 兴~	uaŋ⁵³
0774	缚	宕合三入药奉	biaʔ²	biaʔ²
0775	绑	江开二上讲帮	piaŋ²⁴³ 白 pɒŋ²⁴³ 文	piaŋ²⁴³
0776	胖	江开二去绛滂	pʰɒŋ⁵³	pʰɒŋ⁵³

续表

编　号	单　字	音韵地位	老男音	青男音
0777	棒	江开二上讲並	bɒŋ²²	bɒŋ²²
0778	桩	江开二平江知	tiɒŋ⁴⁴	tɕiɒŋ⁴⁴
0779	撞	江开二去绛澄	dʑiɒŋ²²调殊	dʑiɒŋ²²调殊
0780	窗	江开二平江初	tɕʰiɒŋ⁴⁴	tɕʰiɒŋ⁴⁴
0781	双	江开二平江生	ɕiɒŋ⁴⁴	ɕiɒŋ⁴⁴
0782	江	江开二平江见	kɒŋ⁴⁴白 kiaŋ⁴⁴文	kɒŋ⁴⁴白 kiaŋ⁴⁴文
0783	讲	江开二上讲见	kɒŋ²⁴³白 kiaŋ²⁴³文	kɒŋ²⁴³
0784	降投~	江开二平江匣	ɒŋ²¹³	ziaŋ²¹³
0785	项	江开二上讲匣	ɒŋ³¹	ɒŋ³¹
0786	剥	江开二入觉帮	piaʔ⁵白 paʔ⁵文	piaʔ⁵
0787	桌	江开二入觉知	tɕiɒʔ⁵	tɕiɒʔ⁵
0788	镯	江开二入觉崇	dʑiɵʔ²	dʑiɵ ʔ²
0789	角	江开二入觉见	kɒʔ⁵	kɒʔ⁵
0790	壳	江开二入觉溪	kʰɒʔ⁵	kʰɒʔ⁵
0791	学	江开二入觉匣	ɒʔ²白 iaʔ²文	xɒʔ²新 iaʔ²老
0792	握	江开二入觉影	uoʔ⁵	uəʔ⁵
0793	朋	曾开一平登並	boŋ²¹³	bəŋ²²
0794	灯	曾开一平登端	tĩ⁴⁴	tĩ⁴⁴
0795	等	曾开一上等端	tɛ̃²⁴³	tɛ̃²⁴³
0796	凳	曾开一去嶝端	tĩ⁵³	tĩ⁵³
0797	藤	曾开一平登定	dĩ²¹³	dĩ²¹³
0798	能	曾开一平登泥	nɛ̃²¹³	nɛ̃²¹³

编　号	单　字	音韵地位	老男音	青男音
0799	层	曾开一平登从	$z\widetilde{\varepsilon}^{213}$	$z\widetilde{\varepsilon}^{213}$
0800	僧	曾开一平登心	$s\partial\eta^{44}$	$s\partial\eta^{44}$
0801	肯	曾开一上等溪	$k^h\partial\eta^{243}$	$k^h\partial\eta^{243}$
0802	北	曾开一入德帮	$po\text{ʔ}^5$	$p\partial\text{ʔ}^5$
0803	墨	曾开一入德明	$mo\text{ʔ}^2$	$m\partial\text{ʔ}^2$
0804	得	曾开一入德端	$t\partial\text{ʔ}^5$	$t\partial\text{ʔ}^5$
0805	特	曾开一入德定	$d\partial\text{ʔ}^2$	$d\partial\text{ʔ}^2$
0806	贼	曾开一入德从	$z\partial\text{ʔ}^2$	$z\partial\text{ʔ}^2$
0807	塞	曾开一入德心	$sa\text{ʔ}^5$	$sa\text{ʔ}^5$
0808	刻	曾开一入德溪	$k^h\partial\text{ʔ}^5$	$k^h\partial\text{ʔ}^5$
0809	黑	曾开一入德晓	$x\partial\text{ʔ}^5$	$x\partial\text{ʔ}^5$
0810	冰	曾开三平蒸帮	$pa\eta^{44}$	$p\widetilde{\mathrm{i}}^{44}$
0811	证	曾开三去证章	$t\varphi\widetilde{\mathrm{i}}^{53}$	$t\varphi\widetilde{\mathrm{i}}^{53}$
0812	秤	曾开三去证昌	$t\varphi^h\widetilde{\mathrm{i}}^{53}$	$t\varphi^h\widetilde{\mathrm{i}}^{53}$
0813	绳	曾开三平蒸船	$z\!\!\!\!\diagup\widetilde{\mathrm{i}}^{213}$	$z\!\!\!\!\diagup y\widetilde{\mathrm{i}}^{213}$
0814	剩	曾开三去证船	$z\!\!\!\!\diagup\widetilde{\mathrm{i}}^{31}$	$z\!\!\!\!\diagup\widetilde{\mathrm{i}}^{31}$
0815	升	曾开三平蒸书	$\varphi\widetilde{\mathrm{i}}^{44}$	$\varphi\widetilde{\mathrm{i}}^{44}$
0816	兴高~	曾开三去证晓	$x\widetilde{\mathrm{i}}^{53}$	$x\widetilde{\mathrm{i}}^{53}$
0817	蝇	曾开三平蒸以	$\varphi i\widetilde{\varepsilon}^{53}$音殊	$\varphi i\widetilde{\varepsilon}^{53}$音殊
0818	逼	曾开三入职帮	$pi\text{ɛ}\text{ʔ}^5$	$pi\text{ɛ}\text{ʔ}^5$
0819	力	曾开三入职来	$li\text{ɛ}\text{ʔ}^2$	$li\text{ɛ}\text{ʔ}^2$
0820	息	曾开三入职心	$\varphi i\text{ɛ}\text{ʔ}^5$	$\varphi i\text{ɛ}\text{ʔ}^5$
0821	直	曾开三入职澄	$di\text{ɛ}\text{ʔ}^2$	$di\text{ɛ}\text{ʔ}^2$
0822	侧	曾开三入职庄	$tsa\text{ʔ}^5$	（无）

续表

编　号	单　字	音韵地位	老男音	青男音
0823	测	曾开三入职初	$tsʰə\textipa{P}^5$	$tsʰə\textipa{P}^5$
0824	色	曾开三入职生	$sa\textipa{P}^5$	$sa\textipa{P}^5$
0825	织	曾开三入职章	$tɕiɛ\textipa{P}^5$	$tɕiɛ\textipa{P}^5$
0826	食	曾开三入职船	$ʑiɛ\textipa{P}^2$	$ʑiɛ\textipa{P}^2$
0827	式	曾开三入职书	$ɕiɛ\textipa{P}^5$	$ɕiɛ\textipa{P}^5$
0828	极	曾开三入职群	$giɛ\textipa{P}^2$	$giɛ\textipa{P}^2$
0829	国	曾合一入德见	$kuo\textipa{P}^5$	$kuə\textipa{P}^5$
0830	或	曾合一入德匣	$ua\textipa{P}^2$	$ua\textipa{P}^2$
0831	猛	梗开二上梗明	$maŋ^{213}$调殊	$maŋ^{213}$调殊
0832	打	梗开二上梗端	$taŋ^{243}$	$taŋ^{243}$
0833	冷	梗开二上梗来	$laŋ^{22}$	$laŋ^{22}$
0834	生	梗开二平庚生	$saŋ^{44}$～日 $səŋ^{44}$落脚～	$saŋ^{44}$～日 $səŋ^{44}$落脚～
0835	省～长	梗开二上梗生	$saŋ^{243}$	$saŋ^{243}$
0836	更三～,打～	梗开二平庚见	$kaŋ^{44}$	$kaŋ^{44}$
0837	梗	梗开二上梗见	$kaŋ^{243}$	$kaŋ^{243}$
0838	坑	梗开二平庚溪	$kʰaŋ^{44}$	$kʰaŋ^{44}$
0839	硬	梗开二去映疑	$ŋaŋ^{31}$	$ŋaŋ^{31}$
0840	行～为,～走	梗开二平庚匣	$\tilde{ɿ}^{213}$～为 $aŋ^{213}$～事	$\tilde{ɿ}^{213}$
0841	百	梗开二入陌帮	$pa\textipa{P}^5$	$pa\textipa{P}^5$
0842	拍	梗开二入陌滂	$pʰa\textipa{P}^5$	$pʰa\textipa{P}^5$
0843	白	梗开二入陌并	$ba\textipa{P}^2$	$ba\textipa{P}^2$
0844	拆	梗开二入陌彻	$tsʰa\textipa{P}^5$	$tsʰa\textipa{P}^5$

续表

编 号	单 字	音韵地位	老男音	青男音
0845	择	梗开二入陌澄	daʔ² ~菜 dzaʔ² 选~	dzaʔ²
0846	窄	梗开二入陌庄	tsɒ⁵³ 调殊	tsɒ⁵³ 调殊
0847	格	梗开二入陌见	kaʔ⁵	kaʔ⁵
0848	客	梗开二入陌溪	kʰaʔ⁵	kʰaʔ⁵
0849	额	梗开二入陌疑	ŋaʔ²	ŋaʔ²
0850	棚	梗开二平耕并	boŋ²¹³	boŋ²¹³
0851	争	梗开二平耕庄	tsaŋ⁴⁴	tsaŋ⁴⁴
0852	耕	梗开二平耕见	kaŋ⁴⁴	kaŋ⁴⁴
0853	麦	梗开二入麦明	maʔ²	maʔ²
0854	摘	梗开二入麦知	tsaʔ⁵	tsaʔ⁵
0855	策	梗开二入麦初	tsʰaʔ⁵	tsʰaʔ⁵
0856	隔	梗开二入麦见	kaʔ⁵	kaʔ⁵
0857	兵	梗开三平庚帮	pĩ⁴⁴	pĩ⁴⁴
0858	柄	梗开三去映帮	paŋ⁵³	pĩ²⁴³
0859	平	梗开三平庚并	bĩ²¹³	bĩ²¹³
0860	病	梗开三去映并	baŋ³¹	baŋ³¹
0861	明	梗开三平庚明	mĩ²¹³	mĩ²¹³
0862	命	梗开三去映明	mĩ³¹	mĩ³¹
0863	镜	梗开三去映见	kĩ⁵³	kĩ⁵³
0864	庆	梗开三去映溪	kʰĩ⁵³	kʰĩ⁵³
0865	迎	梗开三平庚疑	n̠ĩ²¹³	n̠ĩ²¹³
0866	影	梗开三上梗影	ɛ̃²⁴³ 依~ ĩ²⁴³ 电~	ɞ̃²⁴³ 依~ ĩ²⁴³ 电~
0867	剧 戏~	梗开三入陌群	gioʔ²	gyɛʔ²

续表

编　号	单　字	音韵地位	老男音	青男音
0868	饼	梗开三上静帮	$p\tilde{1}^{243}$	$p\tilde{1}^{243}$
0869	名	梗开三平清明	$m\tilde{1}^{213}$	$m\tilde{1}^{213}$
0870	领	梗开三上静来	$l\tilde{1}^{22}$	$l\tilde{1}^{22}$
0871	井	梗开三上静精	$tc\tilde{1}^{243}$	$tc\tilde{1}^{243}$
0872	清	梗开三平清清	$tc^{h}\tilde{1}^{44}$	$tc^{h}\tilde{1}^{44}$
0873	静	梗开三上静从	$z\tilde{1}^{31}$	$z\tilde{1}^{31}$
0874	姓	梗开三去劲心	$c\tilde{1}^{53}$	$c\tilde{1}^{53}$
0875	贞	梗开三平清知	$tc\tilde{1}^{44}$	$tc\tilde{1}^{44}$
0876	程	梗开三平清澄	$dz\tilde{1}^{213}$	$dz\tilde{1}^{213}$
0877	整	梗开三上静章	$tc\tilde{1}^{243}$	$tc\tilde{1}^{243}$
0878	正~反	梗开三去劲章	$tc\tilde{1}^{53}$	$tc\tilde{1}^{53}$
0879	声	梗开三平清书	$c\tilde{1}^{44}$	$c\tilde{1}^{44}$
0880	城	梗开三平清禅	$z\tilde{1}^{213}$	$dz\tilde{1}^{213}$
0881	轻	梗开三平清溪	$k^{h}\tilde{1}^{44}$	$k^{h}\tilde{1}^{44}$
0882	赢	梗开三平清以	$\tilde{1}^{213}$	$\tilde{1}^{213}$
0883	积	梗开三入昔精	$tciE\mathʔ^{5}$	$tciE\mathʔ^{5}$
0884	惜	梗开三入昔心	$ciE\mathʔ^{5}$	$ciE\mathʔ^{5}$
0885	席	梗开三入昔邪	$ziE\mathʔ^{2}$	$ziE\mathʔ^{2}$
0886	尺	梗开三入昔昌	$tc^{h}iE\mathʔ^{5}$	$tc^{h}iE\mathʔ^{5}$
0887	石	梗开三入昔禅	$ziE\mathʔ^{2}$~头　$dzia\mathʔ^{2}$ 碴~：鹅卵石	$ziE\mathʔ^{2}$~头　$dzia\mathʔ^{2}$ 碴~：鹅卵石
0888	益	梗开三入昔影	$iE\mathʔ^{5}$	$iE\mathʔ^{2}$
0889	瓶	梗开四平青并	$b\tilde{1}^{213}$	$b\tilde{1}^{213}$
0890	钉名词	梗开四平青端	$t\tilde{1}^{44}$	$t\tilde{1}^{44}$

编　号	单　字	音韵地位	老男音	青男音
0891	顶	梗开四上迥端	$t\tilde{ı}^{243}$	$t\tilde{ı}^{243}$
0892	厅	梗开四平青透	$t^h\tilde{ı}^{44}$	$t^h\tilde{ı}^{44}$
0893	听～见	梗开四平青透	$t^h\tilde{ı}^{44}$	$t^h\tilde{ı}^{44}$
0894	停	梗开四平青定	$d\tilde{ı}^{213}$	$d\tilde{ı}^{213}$
0895	挺	梗开四上迥定	$t^h\tilde{ı}^{243}$	$t^h\tilde{ı}^{243}$
0896	定	梗开四去径定	$d\tilde{ı}^{31}$	$d\tilde{ı}^{31}$
0897	零	梗开四平青来	$l\tilde{ı}^{213}$	$l\tilde{ı}^{213}$
0898	青	梗开四平青清	$t\varphi^h\tilde{ı}^{44}$	$t\varphi^h\tilde{ı}^{44}$
0899	星	梗开四平青心	$\varphi\tilde{ı}^{44}$	$\varphi\tilde{ı}^{44}$
0900	经	梗开四平青见	$k\tilde{ı}^{44}$	$k\tilde{ı}^{44}$
0901	形	梗开四平青匣	$\tilde{ı}^{213}$	$\tilde{ı}^{213}$ 老 $z\tilde{ı}^{213}$ 新
0902	壁	梗开四入锡帮	$piɛʔ^5$	$piɛʔ^5$
0903	劈	梗开四入锡滂	$p^hiɛʔ^5$	$p^hiɛʔ^5$
0904	踢	梗开四入锡透	$t^hiɛʔ^5$	$t^hiɛʔ^5$
0905	笛	梗开四入锡定	$diɛʔ^2$	$diɛʔ^2$
0906	历农～	梗开四入锡来	$liɛʔ^2$	$liɛʔ^2$
0907	锡	梗开四入锡心	$\varphi iɛʔ^5$	$\varphi iɛʔ^5$
0908	击	梗开四入锡见	$kiɛʔ^5$	$kiɛʔ^5$
0909	吃	梗开四入锡溪	$k^hiɛʔ^5$	$t\varphi^hiɛʔ^5$
0910	横～竖	梗合二平庚匣	$uaŋ^{213}$	$uaŋ^{213}$
0911	划计～	梗合二入麦匣	$uaʔ^2$	$uaʔ^2$
0912	兄	梗合三平庚晓	$xaŋ^{44}$	$xaŋ^{44}$
0913	荣	梗合三平庚云	$ioŋ^{213}$	$ioŋ^{213}$

续表

编 号	单 字	音韵地位	老男音	青男音
0914	永	梗合三上梗云	$y\tilde{i}^{22}$	$ioŋ^{22}$
0915	营	梗合三平清以	$\tilde{i}^{213}$	$\tilde{i}^{213}$
0916	蓬～松	通合一平东並	$boŋ^{213}$	$boŋ^{213}$
0917	东	通合一平东端	$toŋ^{44}$	$toŋ^{44}$
0918	懂	通合一上董端	$toŋ^{243}$	$toŋ^{243}$
0919	冻	通合一去送端	$toŋ^{53}$	$toŋ^{53}$
0920	通	通合一平东透	$t^hoŋ^{44}$	$t^hoŋ^{44}$
0921	桶	通合一上董透	$doŋ^{22}$	$doŋ^{22}$
0922	痛	通合一去送透	$t^hoŋ^{53}$	$t^hoŋ^{53}$
0923	铜	通合一平东定	$doŋ^{213}$	$doŋ^{213}$
0924	动	通合一上董定	$doŋ^{22}$	$doŋ^{22}$
0925	洞	通合一去送定	$doŋ^{31}$	$doŋ^{31}$
0926	聋	通合一平东来	$loŋ^{213}$	$loŋ^{213}$
0927	弄	通合一去送来	$loŋ^{31}$	$noŋ^{31}$
0928	粽	通合一去送精	$tsoŋ^{53}$	$tsoŋ^{53}$
0929	葱	通合一平东清	$ts^hoŋ^{44}$	$ts^hoŋ^{44}$
0930	送	通合一去送心	$soŋ^{53}$	$soŋ^{53}$
0931	公	通合一平东见	$koŋ^{44}$	$koŋ^{44}$
0932	孔	通合一上董溪	$k^həŋ^{243}$单用 $k^hoŋ^{53}$姓～	$k^hoŋ^{243}$
0933	烘～干	通合一平东晓	$xoŋ^{44}$	$xoŋ^{44}$
0934	红	通合一平东匣	$oŋ^{213}$	$oŋ^{213}$
0935	翁	通合一平东影	$oŋ^{44}$	$oŋ^{44}$
0936	木	通合一入屋明	$moʔ^2$	$məʔ^2$

编　号	单　字	音韵地位	老男音	青男音
0937	读	通合一入屋定	doʔ²	duəʔ²
0938	鹿	通合一入屋来	loʔ²	luəʔ²
0939	族	通合一入屋从	zoʔ²	dzuəʔ²
0940	谷稻~	通合一入屋见	kuoʔ⁵	kuəʔ⁵
0941	哭	通合一入屋溪	kʰuoʔ⁵	kʰuəʔ⁵
0942	屋	通合一入屋影	uoʔ⁵	uəʔ⁵
0943	冬~至	通合一平冬端	taŋ⁴⁴	taŋ⁴⁴
0944	统	通合一去宋透	tʰoŋ²⁴³	tʰoŋ²⁴³
0945	脓	通合一平冬泥	noŋ²¹³	noŋ²¹³
0946	松~紧	通合一平冬心	soŋ⁴⁴	soŋ⁴⁴
0947	宋	通合一去宋心	soŋ⁵³	soŋ⁵³
0948	毒	通合一入沃定	doʔ²	duəʔ²
0949	风	通合三平东非	fɐŋ⁴⁴	fɐŋ⁴⁴
0950	丰	通合三平东敷	foŋ⁴⁴	foŋ⁴⁴
0951	凤	通合三去送奉	voŋ³¹	foŋ⁵³
0952	梦	通合三去送明	moŋ³¹	moŋ³¹
0953	中当~	通合三平东知	tioŋ⁴⁴	tɕioŋ⁴⁴
0954	虫	通合三平东澄	daŋ²¹³	daŋ²¹³
0955	终	通合三平东章	tɕioŋ⁴⁴	tɕioŋ⁴⁴
0956	充	通合三平东昌	tɕʰioŋ⁴⁴	tɕʰioŋ⁴⁴
0957	宫	通合三平东见	koŋ⁴⁴	koŋ⁴⁴
0958	穷	通合三平东群	gioŋ²¹³	dzʑioŋ²¹³
0959	熊	通合三平东云	ioŋ²¹³	zʑioŋ²¹³
0960	雄	通合三平东云	ioŋ²¹³	ioŋ²¹³

续表

编　号	单　字	音韵地位	老男音	青男音
0961	福	通合三入屋非	fɒʔ⁵ 发~ fəʔ⁵ ~气	fəʔ⁵
0962	服	通合三入屋奉	vəʔ²	vəʔ²
0963	目	通合三入屋明	moʔ²	məʔ²
0964	六	通合三入屋来	laʔ² 四五~ loʔ² ~十	laʔ²
0965	宿住~,~舍	通合三入屋心	soʔ⁵	suəʔ⁵
0966	竹	通合三入屋知	taʔ⁵	taʔ⁵
0967	畜~生	通合三入屋彻	tɕʰioʔ⁵	tɕʰiɐʔ⁵
0968	缩	通合三入屋生	soʔ⁵	suəʔ⁵
0969	粥	通合三入屋章	tɕioʔ⁵	tɕyɛʔ⁵
0970	叔	通合三入屋书	ɕioʔ⁵	ɕyɛʔ⁵
0971	熟	通合三入屋禅	dʑiɒʔ² 饭~ ʑioʔ² ~侬	dʑiɒʔ² 饭~ ʑyɛʔ² ~侬
0972	肉	通合三入屋日	ȵiɒʔ²	ȵiɒʔ²
0973	菊	通合三入屋见	kɒʔ⁵ 旧 kioʔ⁵ 今	kyɛʔ⁵
0974	育	通合三入屋以	ioʔ⁵	yɛʔ⁵
0975	封	通合三平钟非	fɒŋ⁴⁴	foŋ⁴⁴
0976	蜂	通合三平钟敷	fɒŋ⁴⁴	fɒŋ⁴⁴
0977	缝一条~	通合三去用奉	vɒŋ³¹	vɒŋ³¹
0978	浓	通合三平钟泥	ȵiɒŋ²¹³	ȵiɒŋ²¹³
0979	龙	通合三平钟来	liɒŋ²¹³	liɒŋ²¹³
0980	松~树	通合三平钟邪	zɒŋ²¹³	zɒŋ²¹³
0981	重轻~	通合三上肿澄	dʑioŋ²²	dʑioŋ²²
0982	肿	通合三上肿章	ioŋ²⁴³ 声殊	ioŋ²⁴³ 声殊

续表

编　号	单　字	音韵地位	老男音	青男音
0983	种~树	通合三去用章	ioŋ⁵³ 声殊	ioŋ⁵³ 声殊
0984	冲	通合三平钟昌	tɕʰioŋ⁴⁴	tɕʰioŋ⁴⁴
0985	恭	通合三平钟见	koŋ⁴⁴	koŋ⁴⁴
0986	共	通合三去用群	goŋ³¹	goŋ²¹³
0987	凶吉~	通合三平钟晓	xioŋ⁴⁴	xioŋ⁴⁴
0988	拥	通合三上肿影	ioŋ⁴⁴ 调殊	ioŋ⁴⁴ 调殊
0989	容	通合三平钟以	ioŋ²¹³	ioŋ²¹³
0990	用	通合三去用以	ioŋ³¹	ioŋ³¹
0991	绿	通合三入烛来	lɐʔ² 白 loʔ² 文	lɐʔ²
0992	足	通合三入烛精	tsoʔ⁵	tsuəʔ⁵
0993	烛	通合三入烛章	tɕiɐʔ⁵	tɕiɐʔ⁵
0994	赎	通合三入烛船	dziɐʔ² 白 zoʔ² 文	dziɐʔ²
0995	属	通合三入烛禅	zioʔ²	(无)
0996	褥	通合三入烛日	zioʔ²	(无)
0997	曲~折,歌~	通合三入烛溪	kʰɐʔ⁵ 歌~ kʰioʔ⁵ ~折	kʰɐʔ⁵ 歌~ kʰyɛʔ⁵ ~折
0998	局	通合三入烛群	gioʔ²	gyɛʔ²
0999	玉	通合三入烛疑	n̠ioʔ²	n̠ioʔ²
1000	浴	通合三入烛以	ioʔ²	yɛʔ²

第三章　词　汇

一、天文地理

编　号	词　条	方　言
0001	太阳~下山了	日头 nəʔ² du²¹³ 焙日 bE²² nəʔ²
0002	月亮~出来了	日光 nəʔ² kyaŋ⁴⁴
0003	星星	天星 tʰiɛ̃⁴⁴ ɕĩ⁴⁴
0004	云	云 yî̃²¹³
0005	风	风 fɒŋ⁴⁴
0006	台风	台风 dE²² fɒŋ⁴⁴
0007	闪电名词	霍闪 xyaʔ⁴ ɕiɛ̃⁵³
0008	雷	雷公 luE²² koŋ⁴⁴
0009	雨	雨 yə²²
0010	下雨	断⁼雨 dəŋ²² yə²²
0011	淋衣服被雨~湿了	湦 ziɐʔ²
0012	晒~粮食	晒 sɒ⁵³
0013	雪	雪 ɕyɛʔ⁵

续表

编 号	词 条	方 言
0014	冰	冰 paŋ⁴⁴
0015	冰雹	龙雹子 liɒŋ²² baʔ² tsə²⁴³
0016	霜	霜 ɕiɒŋ⁴⁴
0017	雾	雾 muə³¹ 雾露 muə²² luə⁵³
0018	露	露水 luə²² y²⁴³
0019	虹统称	东虹 toŋ²⁴ kɒŋ⁵³ 西虹 ɕi²⁴ kɒŋ⁵³
0020	日食	天狗咥日头 tʰiɛ̃⁴⁴ ku²⁴³ tiɛʔ⁵ nəʔ² du²¹³
0021	月食	天狗咥日光 tʰiɛ̃⁴⁴ ku²⁴³ tiɛʔ⁵ nəʔ² kyaŋ⁴⁴
0022	天气	天气 tʰiɛ̃²⁴ kʰi⁵³
0023	晴天~	晴 zĩ²¹³
0024	阴天~	乌阴 uə⁴⁴ ɐ̃⁴⁴ 阴 ɐ̃⁴⁴
0025	旱天~	旱 ɒŋ²²
0026	涝天~	涨大水 tɕiaŋ⁴⁴ do²² y²⁴³
0027	天亮	天光 tʰiɛ̃²⁴ kyaŋ⁴⁴
0028	水田	田 diɛ̃²¹³ 水田 y⁴⁴ diɛ̃²¹³
0029	旱地浇不上水的耕地	地 diə³¹
0030	田埂	田塍 diɛ̃²² zĩ²¹³
0031	路野外的	路 luə³¹
0032	山	山 saŋ⁴⁴
0033	山谷	山坞 saŋ⁴⁴ uə²⁴³
0034	江大的河	大溪 do²² tɕʰiə⁴⁴ 江 kiaŋ⁴⁴

续表

编　号	词　条	方　言
0035	溪小的河	溪 tɕʰiə⁴⁴ 溪坑 tɕʰiə⁴⁴kʰaŋ⁴⁴
0036	水沟儿较小的水道	水沟 y⁴⁴kɯ⁴⁴ 圳沟 yɛ̃⁴⁴kɯ⁴⁴
0037	湖	湖 uə²¹³
0038	池塘	塘 daŋ²¹³
0039	水坑儿地面上有积水的小洼儿	水坑 y⁴⁴kʰaŋ⁴⁴
0040	洪水	大水 do²²y²⁴³
0041	淹被水~了	揾 uɛ̃⁵³
0042	河岸	大溪磡 do²²tɕʰiə²⁴kʰɒŋ⁵³ 大埂 do²²tioŋ⁵³
0043	坝拦河修筑拦水的	坝 pɛ⁵³旧/pɒ⁵³今
0044	地震	地震 di²²tɕĩ⁵³
0045	窟窿小的	洞 doŋ³¹ 穿 tɕʰyĩ⁴⁴
0046	缝儿统称	缝 vɒŋ³¹ 坼 tsʰaʔ⁵
0047	石头统称	石头 ʑiɛʔ²du²¹³
0048	土统称	泥 ȵiə²¹³
0049	泥湿的	烂泥 lɒŋ²²ȵiə²¹³
0050	水泥旧称	洋灰 iaŋ²²xuɛ⁴⁴
0051	沙子	沙 sa⁴⁴
0052	砖整块的	砖 tɕyɛ̃⁴⁴
0053	瓦整片的	瓦 ŋuɒ²²
0054	煤	煤 mɛ²¹³

续表

编 号	词 条	方 言
0055	煤油	洋油 iaŋ²² iɯ²¹³ 煤油 mɛ²² iɯ²¹³
0056	炭木~	炭 tʰɒŋ⁵³
0057	灰烧成的	灰 xuɛ⁴⁴
0058	灰尘桌面上的	灰墡 xuɛ⁴⁴ oŋ²⁴³
0059	火	火 xuɛ²⁴³
0060	烟烧火形成的	烟 iɛ̃⁴⁴
0061	失火	着火 dɛ²² xuɛ²⁴³
0062	水	水 y²⁴³
0063	凉水	浸水 tsʰɛ̃⁴⁴ y²⁴³
0064	热水如洗脸的热水，不是指喝的开水	汤 tʰaŋ⁴⁴
0065	开水喝的	大滚汤 do²² kuɛ̃⁴⁴ tʰaŋ⁴⁴
0066	磁铁	吸铁 xiɛʔ⁴ tʰiɛʔ⁵

二、时间方位

编 号	词 条	方 言
0067	时候吃饭的~	时候 ʑiɐ²² ɯ⁵³ 时 ʑiɐ²¹³
0068	什么时候	倒=时 tɐɯ⁴⁴ ʑiɐ⁵³
0069	现在	[乙个]记 ia⁵³ ki⁰
0070	以前十年~	前 dʑiɛ̃²¹³
0071	以后十年~	后 u²²
0072	一辈子	个世 a⁴⁴ ɕi⁵³

续表

编　号	词　条	方　言
0073	今年	今年 kɒ²⁴ȵiɛ̃⁵³
0074	明年	明年 mɒ²²ȵiɛ̃⁵³
0075	后年	后年 u²²ȵiɛ̃⁵³/oŋ²²ȵiɛ̃⁵³
0076	去年	旧年 ɡɯ²²ȵiɛ̃²¹³
0077	前年	前年 zuɛ²²ȵiɛ̃²¹³
0078	往年过去的年份	往历年 uaŋ⁴⁴liɛʔ²ȵiɛ̃²¹³
0079	年初	年初 ȵiɛ̃²²tsʰo⁴⁴
0080	年底	年底 ȵiɛ̃²²tiə²⁴³
0081	今天	今日 kɒʔ⁵ləʔ²"日"声殊
0082	明天	明日 maʔ²ləʔ²"日"声殊
0083	后天	后日 u²²nəʔ⁵/oŋ²²nəʔ⁵
0084	大后天	大后日 do²²u²²nəʔ⁵/do²²oŋ²² nəʔ⁵
0085	昨天	昨暝 zaʔ²maŋ²²
0086	前天	前日 zuɛ²²nəʔ²
0087	大前天	大前日 do²²zuɛ²²nəʔ²
0088	整天	成日 z̩ĩ²²nəʔ²
0089	每天	日戴＝日 nəʔ²tɛ⁴⁴nəʔ²
0090	早晨	天光 tʰiɛ̃²⁴kyaŋ⁴⁴
0091	上午	昼前 tu⁴⁴zuɛ²¹³
0092	中午	昼日 tu⁴⁴nəʔ²
0093	下午	昼罢 tu⁴⁴bɒ²²
0094	傍晚	黄昏 ɣaŋ²²xuɛ̃⁴⁴
0095	白天	日时 nəʔ²ʑiɤ⁵³
0096	夜晚与白天相对，统称	暝时 maŋ²²ʑiɤ²²

续表

编 号	词 条	方 言
0097	半夜	半暝 piɛ̃⁴⁴ maŋ⁵³
0098	正月_{农历}	正月 tɕĩ⁴⁴ ŋoʔ⁵
0099	大年初一_{农历}	正月初一 tɕĩ⁴⁴ ŋoʔ⁵ tsʰo²⁴ iɛʔ⁵
0100	元宵节	元宵节 yɛ̃²² ɕiɐɯ²⁴ tɕiɛʔ⁵
0101	清明	清明 tɕʰĩ²⁴ mĩ⁵³
0102	端午	端午 tɒŋ⁴⁴ ŋuə²²
0103	七月十五_{农历,节日名}	七月半 tsʰəʔ⁵ ŋoʔ⁵ piɛ̃⁵³
0104	中秋	八月中秋 paʔ⁵ ŋoʔ² toŋ⁴⁴ tsʰɯ⁴⁴
0105	冬至	冬至 taŋ²⁴ tɕiɵ⁵³
0106	腊月_{农历十二月}	十二月 ziɐʔ²² ni²² ŋoʔ²
0107	除夕_{农历}	三十暝 saŋ⁴⁴ ziɐʔ²² maŋ³¹ 廿九暝 niɛ̃²² kɯ²⁴ maŋ³¹ 用于没有腊月三十的年份
0108	历书	通书 tʰoŋ⁴⁴ ɕiə⁴⁴
0109	阴历	阴历 ĩ²⁴ liɛʔ²
0110	阳历	阳历 iaŋ²⁴ liɛʔ²
0111	星期天	星期日 ɕĩ⁴⁴ gi²² nəʔ²
0112	地方	场地 dziaŋ²² di⁵³ 地方 di²² fɒŋ⁴⁴
0113	什么地方	倒=场地 tɐɯ²⁴ dziaŋ²² di⁵³
0114	家里	触=里 tɕʰyɛʔ⁵ li²²
0115	城里	城里 zĩ²² liə²²
0116	乡下	乡里 xiaŋ⁴⁴ ləʔ⁵ "里"促化
0117	上面从~滚下来	上向 dziaŋ²² xaŋ⁵³ "向"脱落韵头
0118	下面从~爬上去	下向 o²² xaŋ⁵³ "向"脱落韵头

续表

编　号	词　　条	方　　言
0119	左边	借＝边 tɕiə⁴⁴ piɛ̃⁴⁴
0120	右边	顺边 ʐyĩ²² piɛ̃⁴⁴
0121	中间排队排在～	中央 toŋ⁴⁴ iaŋ⁴⁴
0122	前面排队排在～	前头 zuɛ²² doʔ² "头"促化
0123	后面排队排在～	后头 u²² doʔ² "头"促化 后向 u²² xiaŋ⁵³ 胐臀后 kʰuoʔ⁵ dɛ̃²² u⁴⁴
0124	末尾排队排在～	晚尾 maŋ²² mɛ²²
0125	对面	对面 tuɛ⁴⁴ miɛ̃⁵³
0126	面前	面前 miɛ̃²² zuɛ²¹³
0127	背后	背脊后 pəʔ⁴ tɕiɛʔ⁵ u²² 胐臀后 kʰuoʔ⁵ dɛ̃²² u²²
0128	里面躲在～	里向 liə²² xiaŋ⁵³
0129	外面衣服晒在～	外向 ŋua²² xaŋ⁵³ "向"脱落韵头
0130	旁边	边里 piɛ̃⁴⁴ ləʔ⁵ "里"促化 边沿 piɛ̃²⁴ iɛ̃²¹³
0131	上碗在桌子～	里 ləʔ² "里"促化 上向 dziaŋ²² xaŋ⁵³ "向"脱落韵头
0132	下凳子在桌子～	底 tiə²⁴³ 下向 o²² xaŋ⁵³ "向"脱落韵头
0133	边儿桌子的～	边沿 piɛ̃²⁴ iɛ̃²¹³ 沿 iɛ̃²¹³
0134	角儿桌子的～	角 kɒʔ⁵
0135	上去他～了	上去 dziaŋ²² kʰə⁵³
0136	下来他～了	下来 o²² lɛ²¹³
0137	进去他～了	归去 kuɛ⁴⁴ kʰə⁵³
0138	出来他～了	出来 tɕʰyɛʔ⁵ lɛ⁰

续表

编号	词条	方言
0139	出去他~了	出去 tɕʰyɐʔ⁵kʰə⁰
0140	回来他~了	归 kuɐ⁴⁴
0141	起来天冷~了	起 kiɐʔ⁰

三、植 物

编号	词条	方言
0142	树	树 dzɯ³¹
0143	木头	木头 moʔ²du²¹³
0144	松树统称	松树 zoŋ²²dzɯ⁵³
0145	柏树统称	柏树 paʔ⁵dzɯ³¹
0146	杉树	杉树 saŋ²⁴dzɯ⁵³
0147	柳树	杨柳树 iaŋ²²liɐu²²dzɯ⁵³
0148	竹子统称	竹 taʔ⁵
0149	笋	笋 sɛ̃²⁴³
0150	叶子	叶 dʑiɐʔ²
0151	花	花 xuɒ⁴⁴
0152	花蕾花骨朵	花囊 xuɒ²⁴nɒŋ⁵³
0153	梅花	梅花 mɛ²²xuɒ⁴⁴
0154	牡丹	牡丹 mɐɯ²²tɒŋ⁴⁴
0155	荷花	荷花 o²²xuɒ⁴⁴
0156	草	草 tsʰuə²⁴³
0157	藤	藤 dĩ²¹³

续表

编　号	词　条	方　言
0158	刺名词	刺 tɕʰiə⁵³
0159	水果	水果 ɕy⁴⁴kyə²⁴³
0160	苹果	苹果 bĩ²²ko²⁴³
0161	桃子	桃 dɐɯ²¹³
0162	梨	雪梨 ɕyɛʔ⁵li²¹³
0163	李子	李 li²² 李子 li²²tsə²⁴³
0164	杏	杏梅 aŋ²²mɛ²¹³
0165	橘子	橘 kiɛʔ⁵
0166	柚子	泡⁼ pʰɐɯ⁴⁴
0167	柿子	柿 ʑiɵ²²
0168	石榴	石榴 ʑiɛʔ²lɯ²¹³
0169	枣	枣 tsɐɯ²⁴³
0170	栗子	大核 do²²ɒʔ²
0171	核桃	核桃 ɒʔ²dɐɯ²¹³
0172	银杏白果	鸭脚 aʔ⁴kiaʔ⁵
0173	甘蔗	甘蔗 kɒŋ²⁴tɕiɵ⁵³
0174	木耳	木耳 moʔ²mi²²"耳"声母顺同化
0175	蘑菇野生的	蕈 ʑĩ²²
0176	香菇	香菇 xiaŋ⁴⁴kuə⁴⁴
0177	稻子指植物	粙 dɯ²²
0178	稻谷指籽实(脱粒后是大米)	谷 kuoʔ⁵
0179	稻草脱粒后的	稿 kɐɯ²⁴³
0180	大麦指植物	大麦 do²²maʔ²

续表

编 号	词 条	方 言
0181	小麦指植物	细麦 ɕiə⁴⁴ maʔ²
0182	麦秸脱粒后的	麦秆 maʔ² kɒŋ²⁴³
0183	谷子指植物（籽实脱粒后是小米）	粟 səʔ⁵
0184	高粱指植物	芦粟 luə²² səʔ⁵
0185	玉米指成株的植物	包萝 po²⁴ lo⁵³ "包"韵母逆同化
0186	棉花指植物	棉花 miɛ̃²² xuŋ⁴⁴
0187	油菜油料作物,不是蔬菜	油菜 iɯ²² tɕʰi⁵³
0188	芝麻	油麻 iɯ²² mo²¹³
0189	向日葵指植物	日头瓜子 nəʔ² du²² kuŋ⁴⁴ tsə²⁴³
0190	蚕豆	佛豆 vəʔ² du³¹
0191	豌豆	蚕豆 zɒŋ²² du⁵³
0192	花生指果实	落脚生 laʔ² kɒʔ⁵ səŋ⁴⁴
0193	黄豆	黄豆 yaŋ²² du⁵³
0194	绿豆	绿豆 lɵ ʔ² du³¹
0195	豇豆长条形的	豇豆 kɒŋ²⁴ du⁵³
0196	大白菜东北～	大白菜 do²² baʔ² tɕʰi⁵³
0197	包心菜卷心菜,圆白菜,球形的	包心菜 pɐɯ⁴⁴ ɕĩ²⁴ tɕʰi⁵³
0198	菠菜	菠菜 po²⁴ tɕʰi⁵³
0199	芹菜	水芹 ɕy⁴⁴ gĩ²¹³
0200	莴笋	莴笋 uo⁴⁴ sɛ̃²⁴³
0201	韭菜	韭菜 kɯ⁴⁴ tɕʰi⁵³
0202	香菜芫荽	香菜 xiaŋ²⁴ tɕʰi⁵³
0203	葱	葱 tsʰoŋ⁴⁴
0204	蒜	大蒜 da²² sɒŋ⁵³

续表

编　号	词　条	方　言
0205	姜	生姜 saŋ⁴⁴ kiaŋ⁴⁴
0206	洋葱	洋葱 iaŋ²² tsʰoŋ⁴⁴
0207	辣椒_{统称}	鸡心椒 iə⁴⁴ ɕĩ⁴⁴ tɕiɐɯ⁴⁴
0208	茄子_{统称}	茄 go²¹³
0209	西红柿	番茄 faŋ²⁴ gɒ⁵³
0210	萝卜_{统称}	劳=卜 lɐɯ²² boʔ²
0211	胡萝卜	红劳=卜 oŋ²² lɐɯ²² boʔ²
0212	黄瓜	黄瓜 yaŋ²² kyə⁴⁴
0213	丝瓜_{无棱的}	天萝 tʰiɛ̃²⁴ lo⁵³
0214	南瓜_{扁圆形或梨形，成熟时赤褐色}	黄匏 yaŋ²² buə²¹³
0215	荸荠	荸荠 bi²² zi²¹³ "荸"韵母逆同化
0216	红薯_{统称}	薯 dʑiə²¹³
0217	马铃薯	洋芋 iaŋ²² u⁵³
0218	芋头	芋 u³¹
0219	山药_{圆柱形的}	山药 saŋ⁴⁴ iaʔ²
0220	藕	藕 ŋɯ²²

四、动　物

编　号	词　条	方　言
0221	老虎	老虎 lɐɯ²² xuə²⁴³
0222	猴子	哭=狖 kʰuoʔ⁵ ɕyɛ̃⁴⁴
0223	蛇_{统称}	蛇 dzuɛ²¹³

续表

编　号	词　条	方　言
0224	老鼠家里的	老鼠 lɐɯ²²tɕʰiə²⁴³
0225	蝙蝠	老鼠皮机 ⁼lɐɯ²²tɕʰiə⁴⁴bi²²ki⁴⁴
0226	鸟儿飞鸟,统称	鸟 tiɐɯ²⁴³
0227	麻雀	麻雀 mə ʔ²tɕiaʔ⁵"麻"促化
0228	喜鹊	飞鹊 fi⁴⁴tɕʰiaʔ⁵ 喜鹊 xi⁴⁴tɕʰiaʔ⁵
0229	乌鸦	老鸦 lɒ²²uo⁴⁴
0230	鸽子	鸽 kɒʔ⁵
0231	翅膀鸟的,统称	翼膀 iɐ ʔ²piaŋ²⁴³
0232	爪子鸟的,统称	爪 tsɐɯ²⁴³
0233	尾巴	尾兜 mɐ²²tɯ⁴⁴
0234	窝鸟的	棐 kʰyə⁴⁴
0235	虫子统称	虫 daŋ²¹³
0236	蝴蝶统称	蝴蝶 uə²²diɐʔ²
0237	蜻蜓统称	朋 ⁼猜 ⁼bɒŋ²²tsʰa²⁴³
0238	蜜蜂	蜂 fɒŋ⁴⁴
0239	蜂蜜	蜂蜜 fɒŋ⁴⁴miɐʔ²
0240	知了统称	知了 tɕiə⁴⁴ȵiɐɯ⁵³
0241	蚂蚁	苍蚁 tsʰɒŋ⁴⁴ŋa²²
0242	蚯蚓	黄蟮 yaŋ²²xəŋ²⁴³
0243	蚕	蚕 zɒŋ²¹³
0244	蜘蛛会结网的	蟢 xi²⁴³
0245	蚊子统称	蚊虫 moŋ²²daŋ²¹³
0246	苍蝇统称	苍蝇 tsʰɒŋ⁴⁴ɕiɛ̃⁵³

续表

编　号	词　　条	方　　言
0247	跳蚤咬人的	蚤 tsuə²⁴³
0248	虱子	虱 saʔ⁵
0249	鱼	鱼 ŋə²¹³
0250	鲤鱼	鲭鱼 dziɐ²² ŋə²¹³
0251	鳙鱼胖头鱼	大头鳙 do²² du²² dziɒŋ²¹³
0252	鲫鱼	鲫鱼 tɕiə²⁴ ŋə⁵³
0253	甲鱼	鳖 piɛʔ⁵
0254	鳞鱼的	厣 iɛ̃²⁴³
0255	虾统称	虾 xɒ²⁴³调殊
0256	螃蟹统称	八脚蟹 paʔ⁴ kiaʔ⁵ xɒ²⁴³
0257	青蛙统称	蛤蟆 gəʔ² mo²¹³
0258	癞蛤蟆表皮多疙瘩	癞棘爬= la²² kiɛʔ⁵ bo²¹³
0259	马	马 mo²²
0260	驴	驴 liə²¹³
0261	骡	（无）
0262	牛	牛 ŋɯ²¹³
0263	公牛统称	牛牯 ŋɯ²² kuə²⁴³
0264	母牛统称	牛娘 ŋɯ²² n̠iaŋ²¹³
0265	放牛	守牛 yə⁴⁴ ŋɯ²¹³
0266	羊	羊 iaŋ²¹³
0267	猪	猪 tɒ⁴⁴
0268	种猪配种用的公猪	猪牯 tɒ⁴⁴ kuə²⁴³
0269	公猪成年的,已阉的	牯猪 kuə⁴⁴ tɒ⁴⁴
0270	母猪成年的,未阉的	猪娘 tɒ²⁴ n̠iaŋ⁵³

编 号	词 条	方 言
0271	猪崽	猪儿 tɒ²⁴ n̩i⁵³
0272	猪圈	猪栏 tɒ²⁴ lɒŋ⁵³
0273	养猪	养猪 iɒŋ²² tɒ⁴⁴
0274	猫	猫 mɐɯ²¹³
0275	公猫	猫牯 mɐɯ⁴⁴ kuə²⁴³
0276	母猫	猫娘 mɐɯ⁴⁴ n̠iaŋ²¹³
0277	狗统称	狗 ku²⁴³
0278	公狗	狗牯 ku⁴⁴ kuə²⁴³
0279	母狗	狗娘 ku⁴⁴ n̠iaŋ²¹³
0280	叫狗～	猎ɐ̃²¹³
0281	兔子	食鼠 ziɛʔ² tɕʰiə²⁴³
0282	鸡	鸡 iə⁴⁴
0283	公鸡成年的,未阉的	汉=鸡 xɒŋ⁴⁴ iə⁴⁴
0284	母鸡已下过蛋的	鸡娘 iə²⁴ n̠iaŋ⁵³
0285	叫公鸡～(即打鸣儿)	叫 iɐɯ⁵³声殊
0286	下鸡～蛋	生 saŋ⁴⁴
0287	孵～小鸡	伏 buə³¹
0288	鸭	鸭 aʔ⁵
0289	鹅	鹅 ŋo²¹³
0290	阉～公的猪	骟 tuɛ̃⁴⁴
0291	阉～母的猪	骟 tuɛ̃⁴⁴
0292	阉～鸡	骟 tuɛ̃⁴⁴

续表

编　号	词　　条	方　　言
0293	喂~猪	饲 zə³¹
0294	杀猪_{统称}	杀猪 saʔ⁵ tɒ⁴⁴
0295	杀~鱼	破 pʰa⁵³

五、房舍器具

编　号	词　　条	方　　言
0296	村庄_{一个~}	地方 di²² fɒŋ⁴⁴
0297	胡同_{统称:一条~}	弄堂 loŋ²² daŋ²¹³
0298	街道	大街 do²² ka⁴⁴
0299	盖房子	徛屋 gᴇ²² uoʔ⁵
0300	房子_{整座的，不包括院子}	屋 uoʔ⁵
0301	屋子_{房子里分隔而成的，统称}	间 kaŋ⁴⁴
0302	卧室	间 kaŋ⁴⁴
0303	茅屋_{茅草等盖的}	茅铺屋 mɐɯ²² pʰuə⁴⁴ uoʔ⁵
0304	厨房	灶木=底 tɕioʔ⁵ moʔ²² tiə²⁴³ "灶"音殊
0305	灶_{统称}	灶 tsuə⁵³
0306	锅_{统称}	镬 ɣaʔ² 味镬 tɕy⁴⁴ ɣaʔ²
0307	饭锅_{煮饭的}	镬 ɣaʔ² 味镬 tɕy⁴⁴ ɣaʔ²
0308	菜锅_{炒菜的}	镬 ɣaʔ² 味镬 tɕy⁴⁴ ɣaʔ²
0309	厕所_{旧式的，统称}	茅坑 mo²² kʰaŋ⁴⁴ "茅"韵殊

续表

编 号	词 条	方 言
0310	檩左右方向的	梁 liaŋ²¹³ 横条 uaŋ²² dieɯ²¹³
0311	柱子	柱 dzyə²² 屋柱 uoʔ⁵ dzyə²²
0312	大门	大门 do²² moŋ²¹³
0313	门槛儿	门□ moŋ²² dzi ɞ̃²²
0314	窗旧式的	窗 tɕʰiɒŋ⁴⁴
0315	梯子可移动的	楼梯 lɯ²² tʰE⁴⁴
0316	扫帚统称	地帚 dieʔ² yə²¹³ "地"促化
0317	扫地	扫地地 suə⁴⁴ dieʔ² diə²¹³ "地"促化
0318	垃圾	垃圾碎 laʔ² sɒʔ⁴ suE⁵³
0319	家具统称	家具 ka²⁴ gyə⁵³
0320	东西我的~	东西 təʔ⁵ ɕi⁴⁴ "东"促化
0321	炕土、砖砌的,睡觉用	(无)
0322	床木制的,睡觉用	床 zɛ̃²¹³
0323	枕头	枕头 tɕiɞ̃⁴⁴ du²¹³
0324	被子	被 bE²²
0325	棉絮	被□ bE²² tə⁵³
0326	床单	被单 bE²² tɒŋ⁴⁴ 床单 dziɒŋ²² tɒŋ⁴⁴
0327	褥子	垫被 diɛ̃²² bE²²
0328	席子	席 ʑiEʔ²
0329	蚊帐	帐 tiaŋ⁵³
0330	桌子统称	床 ʑiɒŋ²¹³
0331	柜子统称	柜 gɞ³¹

续表

编　号	词　条	方　言
0332	抽屉桌子的	抽袋 tsʰɯ²⁴dɛ⁵³
0333	案子长条形的	香儿 xiaŋ⁴⁴ki⁴⁴
0334	椅子统称	靠背凳 kʰɐɯ⁴⁴pɛ⁴⁴tĩ⁵³ 交椅 kaɯ⁴⁴y²⁴³
0335	凳子统称	凳 tĩ⁵³
0336	马桶有盖的	打茅尿桶 taŋ⁴⁴mɐɯ²²n̠iɐɯ²²doŋ²²
0337	菜刀	薄刀 biaʔ²tɐɯ⁴⁴
0338	瓢舀水的	水勺 y⁴⁴ʑiaʔ²
0339	缸	缸 kɒŋ⁴⁴
0340	坛子装酒的～	□tɒʔ⁵
0341	瓶子装酒的～	瓶 bĩ²¹³
0342	盖子杯子的～	囒 kəŋ²⁴³ 盖 kɛ⁵³
0343	碗统称	瓯 u⁴⁴
0344	筷子	箸 dziə³¹
0345	汤匙	瓢羹 biɐɯ²²kaŋ⁴⁴
0346	柴火统称	樵 ziɐɯ²¹³
0347	火柴	洋火 iaŋ²²xuɛ²⁴³
0348	锁	锁 so²⁴³
0349	钥匙	锁匙 so⁴⁴ziə²¹³
0350	暖水瓶	热水壶 n̠iɛʔ²suɛ⁴⁴uə²¹³
0351	脸盆	面桶 miɛ̃²²doŋ²²
0352	洗脸水	面汤 miɛ̃²²tʰaŋ⁴⁴
0353	毛巾洗脸用	面巾 miɛ̃²²kĩ⁴⁴
0354	手绢	手巾 sɯ⁴⁴kĩ⁴⁴

编 号	词 条	方 言
0355	肥皂洗衣服用	肥皂 bi²² zɐɯ²²
0356	梳子旧式的,不是篦子	头梳 du²² sɒ⁴⁴ 掠 liaʔ²
0357	缝衣针	耳⁼线 ȵi²² ɕiɛ̃⁵³
0358	剪子	铰剪 kʰɐɯ⁴⁴ tɕiɛ̃²⁴³
0359	蜡烛	蜡烛 lɒʔ² tɕiɵʔ⁵
0360	手电筒	电筒 diɛ̃²² dɔŋ²¹³
0361	雨伞挡雨的,统称	雨伞 yə²² sɒŋ²⁴³
0362	自行车	脚踏车 kiaʔ⁵ daʔ² tɕʰiə⁴⁴

六、服饰饮食

编 号	词 条	方 言
0363	衣服统称	衣裳 i²⁴ ʑiaŋ⁵³
0364	穿～衣服	戴 tᴇ⁵³
0365	脱～衣服	除 də²¹³
0366	系～鞋带	客⁼ kʰaʔ⁵
0367	衬衫	凉褂 liaŋ²² kuɒ⁵³
0368	背心带两条杠的,内衣	背心 pᴇ⁴⁴ ɕĩ⁴⁴
0369	毛衣	毛线衣 mɐɯ²² ɕiɛ̃⁴⁴ i⁴⁴
0370	棉衣	棉袄 miɛ̃²² ɐɯ²⁴³
0371	袖子	手碗头 tɕʰyə⁴⁴ɛ̃⁴⁴ du²¹³
0372	口袋衣服上的	袋 dᴇ²²
0373	裤子	裤 kʰuə⁵³

续表

编　号	词　条	方　言
0374	短裤外穿的	半截裤 piɛ̃⁴⁴ gɜ ʔ² kʰuə⁵³ 短裤 ti²⁴ kʰuə⁵³
0375	裤腿	裤骹 kʰuə⁴⁴ kʰɐɯ⁴⁴
0376	帽子统称	帽 mɐɯ³¹
0377	鞋子	鞋 a²¹³
0378	袜子	袜 maʔ²
0379	围巾	围巾 uɛ²² kĩ⁴⁴
0380	围裙	围裙 y²² gəŋ²¹³
0381	尿布	尿片 ɕyə²⁴ pʰiɛ̃⁵³
0382	扣子	纽子 ŋɯ²² tsə²⁴³
0383	扣~扣子	纽 ŋɯ²²
0384	戒指	戒指 ka⁴⁴ tɕiɜ²⁴³
0385	手镯	镯头 dziɜʔ² du²¹³
0386	理发	剃头 tʰiə²⁴ du²¹³
0387	梳头	梳头 sɒ²⁴ du²¹³
0388	米饭	饭 vaŋ³¹
0389	稀饭用米熬的，统称	粥 tɕioʔ⁵
0390	面粉麦子磨的，统称	麦粉 maʔ² fɛ̃²⁴³
0391	面条统称	面 miɛ̃³¹
0392	面儿玉米~，辣椒~	粉 fɛ̃²⁴³
0393	馒头无馅的，统称	面头 miɛ̃²² du²¹³
0394	包子	包子 pɐɯ⁴⁴ tsə²⁴³
0395	饺子	饺子 kiɐɯ⁴⁴ tsə²⁴³
0396	馄饨	扁食 piɛ̃⁴⁴ ziɛʔ²

续表

编 号	词 条	方 言
0397	馅儿	料 lieɯ³¹
0398	油条长条形的,旧称	天萝丝 tʰiɛ̃⁴⁴lo²²sə⁵³
0399	豆浆	豆浆 du²²tɕiaŋ⁴⁴
0400	豆腐脑	豆腐花 duɯ²²vuə²²xuɐ⁴⁴
0401	元宵食品	汤圆 tʰaŋ²⁴oŋ⁵³
0402	粽子	粽 tsoŋ⁵³
0403	年糕用黏性大的米或米粉做的	年糕 ȵiɛ̃²²keɯ⁴⁴
0404	点心统称	散碎 sɒŋ⁴⁴suɛ⁵³ 借力 tɕiə⁴⁴liɛʔ²
0405	菜吃饭时吃的,统称	菜 tɕʰi⁵³
0406	干菜统称	菜干 tɕʰi⁴⁴kɒŋ⁴⁴
0407	豆腐	豆腐 duɯ²²vuə²¹³
0408	猪血当菜的	猪血 tɒ²⁴xyɛʔ⁵
0409	猪蹄当菜的	猪骹趾 tɒ⁴⁴kʰeɯ⁴⁴tsu⁴⁴
0410	猪舌头当菜的	猪舌头 tɒ⁴⁴dʑiɛʔ²du²¹³
0411	猪肝当菜的	猪肝 tɒ⁴⁴kɒŋ⁴⁴
0412	下水猪牛羊的内脏	腹货 poʔ⁴xyə⁵³
0413	鸡蛋	子 tsə²⁴³ 鸡子 iə⁴⁴tsə²⁴³
0414	松花蛋	皮蛋 bi²²daŋ²²
0415	猪油	肉油 ȵiɒʔ²iɯ²¹³
0416	香油	麻油 mo²²iɯ²¹³
0417	酱油	酱油 tɕiaŋ⁴⁴iɯ²¹³
0418	盐名词	盐 iɛ̃²¹³
0419	醋	醋 tsʰuə⁵³

续表

编　号	词　条	方　言
0420	香烟	香烟 xiaŋ⁴⁴iɛ̃⁴⁴
0421	旱烟	旱烟 ɒŋ²²iɛ̃⁴⁴
0422	白酒	烧酒 ɕiɐɯ⁴⁴tɕyə²⁴³
0423	黄酒	三白酒 saŋ⁴⁴baʔ²tɕyə²⁴³
0424	江米酒酒酿,醪糟	糯米酒 no²²mi²²tɕyə²⁴³ 甜酒娘 diɛ̃²²tɕyə⁴⁴ȵiaŋ²¹³
0425	茶叶	茶叶 dzɒ²²iɛʔ²
0426	沏~茶	泡 pʰɐɯ⁵³ 注 tɕyə⁵³
0427	冰棍儿	棒冰 bɒŋ²²pĩ⁴⁴
0428	做饭统称	装饭 tɕiɒŋ²⁴vaŋ⁵³
0429	炒菜统称,和做饭相对	装菜 tɕiɒŋ²⁴tɕʰi⁵³
0430	煮~带壳的鸡蛋	煠 zaʔ²
0431	煎~鸡蛋	煎 tɕiɛ̃⁴⁴
0432	炸~油条	发 faʔ⁵ 炸 tsɒ⁵³
0433	蒸~鱼	炊 tɕʰy⁴⁴ 蒸 tɕĩ⁴⁴
0434	揉~面做馒头等	捌 ȵiɒʔ²
0435	擀~面,~皮儿	勴 luE³¹
0436	吃早饭	咥粥 tiɛʔ⁴tɕio ʔ⁵
0437	吃午饭	咥饭 tiɛʔ⁵vaŋ³¹
0438	吃晚饭	咥暝 tiɛʔ⁵maŋ³¹
0439	吃~饭	咥 tiɛʔ⁵
0440	喝~酒	咥 tiɛʔ⁵ 呷 xaʔ⁵

续表

编 号	词 条	方 言
0441	喝~茶	咥 tiɛʔ⁵ 呷 xaʔ⁵
0442	抽~烟	叭 paʔ⁵ 咥 tiɛʔ⁵
0443	盛~饭	齿 tə⁴⁴
0444	夹用筷子~菜	挟 giɛʔ²
0445	斟~酒	筛 sa⁴⁴
0446	渴口~	燥 sɐɯ²⁴³调殊
0447	饿肚子~	腹饥 poʔ⁵kɛ⁴⁴
0448	噎吃饭~着了	□tsaŋ⁵³

七、身体医疗

编 号	词 条	方 言
0449	头人的,统称	头 du²¹³
0450	头发	头发 du²²faʔ⁵
0451	辫子	搭=辫 taʔ⁵biɛ̃²²
0452	旋	旋 ʑiɛ̃³¹
0453	额头	额头 ŋaʔ²du²¹³
0454	相貌	品貌 pʰi⁴⁴mɐɯ⁵³"品"音殊 相貌 ɕiaŋ⁴⁴mɐɯ⁵³
0455	脸洗~	面 miɛ̃³¹
0456	眼睛	目睛 moʔ²tɕĩ⁴⁴
0457	眼珠统称	目睛子 moʔ²tɕĩ⁴⁴tsə²⁴³ 乌珠 uə⁴⁴tɕʏə⁴⁴

续表

编　号	词　条	方　言
0458	眼泪哭的时候流出来的	目慈= moʔ² zə²¹³
0459	眉毛	目眉毛 moʔ² mθ²² mɐɯ²¹³
0460	耳朵	耳朵 n̩i²² to²⁴³
0461	鼻子	鼻头 bə̃ʔ² du²¹³
0462	鼻涕统称	自泗 zɛ²² ɕi⁵³
0463	擤～鼻涕	擤 xəŋ²⁴³
0464	嘴巴人的，统称	喙脯= tɕʰioʔ⁵ buə²¹³ "喙"促化
0465	嘴唇	喙脯= ɥ皮 tɕʰioʔ⁵ buə²² baŋ²² bɛ²¹³ "喙"促化
0466	口水～流出来	馋 zaŋ²¹³
0467	舌头	舌头 dʑiɛʔ² du²¹³
0468	牙齿	牙齿 ŋɒ²² tsʰə²⁴³
0469	下巴	下巴 ɒ²² bɒ²¹³
0470	胡子嘴周围的	胡子 uə²² tsə²⁴³
0471	脖子	头颈 du²² kĩ²⁴³
0472	喉咙	喉咙 oʔ² loŋ²¹³ "喉"音殊
0473	肩膀	肩胛陆= kiɛ̃⁴⁴ kɒ⁴⁴ loʔ²
0474	胳膊	手截 tɕʰyə⁴⁴ gθʔ²
0475	手他的～摔断了	手 tɕʰyə²⁴³ 包括臂
0476	左手	借= 手 tɕiə⁵³ tɕʰyə²⁴³
0477	右手	顺手 zyĩ²² tɕʰyə²⁴³
0478	拳头	拳头 gθ̃²² du²¹³
0479	手指	指拇头 tɕiθʔ⁵ moʔ² du²² "指"促化
0480	大拇指	大拇指头 do²² moʔ² tɕiθʔ⁵ du²²

续表

编 号	词 条	方 言
0481	食指	汉＝鸡指头 xɒŋ⁴⁴iə⁴⁴tɕiɐ⁵ʔdu²¹³
0482	中指	中央指头 tioŋ⁴⁴iaŋ⁴⁴tɕiɐ⁵ʔdu²¹³
0483	无名指	野猫指头 iə²²mɐɯ²²tɕiɐ⁵ʔdu²¹³
0484	小拇指	细拇指头 ɕiɐ⁴⁴moʔ²tɕiɐ⁵ʔdu²¹³
0485	指甲	指甲 tɕiɐ⁴⁴kaʔ⁵
0486	腿	大腿 do²²tʰuɛ²⁴³
0487	脚他的~压断了	骹 kʰɐɯ⁴⁴包括小腿
0488	膝盖指部位	骹木＝贼头 kʰɐɯ⁴⁴moʔ²zəʔ²du²¹³
0489	背名词	背脊艹 poʔ⁴tɕiɛʔ⁵baŋ²¹³"背"音殊
0490	肚子腹部	腹肚 poʔ⁵tuə²⁴³
0491	肚脐	腹脐 poʔ⁵zə²¹³
0492	乳房女性的	奶咪 na²²tɕy⁴⁴
0493	屁股	朏臀 kʰuoʔ⁵dɛ̃²¹³
0494	肛门	朏臀穿 kʰuoʔ⁵dɛ̃²²tɕʰyĩ⁴⁴
0495	阴茎成人的	朘 tsuɛ⁴⁴
0496	女阴成人的	屄 pi⁴⁴ 胇 pʰiɛʔ⁵
0497	㲹动词	擩 ʐyɛʔ²
0498	精液	朘脓 tsuɛ²⁴noŋ²¹³
0499	来月经	身口来 ɕĩ⁴⁴kʰɯ⁴⁴li²¹³
0500	拉屎	拉□ la²²xo⁵³
0501	撒尿	拉尿 la²²ɕyə⁴⁴
0502	放屁	放□ poŋ⁴⁴fɐ⁵³
0503	相当于"他妈的"的口头禅	你弛个屎 ȵi²²tɕia⁴⁴kəʔ⁰pi⁴⁴ 你弛屎 ȵi²²tɕia²⁴pi⁴⁴

续表

编　号	词　条	方　言
0504	病了	生病罢 saŋ²⁴ baŋ⁵³ bɒ⁰ 侬无神 naŋ²² mu²⁴ ʑi ɤ̃²¹³
0505	着凉	冻着 toŋ⁵³ də/⁰
0506	咳嗽	块= kʰɤ²⁴³
0507	发烧	发烧热 fa/⁵ ɕiɐu⁴⁴ ȵiɛ/²
0508	发抖	锄= 锄= 震 zɒ²² zɒ²² tɕi ɤ̃⁵³
0509	肚子疼	腹肚痛 po/⁵ tuə²⁴³ tʰoŋ⁵³
0510	拉肚子	拉腹泻 la²² po/⁴ ɕiə⁵³ 病腹泻 baŋ²² po/⁴ ɕiə⁵³
0511	患疟疾	打半工 taŋ⁴⁴ pi ɛ̃⁴⁴ koŋ⁴⁴
0512	中暑	受暑 zɯ²² ʐyə²¹³ 别= 冷痧 biɛ/² laŋ²² sɒ⁴⁴
0513	肿	肿 ioŋ²⁴³
0514	化脓	贡= 脓 koŋ⁴⁴ noŋ²¹³
0515	疤好了的	疤胑 pɒ⁴⁴ tɤ⁴⁴
0516	癣	癣 ɕi ɛ̃²⁴³
0517	痣凸起的	记 kɤ⁵³
0518	疙瘩蚊子咬后形成的	难= nɒŋ³¹
0519	狐臭	老鸦腥臭 lɒ²² o⁴⁴ ɕ ĩ²⁴ tsʰɐu⁵³
0520	看病	促= 毛病 tsʰo/⁵ mɐu²² baŋ⁵³
0521	诊脉	搭脉息 ta/⁵ ma/² ɕiɛ/⁵
0522	针灸	打银针 taŋ⁴⁴ ŋ ɤ̃²² tɕi ɤ̃⁴⁴ 灸艾火 kɯ⁴⁴ ŋa²² xuɛ²⁴³
0523	打针	打针 taŋ⁴⁴ tɕi ɤ̃⁴⁴
0524	打吊针	挂葡萄糖 kuɒ⁴⁴ buə²² dɐu²² daŋ²¹³
0525	吃药统称	咥药 tiɛ/⁵ ia/²

编 号	词 条	方 言
0526	汤药	药茶 iaʔ² dzɒ²¹³
0527	病轻了	病好些ₙ罢 baŋ²² xɐɯ²⁴ ɕĩ⁴⁴ bɒ⁰

八、婚丧信仰

编 号	词 条	方 言
0528	说媒	做媒 tso⁴⁴ mɛ²¹³
0529	媒人	媒侬 mɛ²² naŋ²¹³
0530	相亲	促⁼侬家 tsʰoʔ⁵ naŋ²² kɒ⁴⁴ 促⁼女儿 tsʰoʔ⁵ nɒ²² ɲi²⁴³
0531	订婚	咘帖 kʰa⁴ tʰiɛʔ⁵
0532	嫁妆	嫁妆 kɒ⁴⁴ tɕiɒŋ⁴⁴
0533	结婚统称	结婚 kiɛʔ⁵ xuɛ̃⁴⁴
0534	娶妻子男子~,动宾	讨老嬷 tʰuə⁴⁴ lɐɯ²² mɒ²²
0535	出嫁女子~	嫁侬 kɒ⁴⁴ naŋ²¹³ 讨老公 tʰuə⁴⁴ lɐɯ²² koŋ⁴⁴
0536	拜堂	拜堂 pa⁴⁴ daŋ²¹³
0537	新郎	新郎官 ɕĩ⁴⁴ laŋ²² kuɛ̃⁴⁴
0538	新娘子	新嬣儿 sɛ̃⁴⁴ zyə²² ɲi²⁴³ 嬣嬣儿 zyɛʔ² zyə²² ɲi²⁴³
0539	孕妇	大腹侬 do²² poʔ⁵ naŋ²¹³
0540	怀孕	大腹 do²² poʔ⁵
0541	害喜妊娠反应	病儿 baŋ²² ɲi²⁴³
0542	分娩	生囝妹 saŋ⁴⁴ nəʔ² mɛ²¹³
0543	流产	退花 tʰuɛ⁴⁴ xuɒ⁴⁴

续表

编　号	词　条	方　言
0544	双胞胎	双生 ɕioŋ⁴⁴saŋ⁴⁴
0545	坐月子	做生母ᵣ tso⁴⁴saŋ⁴⁴moŋ²²
0546	吃奶	咥奶 tiɛʔ⁵na⁴⁴
0547	断奶	断奶 təŋ⁴⁴na⁴⁴
0548	满月	满月 miɛ̃²²ŋoʔ² 填月 diɛ̃²²ŋoʔ²
0549	生日统称	生日 saŋ⁴⁴nəʔ²
0550	做寿	做生日 tso⁴⁴saŋ⁴⁴nəʔ²
0551	死统称	死 sə²⁴³
0552	死婉称,最常用的几种,指老人:他~了	老倒 lɐɯ²²tɐɯ⁵³ 过世 kyɑ⁴⁴ɕi⁵³ 百年 paʔ⁵niɛ̃²¹³
0553	自杀	寻死 ʑĩ²²sə²⁴³ 自杀 zə²²saʔ⁵
0554	咽气	断气 dəŋ²²kʰɵ⁵³
0555	入殓	入棺 ʑiɛʔ²kuɛ̃⁴⁴ 归材 kuɛ²⁴zɛ²¹³
0556	棺材	棺材 kyɛ̃²⁴zɛ⁵³
0557	出殡	出葬 tɕʰyɛʔ⁴tsɒŋ⁵³ 出殡 tɕʰyɛʔ⁴pĩ⁵³
0558	灵位	牌位 ba²²uɛ⁵³
0559	坟墓单个的,老人的	坟 vɛ̃²¹³
0560	上坟	上坟 dʑiaŋ²²vɛ̃²¹³
0561	纸钱	金银 kɵ²⁴ŋɵ⁵³
0562	老天爷	老天爷 lɐɯ²²tʰiɛ̃²⁴iə²¹³
0563	菩萨统称	老佛 lɐɯ²²vəʔ²

续表

编　号	词　条	方　言
0564	观音	观音老佛 ky$\widetilde{\varepsilon}^{44}\widetilde{i}^{44}$ lɐɯ^{22} və$ʔ^2$
0565	灶神 口头的叫法	灶公灶母ㄦ tsuə^{44} koŋ^{44} tsuə^{44} moŋ^{22}
0566	寺庙	老佛殿 lɐɯ^{22} və$ʔ^2$ di$\widetilde{\varepsilon}^{31}$
0567	祠堂	祠堂 zə^{22} daŋ^{213}
0568	和尚	和尚 o^{22} ʑiaŋ^{213} "尚"调殊
0569	尼姑	尼姑 ȵi^{22} kuə^{44}
0570	道士	师公 ɕiɐ^{44} koŋ^{44} 道士 dɐɯ^{22} ʑiɐ^{22}
0571	算命 统称	算命 sɒŋ^{44} m$\widetilde{i}^{53}$
0572	运气	运气 y$\widetilde{i}^{22}$ k^{h}i^{53}
0573	保佑	保护 pɐɯ^{44} uə^{213} "护"调殊

九、人品称谓

编　号	词　条	方　言
0574	人 一个～	侬 naŋ^{213}
0575	男人 成年的，统称	男子 naŋ^{22} tsə^{53} "子"调殊
0576	女人 三四十岁已婚的，统称	女子 ŋyə^{22} tsə^{53} "子"调殊 堂客 daŋ^{22} k^{h}a$ʔ^5$
0577	单身汉	光棍侬 kyaŋ^{44} ku$\widetilde{\varepsilon}^{44}$ naŋ^{213}
0578	老姑娘	老大娘 lɐɯ^{22} do^{22} ȵiaŋ^{22}
0579	婴儿	乌毛驼$^=$ uə^{44} mɐɯ^{22} do^{213}
0580	小孩 三四岁的，统称	囡妹儿 nə$ʔ^2$ mɛ^{22} ȵi^{243} / na$ʔ^2$ mɛ^{22} ȵi^{243}
0581	男孩 统称：外面有个～在哭	细儿鬼 ɕiə^{44} ȵi^{44} kuɛ^{243}

续表

编　号	词　条	方　言
0582	女孩统称：外面有个～在哭	女儿鬼 nɒ²²n̠i⁴⁴kuɛ²⁴³
0583	老人七八十岁的，统称	老席⁼侬 lɐɯ²²ziɛʔ²naŋ²¹³
0584	亲戚统称	亲姓 tɕʰ ĩ²⁴ɕĩ⁵³
0585	朋友统称	朋友 boŋ²²iɯ²²
0586	邻居统称	隔壁侬 kaʔ⁴piɛʔ⁵naŋ²¹³
0587	客人	侬客 naŋ²²kʰaʔ⁵
0588	农民	种田侬 ioŋ²²diɛ̃²²naŋ²¹³
0589	商人	生意侬 saŋ⁴⁴ŋɐ²²naŋ²¹³
0590	手艺人统称	手艺侬 sɯ⁴⁴n̠i²²naŋ²¹³
0591	泥水匠	泥水 n̠iə²²ɕy²⁴³
0592	木匠	木匠 moʔ²ʑiaŋ³¹
0593	裁缝	裁缝 zɛ²²vɒŋ²¹³
0594	理发师	剃头侬 tʰiə⁴⁴du²²naŋ²¹³
0595	厨师	厨头 dʑyə²²du²¹³
0596	师傅	师父 ɕiɐ⁴⁴vuə²²
0597	徒弟	徒弟 duə²²di⁵³
0598	乞丐统称，非贬称	讨饭侬 tʰuə⁴⁴vaŋ²²naŋ⁰
0599	妓女	婊子 piɐɯ⁴⁴tsə²⁴³ 虾娘 xɒ⁴⁴n̠iaŋ⁵³
0600	流氓	流子 lɯ²²tsə²⁴³
0601	贼	贼骨头 zəʔ²kɐʔ⁵du²¹³
0602	瞎子统称，非贬称	眙目侬 kaʔ⁵moʔ²naŋ²¹³
0603	聋子统称，非贬称	聋子 loŋ²²tsə²⁴³
0604	哑巴统称，非贬称	哑巴子 o⁴⁴pɒ⁴⁴tsə²⁴³

续表

编 号	词 条	方 言
0605	驼子统称,非贬称	龟背侬 ke⁴⁴ pɛ⁴⁴ naŋ²¹³
0606	瘸子统称,非贬称	跷骹侬 kʰiɐɯ⁴⁴ kʰɐɯ²⁴ naŋ⁵³
0607	疯子统称,非贬称	病神侬 baŋ²² ʑiɤ̃²² naŋ²¹³
0608	傻子统称,非贬称	呆驼⁼ ŋɛ²² do²¹³ 傻子 sɒ⁴⁴ tsə²⁴³
0609	笨蛋蠢的人	木朘 moʔ² tsuɛ⁴⁴ 木味 moʔ² tɕy⁴⁴
0610	爷爷呼称,最通用的	公 koŋ²⁴³ 小
0611	奶奶呼称,最通用的	妈 mɒ⁵³
0612	外祖父叙称	外公 ŋua²² koŋ²⁴³ 小
0613	外祖母叙称	外婆儿 ŋua²² biɛ̃²²
0614	父母合称	爸驰 pɒ²⁴ tɕia⁴⁴ 驰爸 tɕia²⁴ pɒ⁴⁴
0615	父亲叙称	爸 pɒ⁴⁴
0616	母亲叙称	驰 tɕia⁴⁴
0617	爸爸呼称,最通用的	爸 pɒ⁴⁴
0618	妈妈呼称,最通用的	驰 tɕia⁴⁴
0619	继父叙称	二爸 ŋɤ²² pɒ⁴⁴
0620	继母叙称	二娘 ŋɤ²² ȵiaŋ²¹³
0621	岳父叙称	丈人 dziaŋ²² ȵĩ²¹³
0622	岳母叙称	丈母儿 dziaŋ²² moŋ²²
0623	公公叙称	老大公 lɐɯ²² da²² koŋ⁴⁴
0624	婆婆叙称	老大嬷 lɐɯ²² da²² mɒ²²
0625	伯父呼称,统称	大爸 do²² pɒ⁵³
0626	伯母呼称,统称	大驰 do²² tɕia⁵³

续表

编　号	词　条	方　言
0627	叔父呼称,统称	叔 ɕioʔ⁵
0628	排行最小的叔父呼称,如"幺叔"	衰⁼叔 ɕiɵ²⁴ ɕioʔ⁵
0629	叔母呼称,统称	娘 ȵiaŋ⁵³
0630	姑呼称,统称	姑娘 kuə²⁴ ȵiaŋ⁵³
0631	姑父呼称,统称	姑夫儿 kuə⁵³ fɛ̃²⁴³
0632	舅舅呼称	舅儿 gəŋ²²
0633	舅妈呼称	舅母儿 gəʔ² moŋ²² "舅"促化
0634	姨呼称,统称	大姨儿 do²²ĩ²² 细姨儿 ɕiə⁴⁴ĩ²²
0635	姨父呼称,统称	大姨夫儿 do²² iɛʔ² fɛ̃²⁴³ 细姨夫儿 ɕiə⁴⁴ iɛʔ² fɛ̃²⁴³
0636	弟兄合称	兄弟 xaŋ⁴⁴ diə²² 可包括姐妹
0637	姊妹合称	姊妹 tɕi⁴⁴ mɛ³¹ 不包括男性
0638	哥哥呼称,统称	哥 ko⁵³ 呼称 兄哥 xaŋ⁴⁴ ko⁴⁴ 统称
0639	嫂子呼称,统称	兄嫂儿 xaŋ⁴⁴ suɛ̃⁴⁴
0640	弟弟叙称	弟哥 diə²² ko⁴⁴
0641	弟媳叙称	弟妇 diə²² vuə²²
0642	姐姐呼称,统称	姊 tɕi²⁴³
0643	姐夫呼称	姊夫儿 tɕi⁴⁴ fɛ̃²⁴³
0644	妹妹叙称	女妹 nɒ²² mɛ³¹
0645	妹夫叙称	女妹婿 nɒ²² mɛ²² sɛ⁵³
0646	堂兄弟叙称,统称	叔伯兄弟 ɕioʔ⁵ paʔ⁵ xaŋ⁴⁴ diə²²
0647	表兄弟叙称,统称	表兄弟 piɐɯ⁴⁴ xaŋ⁴⁴ diə²²
0648	妯娌弟兄妻子的合称	叔伯母儿 ɕioʔ⁵ paʔ⁵ moŋ²²

续表

编　号	词　条	方　言
0649	连襟姊妹丈夫的关系，叙称	大小姨夫 do²²ɕiə²²iɛʔ²fuə⁴⁴
0650	儿子叙称：我的～	儿 n̠i²⁴³
0651	儿媳妇叙称：我的～	新妇 soŋ⁴⁴vuə²² "新"韵殊
0652	女儿叙称：我的～	囡 naŋ²²
0653	女婿叙称：我的～	女婿 nɒ²²sɛ⁵³
0654	孙子儿子之子	孙 suɛ̃⁴⁴
0655	重孙子儿子之孙	玄孙 yɛ̃²²suɛ̃²⁴³ 小
0656	侄子弟兄之子	侄 dʑiɐʔ² 侄儿 dʑiɐʔ²n̠i²¹³
0657	外甥姐妹之子	外甥 ŋua²²saŋ⁴⁴
0658	外孙女儿之子	外甥 ŋua²²saŋ⁴⁴
0659	夫妻合称	老公老嬷 lɐɯ²²koŋ⁴⁴lɐɯ²²mɒ²²
0660	丈夫叙称，最通用的，非贬称：她的～	老公 lɐɯ²²koŋ⁴⁴
0661	妻子叙称，最通用的，非贬称：他的～	老嬷 lɐɯ²²mɒ²²
0662	名字	名字 mĩ²²zɿ⁵³
0663	绰号	野名 iə²²mĩ²¹³

十、农工商文

编　号	词　条	方　言
0664	干活儿统称：在地里～	做工夫 tso⁴⁴koŋ⁴⁴fuə⁴⁴
0665	事情一件～	事体 ziɐ²²tʰi²⁴³
0666	插秧	莳田 zə²²diɛ̃²¹³
0667	割稻	割籼 kɒʔ⁵du²²

续表

编　号	词　条	方　言
0668	种菜	种菜 ioŋ⁴⁴tɕʰi⁵³
0669	犁名词	犁 lᴇ²¹³
0670	锄头	锄头 zɒ²²du²¹³
0671	镰刀	釉刂 dɯ²²koŋ⁴⁴ 劈镣 lᴇ²²kiᴇʔ⁵
0672	把儿刀~	柄 paŋ⁵³
0673	扁担	肩担 kiɛ̃⁴⁴taŋ²⁴³
0674	箩筐	箩 la²¹³
0675	筛子统称	筛 ɕiɤ⁴⁴
0676	簸箕农具,有梁的	粪箕 pɛ̃⁴⁴i⁴⁴
0677	簸箕簸米用	粪斗 pɛ̃⁴⁴tu²⁴³
0678	独轮车	独轮车 doʔ²lĩ²²tɕʰiɤ⁴⁴ 羊角车 iaŋ²²kɒʔ⁵tɕʰiɤ⁴⁴
0679	轮子旧式的,如独轮车上的	轮子 lĩ²²tsɤ²⁴³
0680	碓整体	碓 tuᴇ⁵³
0681	臼	舂臼 yĩ⁴⁴gɯ²²"舂"音殊
0682	磨名词	磨 miɤ³¹
0683	年成	年成 ɲiɛ̃²²dʑĩ²¹³
0684	走江湖统称	走江湖 tsɯ⁴⁴kiaŋ²⁴uɤ⁵³
0685	打工	帮侬 piaŋ²⁴naŋ²¹³
0686	斧子	斧头 pu⁴⁴du²¹³
0687	钳子	钳 giɛ̃²¹³
0688	螺丝刀	起子 kʰi⁴⁴tsɤ²⁴³
0689	锤子	榔锤 lɒŋ²²dza²¹³
0690	钉子	铁钉 tʰiᴇʔ⁵tĩ⁴⁴

编 号	词 条	方 言
0691	绳子	索 sɒʔ⁵
0692	棍子	棍子 kuɛ̃⁴⁴tsə²⁴³
0693	做买卖	做生意 tso⁴⁴san²⁴ŋɐ⁵³
0694	商店	店 tiɛ̃⁵³
0695	饭馆	饭店 vaŋ²²tiɛ̃⁵³ 馆子店 kuɛ̃⁴⁴tsə⁴⁴tiɛ̃⁵³
0696	旅馆旧称	旅馆 lyə²²kuɛ̃²⁴³
0697	贵	贵 kuɛ⁵³
0698	便宜	便宜 biɛ̃²²ŋɐ²¹³
0699	合算	合算 kɒʔ⁴sɒŋ⁵³
0700	折扣	折头 tɕiɛʔ⁵du²¹³
0701	亏本	折本 ʑiɛʔ²pɛ̃²⁴³
0702	钱统称	钞票 tsʰɐu⁴⁴pʰiɐu²⁴³ 铜钿 doŋ²²diɛ̃²¹³
0703	零钱	零钿 lĩ²²diɛ̃²¹³
0704	硬币	铅子 kʰaŋ⁴⁴tsə²⁴³
0705	本钱	本钿 pɛ̃⁴⁴diɛ̃²¹³
0706	工钱	工夫钿 koŋ⁴⁴fuə²⁴diɛ̃⁵³
0707	路费	路费 luə²²fi⁵³
0708	花~钱	使 ɕiɐ²⁴³
0709	赚卖一斤能~一毛钱	赚 dzaŋ²²
0710	挣打工~了一千块钱	赚 dzaŋ²²
0711	欠~他十块钱	欠 kʰiɛ̃⁵³
0712	算盘	算盘 sɒŋ⁴⁴biɛ̃²¹³
0713	秤统称	秤 tɕʰĩ⁵³

续表

编　号	词　　条	方　　言
0714	称用杆秤~	称 tɕʰĩ⁴⁴
0715	赶集	赶墟 kɒŋ⁴⁴ xə⁴⁴
0716	集市	墟 xə⁴⁴
0717	庙会	老佛生日 lɐɯ²² vəʔ² saŋ⁴⁴ nəʔ² 迎老佛 n̩ĩ²² lɐɯ²² vəʔ²
0718	学校	学堂 ɒʔ² daŋ²¹³
0719	教室	教室 kiɐɯ⁴⁴ ɕiɛʔ⁵
0720	上学	上学堂 dziaŋ²² ɒʔ² daŋ²¹³
0721	放学	放学 poŋ⁴⁴ ɒʔ²
0722	考试	考 kʰɐɯ²⁴³ 考试 kʰɐɯ⁴⁴ ɕi⁵³
0723	书包	书袋 ɕiə²⁴ dɛ⁵³
0724	本子	簿 buə²²
0725	铅笔	铅笔 kʰaŋ²⁴ pɐʔ⁵
0726	钢笔	钢笔 kɒŋ²⁴ pɐʔ⁵
0727	圆珠笔	原子笔 ŋyɛ̃²² tsə⁴⁴ pɐʔ⁵
0728	毛笔	毛笔 mɐɯ²² pɐʔ⁵
0729	墨	墨 moʔ²
0730	砚台	砚瓦 n̩iɛ̃²² ŋɒ²²
0731	信一封~	信 ɕĩ⁵³
0732	连环画	图书 duə²² ɕiə⁴⁴
0733	捉迷藏	猫搭老鼠 mɐɯ²² kʰɒ⁴⁴ lɐɯ²² tɕʰiə²⁴³
0734	跳绳	跳绳 tʰiɐɯ⁴⁴ zyɛ̃²¹³
0735	毽子	毽 kiɛ̃⁵³
0736	风筝	鹞 iɐɯ⁵³

编 号	词 条	方 言
0737	舞狮	舞狮 muə²² ɕiɐ⁴⁴
0738	鞭炮统称	炮仗 pʰɐɯ⁴⁴ tɕiaŋ⁵³
0739	唱歌	唱歌 tɕʰiaŋ⁴⁴ ko⁴⁴
0740	演戏	做戏 tso⁴⁴ xi⁵³
0741	锣鼓统称	锣鼓 lo²² kuə²⁴³
0742	二胡	胡琴 uə²² gĩ²¹³
0743	笛子	箫 ɕiɐɯ⁴⁴
0744	划拳	吆三 iɐɯ⁴⁴ saŋ⁴⁴
0745	下棋	动棋 doŋ²² gi²¹³
0746	打扑克	捶老 K dza²² lɐɯ²² kʰɛ⁵³
0747	打麻将	和麻雀 uə²² məʔ² tɕiaʔ⁵
0748	变魔术	做把戏 tso⁴⁴ pɒ²⁴ xi⁵³
0749	讲故事	谈故事 daŋ²² kuə⁴⁴ ziɐ⁵³
0750	猜谜语	猜谜 tsʰa⁴⁴ mi²¹³ 团⁼谜儿 doŋ²² mĩ⁵³
0751	玩儿游玩:到城里～	嬉 xi⁴⁴
0752	串门儿	赶侬家 kɒŋ⁴⁴ naŋ²² kɒ⁴⁴
0753	走亲戚	归侬家 kuɛ⁴⁴ naŋ²² kɒ⁴⁴

十一、动作行为

编 号	词 条	方 言
0754	看～电视	促⁼ tsʰoʔ⁵
0755	听用耳朵～	听 tʰĩ⁴⁴

续表

编　号	词　条	方　言
0756	闻嗅:用鼻子~	喷⁼ pʰoŋ⁴⁴
0757	吸~气	抽 tsʰɯ⁴⁴
0758	睁~眼	开 kʰɛ⁴⁴
0759	闭~眼	眙 kaʔ⁵
0760	眨~眼	及⁼ giɛ²
0761	张~嘴	开 kʰɛ⁴⁴
0762	闭~嘴	闭 pɵ⁵³
0763	咬狗~人	□ gɒ²¹³
0764	嚼把肉~碎	嚼 ʑiaʔ²
0765	咽~下去	吞 tʰəŋ⁴⁴
0766	舔人用舌头~	舔 tʰiɛ̃²⁴³ 嗒 taʔ⁵
0767	含~在嘴里	含 gəŋ²²
0768	亲嘴	叭喙 paʔ⁴tɕʰy⁵³
0769	吮吸用嘴唇聚拢吸取液体,如吃奶时	唰 soʔ⁵ 吮 ʑyĩ²²
0770	吐上声,把果核儿~掉	吐 tʰu²⁴³
0771	吐去声,呕吐:喝酒喝~了	翻 faŋ⁴⁴
0772	打喷嚏	打唪 taŋ⁴⁴tsʰɛ⁵³
0773	拿用手把苹果~过来	畀 pɛ⁴⁴
0774	给他~我一个苹果	畀 pɛ⁴⁴
0775	摸~头	摸 mo⁴⁴
0776	伸~手	牵⁼ tɕʰiɛ̃⁴⁴
0777	挠~痒痒	抓 tsɐɯ⁴⁴
0778	掐用拇指和食指的指甲~皮肉	饶⁼ ɲiɐɯ²¹³

续表

编　号	词　条	方　言
0779	拧～螺丝	搣 miɛʔ²
0780	拧～毛巾	拗 ɐɯ²⁴³
0781	捻用拇指和食指来回～碎	搣 miɛʔ²
0782	掰把橘子～开,把馒头～开	擘 paʔ⁵
0783	剥～花生	剥 piaʔ⁵
0784	撕把纸～了	撕 tsʰɯ⁴⁴声殊
0785	折把树枝～断	拗 iɐɯ²⁴³
0786	拔～萝卜	掣 tɕʰiɐ⁵³ 拔 baʔ²
0787	摘～花	摘 tsaʔ⁵/tsəʔ⁵
0788	站站立:～起来	徛 gɛ²²
0789	倚斜靠:～在墙上	靠 kʰɐɯ⁵³
0790	蹲～下	□ɯ⁵³
0791	坐～下	坐 zi²²
0792	跳青蛙～起来	跳 tʰiɐɯ²⁴³调殊
0793	迈跨过高物:从门槛上～过去	□gaŋ³¹
0794	踩脚～在牛粪上	踩 tsʰɒ²⁴³
0795	翘～腿	翘 kʰiɐɯ⁵³
0796	弯～腰	弯 uaŋ⁴⁴
0797	挺～胸	挺 tʰĩ²⁴³
0798	趴～着睡	覆 pʰoʔ⁵
0799	爬小孩在地上～	爬 bo²¹³
0800	走慢慢儿～	走 tsɯ²⁴³
0801	跑慢慢儿走,别～	逃 dɐɯ²¹³

续表

编　号	词　条	方　言
0802	逃逃跑:小偷～走了	逃 dɐɯ²¹³
0803	追追赶:～小偷	追 tsuɛ⁴⁴
0804	抓～小偷	搭 kʰɒ⁴⁴
0805	抱把小孩～在怀里	抱 buə²²
0806	背～孩子	背 mɛ⁵³ 音殊
0807	搀～老人	搀 tsʰaŋ⁴⁴
0808	推几个人一起～汽车	薯= dziə²¹³
0809	摔跌:小孩～倒了	戽= xuə⁵³
0810	撞人～到电线杆上	撞 dziɒŋ²²
0811	挡你～住我了,我看不见	遮 tɕiə⁴⁴
0812	躲躲藏:他～在床底下	躲 to²⁴³
0813	藏藏放,收藏:钱～在枕头下面	囥 kʰɒŋ⁵³
0814	放把碗～在桌子上	囥 kʰɒŋ⁵³
0815	摞把砖～起来	叠 diɛ²
0816	埋～在地下	殡 pĩ⁵³
0817	盖把茶杯～上	匲 kəŋ²⁴³
0818	压用石头～住	唇 kʰaʔ⁵
0819	摁用手指按:～图钉	揿 kʰɐ̃⁵³
0820	捅用棍子～鸟窝	擩 ʑyə²¹³ 捅 tʰoŋ²⁴³
0821	插把香～到香炉里	插 tsʰaʔ⁵
0822	戳～个洞	擩 ʑyə²¹³ 戳 tɕʰiɐʔ⁵
0823	砍～树	记= kɐ⁵³
0824	剁把肉～碎做馅儿	斫 taʔ⁵

续表

编　号	词　　条	方　　言
0825	削～苹果	削 ɕiaʔ⁵
0826	裂木板～开了	碱 kuaʔ⁵
0827	皱皮～起来	皱 tɕiɵ⁴⁴ 调殊
0828	腐烂死鱼～了	烂 lɒŋ³¹
0829	擦用毛巾～手	缴⁼ kiɐɯ²⁴³
0830	倒把碗里的剩饭～掉	倒 tɐɯ⁵³
0831	扔丢弃:这个东西坏了,～了它	丢 tɯ⁴⁴
0832	扔投掷:比一比谁～得远	丢 tɯ⁴⁴
0833	掉掉落,坠落:树上～下一个梨	断⁼ dəŋ³¹
0834	滴水～下来	滴 taʔ⁵
0835	丢丢失:钥匙～了	坞⁼ uə²⁴³
0836	找寻找:钥匙～到	攞 lo²²
0837	捡～到十块钱	摭 iaʔ⁵
0838	提用手把篮子～起来	金⁼ k ɐ̃⁴⁴
0839	挑～担	揭 gəʔ²
0840	扛把锄头～在肩上	驮 do²¹³
0841	抬～轿	扛 kɒŋ⁴⁴
0842	举～旗子	驮 do²¹³
0843	撑～伞	撑 tsʰaŋ⁴⁴
0844	撬把门～开	挢 kʰiɐɯ²⁴³
0845	挑挑选,选择:你自己～一个	拣 kaŋ²⁴³
0846	收拾～东西	摭 iaʔ⁵
0847	挽～袖子	□xuaŋ²⁴³
0848	涮把杯子～一下	荡 daŋ²²

续表

编　号	词　条	方　言
0849	洗～衣服	洗 ɕi²⁴³
0850	捞～鱼	捞 liɐu²¹³
0851	拴～牛	缚 biaʔ²
0852	捆～起来	缚 biaʔ²
0853	解～绳子	解 kɒ²⁴³
0854	挪～桌子	移 i²¹³
0855	端～碗	驮 do²¹³
0856	摔碗～碎了	汁⁼tɕiɐʔ⁵
0857	掺～水	和 uə²¹³
0858	烧～柴	烧 ɕiɐu⁴⁴
0859	拆～房子	拆 tsʰaʔ⁵
0860	转～圈儿	踅 xyɛ⁵
0861	捶用拳头～	捶 dza²¹³
0862	打统称:他～了我一下	捶 dza²¹³
0863	打架动手:两个人在～	捶相打 dza²² ɕiaŋ⁴⁴ taŋ²⁴³
0864	休息	歇 xiɛʔ⁵
0865	打哈欠	打眼熏⁼taŋ⁴⁴ ŋaŋ²² kʰəŋ⁵³
0866	打瞌睡	捶目嗨 dza²² moʔ² xɛ⁵³
0867	睡他已经～了	睏 kʰuɛ̃⁵³
0868	打呼噜	鼾 xo⁴⁴ 捶鼾 dza²² xo⁴⁴
0869	做梦	流⁼梦 luɯ²² moŋ⁵³
0870	起床	爬起 bo²² kʰi²⁴³
0871	刷牙	刷牙齿 ɕiɐʔ⁵ ŋɒ²² tsʰə²⁴³

续表

编　号	词　　条	方　　言
0872	洗澡	洗浴 ɕi⁴⁴io ʔ²
0873	想思索:让我～一下	想 ɕiaŋ⁵³ 忖 tsʰuɛ̃²⁴³
0874	想想念:我很～他	想 ɕiaŋ⁵³ 挂意 kuɒ⁴⁴i⁵³
0875	打算我～开个店	划算 uɒ²²sɒŋ⁵³ 打算 taŋ⁴⁴sɒŋ⁵³
0876	记得	记得 kɐ⁴⁴təʔ⁵
0877	忘记	忘记 moŋ²²kɐ⁵³
0878	怕害怕:你别～	惊 kuaŋ⁴⁴
0879	相信我～你	相信 ɕiaŋ⁴⁴ɕĩ⁵³
0880	发愁	愁 zɯ²¹³
0881	小心过马路要～	小心 ɕiɐɯ⁴⁴ɕĩ⁴⁴ 抬神 dɛ²²ziɐ̃²¹³
0882	喜欢～看电视	欢喜 xyɛ̃⁴⁴xi²⁴³
0883	讨厌～这个人	恼 nɐɯ²²
0884	舒服凉风吹来很～	舒服 ɕyɐ⁴⁴vəʔ²
0885	难受生理的	难搏 nɒŋ²²daŋ²¹³
0886	难过心理的	难过 nɒŋ²²kyɐ²⁴³
0887	高兴	高兴 kɐɯ²⁴xĩ⁵³
0888	生气	生气 saŋ²⁴kʰi⁵³
0889	责怪	怪 kua⁵³
0890	后悔	悔 xuɛ⁵³
0891	忌妒	目热 moʔ²ȵiɛ̃ʔ²
0892	害羞	惊搬好 kuaŋ⁴⁴nɒŋ²²xɐɯ²⁴³

续表

编 号	词 条	方 言
0893	丢脸	耻世 tɕʰiɐ⁴⁴ɕi⁵³ 无面 mu⁴⁴miɛ̃³¹ 勿见侬 fa⁴⁴iɛ̃⁴⁴naŋ²¹³
0894	欺负	欺负 kʰi⁴⁴vuə²² 钳⁼giɛ̃²¹³
0895	装~病	做假 tso⁴⁴kɒ²⁴³
0896	疼~小孩儿	欢喜 xyɛ̃⁴⁴xi²⁴³
0897	要我~这个	□lɐɯ⁵³
0898	有我~一个孩子	有 iɯ²²
0899	没有他~孩子	无 mu²¹³
0900	是我~老师	是 dʑi²²/lɐʔ⁵ 音殊
0901	不是他~老师	勿是 vɒŋ²²dʑi²²
0902	在他~家	徛 gɛ²²
0903	不在他~家	勿徛 vɒŋ²²gɛ²²
0904	知道我~这件事	知得 tsə⁴⁴tiɛʔ⁵
0905	不知道我~这件事	弗知得 fəʔ⁵tsə⁴⁴tiɛʔ⁵
0906	懂我~英语	懂 toŋ²⁴³
0907	不懂我~英语	弗懂 fəʔ⁵toŋ²⁴³
0908	会我~开车	会 ua²²
0909	不会我~开车	勿 fa²⁴³
0910	认识我~他	识 ɕiɛʔ⁵
0911	不认识我~他	弗识 fəʔ⁴ɕiɛʔ⁵
0912	行应答语	会着 ua²²dəʔ²
0913	不行应答语	勿着 fa⁴⁴dəʔ²
0914	肯~来	肯 kʰəŋ²⁴³

续表

编 号	词 条	方 言
0915	应该~去	应该 ĩ²⁴kɛ⁴⁴
0916	可以~去	有法 iɯ²²faʔ⁵
0917	说~话	话 yə³¹
0918	话说~	话事 yə²²ʑiɵ⁵³
0919	聊天儿	嚼天 tɕiaʔ⁵tʰiɛ̃⁴⁴"嚼"音殊
0920	叫~他一声儿	□gyaŋ²¹³
0921	吆喝大声喊	□gyaŋ²¹³
0922	哭小孩~	叫 iɐɯ⁵³
0923	骂当面~人	骂 mo³¹
0924	吵架动嘴：两个人在~	相争 ɕiaŋ⁴⁴tsaŋ⁴⁴
0925	骗~人	骗 pʰiɛ̃⁵³
0926	哄~小孩	□n⁴⁴
0927	撒谎	骗侬 pʰiɛ̃⁴⁴naŋ²¹³
0928	吹牛	嚼屄 tɕiaʔ⁵pi⁴⁴"嚼"音殊 吹牛 tsʰuɛ²⁴ŋɐɯ²¹³
0929	拍马屁	托马屁 tʰaʔ⁵mɒ²²pʰi⁵³
0930	开玩笑	话笑话 yə²²tɕiɐɯ⁴⁴yə⁵³
0931	告诉~他	跟···话 kɛ̃⁴⁴···yə³¹
0932	谢谢致谢语	多谢 to⁴⁴ʑiɵ⁵³
0933	对不起致歉语	对弗起 tuɛ⁴⁴fə⁵ʔ⁵kʰi²⁴³
0934	再见告别语	慢慢走 maŋ²²maŋ²²tsɯ²⁴³ 再见 tsɛ⁴⁴tɕiɛ̃³¹

十二、性质状态

编　号	词　条	方　言
0935	大苹果~	大 do³¹
0936	小苹果~	衰⁼ ɕiɵ⁴⁴
0937	粗绳子~	粗 tsʰuə⁴⁴
0938	细绳子~	细 ɕi⁵³
0939	长线~	长 dɛ̃²¹³
0940	短线~	短 ti⁴⁴
0941	长时间~	长 dɛ̃²¹³
0942	短时间~	短 ti⁴⁴
0943	宽路~	阔 kʰyɛʔ⁵
0944	宽敞房子~	阔淌 kʰyɛʔ⁵tʰaŋ²⁴³
0945	窄路~	狭 aʔ²
0946	高飞机飞得~	高 kɐɯ⁴⁴
0947	低鸟飞得~	低 ti⁴⁴
0948	高他比我~	长 dɛ̃²¹³
0949	矮他比我~	短 ti⁴⁴
0950	远路~	远 xoŋ²⁴³
0951	近路~	近 gɛ̃²²
0952	深水~	深 tɕʰiɵ̃⁴⁴
0953	浅水~	浅 tɕʰiɛ̃²⁴³
0954	清水~	清 tɕʰ ĩ⁴⁴
0955	浑水~	潃 xuɛ̃⁵³
0956	圆	圆 yɛ̃²¹³

续表

编 号	词 条	方 言
0957	扁	扁 piɛ̃²⁴³
0958	方	方 fɒŋ⁴⁴
0959	尖	尖 tɕiɛ̃⁴⁴
0960	平	平 bĩ²¹³
0961	肥～肉	肥 bi²¹³
0962	瘦～肉	精 tɕĩ⁴⁴
0963	肥形容猪等动物	壮 tɕiɒŋ⁵³
0964	胖形容人	壮 tɕiɒŋ⁵³
0965	瘦形容人、动物	瘦 ɕiɐɯ⁵³
0966	黑黑板的颜色	乌 uə⁴⁴
0967	白雪的颜色	白 baʔ²
0968	红国旗的主颜色,统称	红 oŋ²¹³
0969	黄国旗上五星的颜色	黄 yaŋ²¹³
0970	蓝蓝天的颜色	蓝 laŋ²¹³
0971	绿绿叶的颜色	绿 lɐʔ²
0972	紫紫药水的颜色	紫 tsə²⁴³
0973	灰草木灰的颜色	灰 xuɛ⁴⁴
0974	多东西～	多 to⁴⁴
0975	少东西～	少 ɕiɐɯ²⁴³
0976	重担子～	重 dzioŋ²²
0977	轻担子～	轻 kʰĩ⁴⁴
0978	直线～	直 diɛʔ²
0979	陡坡～,楼梯～	竖 zyə²²
0980	弯弯曲:这条路是～的	曲 kʰɐʔ⁵

续表

编 号	词 条	方 言
0981	歪帽子戴~了	歪 ɐ⁴⁴
0982	厚木板~	厚 gu²²
0983	薄木板~	薄 biaʔ²
0984	稠稀饭~	搞= gəʔ²
0985	稀稀饭~	涝 lɐɯ³¹
0986	密菜种得~	密 maʔ²
0987	稀稀疏:菜种得~	宸 laŋ²²
0988	亮指光线,明亮	光 kyaŋ⁴⁴
0989	黑指光线,完全看不见	乌荫 uə²⁴⌢ĩ⁵³
0990	热天气	□oŋ³¹
0991	暖和天气	断= dəŋ²²
0992	凉天气	凉 liaŋ²¹³
0993	冷天气	浸 tsʰɛ̃⁵³
0994	热水	滚 kuɛ̃²⁴³
0995	凉水	凉 liaŋ²¹³
0996	干干燥:衣服晒~了	燥 sɐɯ²⁴³调殊
0997	湿潮湿:衣服淋~了	鹊 tɕʰiaʔ⁵
0998	干净衣服~	清爽 tɕʰĩ⁴⁴ɕiɒŋ²⁴³
0999	脏肮脏,不干净,统称:衣服~	乌齪 uə⁴⁴tɕʰiɒʔ⁵
1000	快锋利:刀子~	快 kʰua⁵³
1001	钝刀~	胝= tɐ⁴⁴
1002	快坐车比走路~	快 kʰua⁵³
1003	慢走路比坐车~	慢 maŋ³¹
1004	早来得~	早 tɕiɐɯ²⁴³

续表

编 号	词 条	方 言
1005	晚来~了	迟 dɛ²¹³
1006	晚天色~	荫 ĩ⁵³
1007	松捆得~	宽 kʰyɛ̃⁴⁴
1008	紧捆得~	紧 kĩ²⁴³
1009	容易这道题~	自如 zə²² ʑyə²¹³
1010	难这道题~	难 nɒŋ²¹³
1011	新衣服~	新 sɛ⁴⁴
1012	旧衣服~	旧 ɡɯ³¹
1013	老人~	老 lɐɯ²²
1014	年轻人~	年纪轻 ȵiɛ̃²²ki²⁴kʰĩ⁴⁴
1015	软糖~	软 ŋyɛ̃²²
1016	硬骨头~	硬 ŋaŋ³¹
1017	烂肉煮得~	烂 lɒŋ³¹
1018	糊饭烧~了	乌焦 uə⁴⁴tɕiɐɯ⁴⁴
1019	结实家具~	扎实 tsaʔ⁵ziɵʔ²
1020	破衣服~	破 pʰa²⁴³
1021	富他家很~	有 iɯ²²
1022	穷他家很~	可怜 kʰo⁴⁴liɛ̃²¹³
1023	忙最近很~	忙 miaŋ²¹³
1024	闲最近比较~	空 kʰoŋ⁵³
1025	累走路走得很~	着力 dəʔ²liɛʔ²
1026	疼摔~了	痛 tʰoŋ⁵³
1027	痒皮肤~	痒 ʑiɒŋ²²
1028	热闹看戏的地方很~	闹热 naŋ²²ȵiɛʔ²"闹"韵殊

续表

编 号	词 条	方 言
1029	熟悉这个地方我很~	熟悉 zioʔ² ɕiɛʔ⁵
1030	陌生这个地方我很~	生疏 saŋ⁴⁴ suə⁴⁴
1031	味道尝尝~	味道 mi²² dɐɯ²²
1032	气味闻闻~	气息 kʰɤ⁴⁴ ɕiɛʔ⁵
1033	咸菜~	咸 aŋ²¹³
1034	淡菜~	淡 daŋ²²
1035	酸	醯 ɕi⁴⁴
1036	甜	甜 diɛ̃²¹³
1037	苦	苦 kʰuə²⁴³
1038	辣	辣 lɒʔ²
1039	鲜鱼汤~	鲜 ɕiɛ̃⁴⁴
1040	香	香 xiaŋ⁴⁴
1041	臭	臭 tsʰɐɯ⁵³
1042	馊饭~	馊 ɕiɐɯ⁴⁴
1043	腥鱼~	腥 ɕĩ⁴⁴
1044	好人~	好 xɐɯ²⁴³
1045	坏人~	乔⁼ giɐɯ²¹³
1046	差东西质量~	乔⁼ giɐɯ²¹³
1047	对账算~了	对 tuɛ⁵³
1048	错账算~了	错 tsʰo⁵³
1049	漂亮形容年轻女性的长相:她很~	老赞 lɐɯ²² yĩ⁴⁴
1050	丑形容人的长相:猪八戒很~	死相 sə⁴⁴ ɕiaŋ⁵³
1051	勤快	勤力 gɤ̃²² liɛʔ²
1052	懒	懒 lɒŋ²²

续表

编　号	词　条	方　言
1053	乖	听话 tʰĩ²⁴yə⁵³
1054	顽皮	顽皮 uaŋ²²bi²¹³ 调皮 dieɯ²²bi²¹³
1055	老实	老实 leɯ²²ziɐʔ²
1056	傻痴呆	傻 sɒ⁴⁴
1057	笨蠢	笨 boŋ²² 木 moʔ²
1058	大方不吝啬	可舍 kʰɒʔ⁵çiə²⁴³
1059	小气吝啬	扎狗꞊tsaʔ⁵ku²⁴³
1060	直爽性格~	直 dieʔ²
1061	犟脾气~	拗 ɐɯ⁵³

十三、数　量

编　号	词　条	方　言
1062	一～二三四五……，下同	一 iɛʔ⁵
1063	二	两 nɛ̃²²
1064	三	三 saŋ⁴⁴
1065	四	四 çi⁵³
1066	五	五 ŋuə²²
1067	六	六 laʔ²
1068	七	七 tsʰəʔ⁵
1069	八	八 paʔ⁵
1070	九	九 kɯ²⁴³

续表

编　号	词　条	方　言
1071	十	十 ʑiɐʔ²
1072	二十有无合音	廿 n̠iɛ̃³¹
1073	三十有无合音	三十 saŋ²⁴ʑiɐʔ²
1074	一百	个百 a⁴⁴paʔ⁵
1075	一千	个千 a⁴⁴tɕʰiɛ̃⁴⁴
1076	一万	个万 a⁴⁴maŋ³¹
1077	一百零五	个百零五 a⁴⁴paʔ⁵lĩ²²ŋuə²²
1078	一百五十	个百五 a⁴⁴paʔ⁵ŋuə²²
1079	第一~,第二	第一 di²²iɛʔ⁵
1080	二两重量	两两 nɛ̃²⁴liaŋ⁵³
1081	几个你有~孩子?	几个 ki²⁴ka⁵³
1082	俩你们~	两个 nɛ̃²²ka⁵³
1083	仨你们~	三个 saŋ⁴⁴ka⁵³
1084	个把	个把 ka⁴⁴po²⁴³
1085	个一~人	个 ka⁵³
1086	匹一~马	头 du²¹³
1087	头一~牛	头 du²¹³
1088	头一~猪	头 du²¹³
1089	只一~狗	头 du²¹³
1090	只一~鸡	个 ka⁵³ 只 tɕiɛʔ⁵
1091	只一~蚊子	个 ka⁵³
1092	条一~鱼	个 ka⁵³ 条 diɐɯ²¹³
1093	条一~蛇	苑 tɯ⁴⁴

编 号	词 条	方 言
1094	张—～嘴	张 tiaŋ⁴⁴
1095	张—～桌子	蔸 tɯ⁴⁴
1096	床—～被子	蔸 tɯ⁴⁴
1097	领—～席子	领 lĩ²²
1098	双—～鞋	双 ɕiɒŋ⁴⁴
1099	把—～刀	把 po²⁴³
1100	把—～锁	管 koŋ²⁴³
1101	根—～绳子	根 kɛ̃⁴⁴
1102	支—～毛笔	蔸 tɯ⁴⁴
1103	副—～眼镜	副 fuə⁵³
1104	面—～镜子	面 miɛ̃³¹ 爿 baŋ²¹³
1105	块—～香皂	块 kʰɵ²⁴³
1106	辆—～车	张 tiaŋ⁴⁴
1107	座—～房子	座 zo³¹
1108	座—～桥	座 zo³¹
1109	条—～河	蔸 tɯ⁴⁴
1110	条—～路	蔸 tɯ⁴⁴
1111	棵—～树	蔸 tɯ⁴⁴
1112	朵—～花	朵 to²⁴³ 桠 o⁴⁴
1113	颗—～珠子	粒 lɒʔ²
1114	粒—～米	粒 lɒʔ²
1115	顿—～饭	顿 tuɛ̃⁵³
1116	剂—～中药	帖 tʰiɛʔ⁵

续表

编　号	词　条	方　言
1117	股一~香味	股 kuə²⁴³
1118	行一~字	行 ɒŋ²¹³
1119	块一~钱	块 kʰɤ²⁴³
1120	毛角:一~钱	钿 diɛ̃²¹³
1121	件一~事情	件 ɡiɛ̃²²
1122	点儿一~东西	末 moʔ⁵/məʔ²
1123	些一~东西	些儿 ɕĩ⁴⁴
1124	下打一~,动量词,不是时量词	记 ki⁵³
1125	会儿坐了一~	记 ki⁵³
1126	顿打一~	顿 tuɛ̃⁵³
1127	阵下了一~雨	阵 dʑiɤ̃³¹
1128	趟去了一~	遍 piɛ̃⁵³ 趟 tʰaŋ⁵³

十四、代副介连词

编　号	词　条	方　言
1129	我~姓王	我 ŋɒ²² 我侬 ŋɒ²² naŋ⁵³
1130	你~也姓王	你 ȵi²² 你侬 ȵi²² naŋ⁵³
1131	您尊称	(无)
1132	他~姓张	渠 ŋə²² 渠侬 ŋə²² naŋ⁵³
1133	我们不包括听话人:你们别去,~去	我些侬 ŋɒ²² ɕiɛʔ⁵ naŋ⁰

续表

编 号	词 条	方 言
1134	咱们包括听话人:他们不去,~去吧	俺些侬 aŋ²⁴ ɕiɛʔ⁵ naŋ⁰
1135	你们~去	你些侬 n̠i²² ɕiɛʔ⁵ naŋ⁰
1136	他们~去	渠些侬 ŋə²² ɕiɛʔ⁵ naŋ⁰
1137	大家~一起干	大家 da²² kɒ⁴⁴
1138	自己我~做的	自家 dʑiɒʔ² gɒ²²
1139	别人这是~的	别侬 biɛʔ² naŋ²¹³
1140	我爸~今年八十岁	我爸 ŋ²² pɒ⁴⁴ 我老货 ŋ²² lɐɯ²² xyə⁵³稍带不敬
1141	你爸~在家吗?	你爸 n̠i²² pɒ⁴⁴
1142	他爸~去世了	渠爸 ŋə²² pɒ⁴⁴
1143	这个我要~,不要那个	乙个 iɛʔ⁵ gə⁰
1144	那个我要这个,不要~	喝=个 xaʔ⁵ gə⁰
1145	哪个你要~杯子?	嚓=个 tsʰaʔ⁵ gə⁰
1146	谁你找~?	倒=侬 tɐɯ⁴⁴ naŋ⁵³
1147	这里在~,不在那里	乙里 iɛʔ⁵ ləʔ⁰
1148	那里在这里,不在~	喝=里 xaʔ⁵ ləʔ⁰
1149	哪里你到~去?	嚓=里 tsʰaʔ⁵ ləʔ⁰
1150	这样事情是~的,不是那样的	[乙样]iaŋ²⁴³
1151	那样事情是这样的,不是~的	[喝=样]xaŋ²⁴³
1152	怎样什么样:你要~的?	喃=样子 naŋ²⁴ iaŋ²² tsə⁰
1153	这么~贵啊	[乙样]iaŋ²⁴³
1154	怎么这个字~写?	喃 naŋ²¹³
1155	什么这个是~字?	倒= tɐɯ²⁴³
1156	什么你找~?	倒=西 tɐɯ²⁴ ɕi⁴⁴

续表

编　号	词　条	方　言
1157	为什么你~不去？	做倒⁼西 tso⁴⁴tɐɯ²⁴ɕi⁴⁴ 督⁼岁⁼ toʔ⁴xuɛ⁵³
1158	干什么你在~？	做督⁼岁⁼ tso⁴⁴toʔ⁴xuɛ⁵³ 做倒⁼西 tso⁴⁴tɐɯ²⁴ɕi⁴⁴
1159	多少这个村有~人？	几许 ki²⁴xə²⁴³
1160	很今天~热	…得来…daʔ²lɛ⁰
1161	非常比上条程度深：今天~热	…得…得来…daʔ²…daʔ⁰lɛ²
1162	更今天比昨天~热	蛤⁼□gəʔ²lɐɯ⁵³ 亦屑⁼iɛʔ²səʔ⁵
1163	太这个东西~贵，买不起	忒 tʰɒʔ⁵
1164	最弟兄三个中他~高	顶 tĩ²⁴³
1165	都大家~来了	得⁼təʔ⁵ 统 tʰoŋ²⁴³
1166	一共~多少钱？	个厢是⁼a⁴⁴ɕiaŋ⁴⁴dʑi²² 统并记 tʰoŋ⁴⁴pĩ²⁴ki⁵³
1167	一起我和你~去	个时⁼a⁴⁴ziɤ²¹³ 个起 a⁴⁴kʰi²⁴³
1168	只我~去过一趟	只 tsəʔ⁵
1169	刚这双鞋我穿着~好	腔⁼kʰiaŋ⁴⁴
1170	刚我~到	腔⁼kʰiaŋ⁴⁴
1171	才你怎么~来啊？	腔⁼好 kʰiaŋ⁴⁴xɐɯ²⁴³
1172	就我吃了饭~去	就 dʑiɛʔ²
1173	经常我~去	成日 ʑĩ²²nəʔ²
1174	又他~来了	亦 iɛʔ²
1175	还他~没回家	蛤⁼gəʔ²
1176	再你明天~来	再 tsɛ⁴⁴调殊

续表

编 号	词 条	方 言
1177	也我~去;我~是老师	都 to⁴⁴ 亦 iɛʔ²
1178	反正不用急,~还来得及	反正 faŋ⁴⁴tɕi⁵³ 直横 diɛʔ²uaŋ²¹³
1179	没有昨天我~去	嬲 vɒŋ²¹³
1180	不明天我~去	弗 fəʔ⁵
1181	别你~去	莫 moʔ²
1182	甭不用,不必:你~客气	弗□ fəʔ⁴lɯɯ⁵³
1183	快天~亮了	快 kʰua⁵³
1184	差点儿~摔倒了	差个末 tsʰɒ²⁴a⁴⁴moʔ⁵
1185	宁可~买贵的	情愿 dʑĩ²²yɛ̃⁵³
1186	故意~打破的	精工 tɕĩ⁴⁴koŋ⁴⁴
1187	随便~弄一下	随便 zuɛ²²biɛ̃⁵³
1188	白~跑一趟	白 baʔ²
1189	肯定~是他干的	肯定 kʰəŋ²⁴dĩ⁵³
1190	可能~是他干的	祝˭法 tɕio ʔ⁵faʔ⁵ 话弗来 yə⁴⁴fəʔ⁵li²¹³
1191	一边~走,~说	边 piɛ̃⁴⁴
1192	和我~他都姓王	跟 kɛ̃⁴⁴
1193	和我昨天~他去城里了	跟 kɛ̃⁴⁴
1194	对他~我很好	对 tuɛ⁵³
1195	往~东走	往 uaŋ⁵³
1196	向~他借一本书	问 mɛ̃²²
1197	按~他的要求做	按 ɒŋ⁴⁴调殊
1198	替~他写信	代 dɛ³¹ 替 tʰɛ⁵³

续表

编 号	词 条	方 言
1199	如果~忙你就别来了	若是 ʑiaʔ²²lɛʔ⁵
1200	不管~怎么劝他都不听	弗管 fəʔ⁵kyɛ̃²⁴³ 随便 ʐuɛ²²biɛ̃⁵³

第四章　语　法

0001　小张昨天钓了一条大鱼，我没有钓到鱼。

　　　小张昨晚钓着个嘞大鱼，我觖钓着。

　　　$\varepsilon i \tilde{e}u^{44} t \varepsilon i a \eta^{44} z a \gamma^{2} m a \eta^{22} t i \tilde{e}u^{44} d \theta \gamma^{0} k \theta \gamma^{5} l \varepsilon^{44} d o^{22} \eta \theta^{213}$, $\eta \theta^{22} v \nu \eta^{22}$

　　　$t i \tilde{e}u^{44} d \theta \gamma^{0}$ 。

0002　a. 你平时抽烟吗？ b. 不，我不抽烟。

　　　a. 你平常字＝□叭烟嘎？ b. 我弗叭烟个。

　　　a. $\eta i^{22} b \tilde{i}^{22} d z i a \eta^{213} b \theta \gamma^{2} l \varepsilon u^{53} p a \gamma^{5} i \tilde{\varepsilon}^{44} g a^{0}$? b. $\eta \theta^{22} f \theta \gamma^{5} p a \gamma^{5} i \tilde{\varepsilon}^{44} g \theta^{0}$ 。

0003　a. 你告诉他这件事了吗？ b. 是，我告诉他了。

　　　a. ［乙个］件事你字＝跟渠话过啦？ b. 我跟渠话过罢。

　　　a. $i a^{53} g i \tilde{\varepsilon}^{22} z i \theta^{31} \eta i^{22} b \theta \gamma^{2} k \tilde{\varepsilon}^{44} \eta \theta^{22} y \theta^{44} k y \theta^{53} l a^{0}$?

　　　b. $\eta \nu^{22} k \tilde{\varepsilon}^{44} \eta \theta^{22} y \theta^{44} k y \theta^{53} b \nu^{0}$ 。

0004　你吃米饭还是吃馒头？

　　　你哐饭个还是哐面头嘎？

　　　$n^{22} t i \varepsilon \gamma^{5} v a \eta^{31} g \theta \gamma^{0} u a^{22} l \varepsilon \gamma^{5} t i \varepsilon \gamma^{5} m i \tilde{\varepsilon}^{22} d u^{213} g a^{0}$?

0005　你到底答应不答应他？

　　　你到底字＝许渠啦？

　　　$n^{22} t \varepsilon u^{44} t i \theta^{243} b \theta \gamma^{2} x \theta^{24} \eta \theta^{22} l a^{0}$?

0006　a. 叫小强一起去电影院看《刘三姐》。b. 这部电影他看过了。

　　　a. □小强个起去到电影院促⁼《刘三姐》。b.［乙个］部电影
　　　渠促⁼过罢。

　　　a. gyaŋ²¹³ ɕiɐɯ⁴⁴ giaŋ²¹³ a⁴⁴ kʰi²⁴³ kʰə?⁵ tɐɯ⁴⁴ di ɛ̃²² ĩ⁴⁴ y ɛ̃²¹³ tsʰo?⁵

　　　lɯ²² saŋ⁴⁴ tɕiə²⁴³ 。b. ia⁵³ buə³¹ di ɛ̃²² ĩ²⁴³ ŋə²² tsʰo?⁵ kyə⁰ bɒ⁰ 。

0007　你把碗洗一下。

　　　你帮瓯洗个记。

　　　ȵi²² paŋ²⁴ u⁴⁴ ɕi⁴⁴ a⁴⁴ ki⁵³ 。

0008　他把橘子剥了皮，但是没吃。

　　　渠帮橘皮剥倒，就是勚咥。

　　　ŋə²² paŋ²⁴ kiɛ?⁵ bi²¹³ pia?⁵ tɐɯ⁰ ，dʑiɛ?² lɛ?⁵ vɒŋ²² tiɛ?⁵ 。

0009　他们把教室都装上了空调。

　　　渠些侬帮教室里空调统按上去罢。

　　　ŋə²² ɕiɛ?⁵ naŋ⁰ paŋ²⁴ kiɐɯ⁴⁴ ɕiɛ?⁵ lə?⁵ kʰoŋ²⁴ diɐɯ⁴⁴ tʰoŋ²⁴ ɒŋ⁴⁴ dʑiaŋ²²

　　　kʰə?⁰ bɒ⁰ 。

0010　帽子被风吹走了。

　　　帽得风吹走罢。

　　　mɐɯ³¹ tə?⁵ fɒŋ⁴⁴ tɕʰy⁴⁴ tsɯ²⁴³ bɒ⁰ 。

0011　张明被坏人抢走了一个包，人也差点儿被打伤。

　　　张明得乔⁼侬抢去个嘞包，侬亦少末得渠捶伤。

　　　tɕiaŋ²⁴ mĩ²¹³ tə?⁵ giɐɯ²² naŋ²¹³ tɕʰiaŋ²⁴ kʰə⁵³ kə?⁵ lɛ⁴⁴ pɐɯ⁴⁴ ，naŋ²¹³ iɛ?²

　　　xiɐɯ²⁴ mo?⁰ tə?⁵ ŋə²² dza²² ɕiaŋ⁴⁴ 。

0012　快要下雨了，你们别出去了。

　　　快□断⁼雨罢，你些侬莫出去罢。

　　　kʰua⁴⁴ lɐɯ⁵³ dəŋ²² yə²² bɒ⁰ ，ȵi²² ɕiɛ?⁴ naŋ⁵³ mo?² tɕʰyɛ?⁵ kʰə⁰ bɒ⁰ 。

0013　这毛巾很脏了，扔了它吧。

乙面巾乌龊得罢，勒丢丢倒。

iɛʔ⁵ miɛ̃²² kĩ⁴⁴ uə⁴⁴ tɕʰiŋ²⁵ daʔ²² bɒ⁰ , ləʔ²² tɯ⁴⁴ tɯ⁴⁴ tɐɯ⁰ 。

0014　我们是在车站买的车票。

俺是徛车站买个票。

aŋ²⁴ lɛʔ⁵ gɛ²² tɕʰiə⁴⁴ dzaŋ⁵³ mɒ²² gəʔ⁰ pʰiɐɯ²⁴³ 。

0015　墙上贴着一张地图。

墙里贴着个张地图。

ʑiaŋ²² ləʔ⁰ tʰiɛʔ⁵ dəʔ⁰ a⁴⁴ tiaŋ⁴⁴ di²² duə²¹³ 。

0016　床上躺着一个老人。

床里睏着个嘞老席＝侬。

zɛ̃²² ləʔ⁰ kʰuɛ̃⁴⁴ dəʔ⁰ kəʔ⁵ lɛ⁴⁴ lɐɯ²² ʑiɛʔ² naŋ²¹³ 。

0017　河里游着好多小鱼。

大溪里有刮＝蜡＝相鱼儿徛里游。

do²² tɕʰiə⁴⁴ ləʔ⁰ iɯ²² kuaʔ⁵ laʔ² ɕiaŋ⁵³ ŋə²² ȵi²⁴³ gəʔ² ləʔ⁰ iɯ²¹³ 。

0018　前面走来了一个胖胖的小男孩。

前头有个嘞壮得个细儿鬼走来罢。

zuɛ²² doʔ² iɯ²² kəʔ⁵ lɛ⁴⁴ tɕiɒŋ⁵³ daʔ² gəʔ⁰ ɕiɛʔ⁵ ȵiɛʔ² kuɛ²⁴³ tsɯ²⁴ lɛ⁰ bɒ⁰ 。

0019　他家一下子死了三头猪。

渠触＝里个火死倒三头猪。

ŋə²² tɕʰyɛʔ⁵ liʔ⁰ a⁵³ xuɛ²⁴³ sə²⁴ tɐɯ⁰ saŋ⁴⁴ du²² tɒ⁴⁴ 。

0020　这辆汽车要开到广州去。

乙张车□开广州去。

iɛʔ⁵ tiaŋ⁴⁴ tɕʰiə⁴⁴ lɯ⁵³ kʰɛ⁴⁴ kuaŋ⁴⁴ tsɯ⁴⁴ kʰə⁵³ 。

0021 学生们坐汽车坐了两整天了。

学生坐末两日个汽车罢。/学生坐汽车坐末两日罢。

ɒʔ²saŋ⁴⁴ʑi²²moʔ⁵nɛ̃²⁴nəʔ²gəʔ⁰kʰi⁴⁴tɕʰiə⁴⁴bɒ⁰。/ɒʔ²saŋ⁴⁴ʑi²²kʰi⁴⁴
tɕʰiə⁴⁴ʑi²²moʔ⁵nɛ̃²⁴nəʔ²bɒ⁰。

0022 你尝尝他做的点心再走吧。

你咥咥察渠做个点心再走嘛。

n²²tiɛʔ⁵tiɛʔ⁵tsʰaʔ⁵ŋə²²tso⁴⁴gəʔ⁰tiɛ̃⁴⁴ɕĩ⁴⁴tsɛ⁵³tsɯ²⁴³ma⁰。

0023 a. 你在唱什么？　　　b. 我没在唱，我放着录音呢。

a. 你倚里唱倒⁼西？　　　b. 我勿唱，我倚里放录音。

a. ȵi²²gəʔ²ləʔ⁰tɕʰiaŋ⁴⁴tɐɯ²⁴ɕi⁴⁴？

b. ŋɒ²²vɒŋ²²tɕʰiaŋ⁵³，ŋɒ²²gəʔ²ləʔ⁰fɒŋ⁵³loʔ²ĩ⁴⁴。

0024 a. 我吃过兔子肉，你吃过没有？　　　b. 没有，我没吃过。

a. 我咥过兔肉，你字⁼咥过啦？　　　b. 勿，我勿咥过。

a. ŋɒ²²tiɛʔ⁵kyə⁵³tʰuə⁴⁴ȵiɒʔ²，ȵi²²bəʔ²tiɛʔ⁵kyə⁵³la⁰？

b. vɒŋ²¹³，ŋɒ²²vɒŋ²²tiɛʔ⁵kyə⁵³。

0025 我洗过澡了，今天不打篮球了。

我浴洗过罢，今日弗捶篮球罢。

ŋɒ²²ioʔ²ɕi²⁴kyə⁵³bɒ⁰，kɒʔ⁵ləʔ²fəʔ⁵dza²¹³laŋ²²gu²¹³bɒ⁰。

0026 我算得太快算错了，让我重新算一遍。

我算得忒快罢，算错罢，得我算个遍凑。

ŋɒ²²sɒŋ⁴⁴dəʔ²tʰɒʔ⁴kʰua⁴⁴bɒ⁰，sɒŋ⁴⁴tsʰo⁵³bɒ⁰，təʔ⁵ŋɒ²²sɒŋ⁵³a⁴⁴piɛ̃⁵³
tsʰɯ⁵³。

0027 他一高兴就唱起歌来了。

渠个高兴起就唱歌罢。

ŋə²²a⁴⁴kɐɯ²⁴xĩ⁵³ki⁰dziɛʔ²tɕʰiaŋ⁴⁴ko⁴⁴bɒ⁰。

0028 谁刚才议论我老师来着？

倒ᵍ侬腔ᵍ好倚里数我老师？

tɐɯ⁴⁴ naŋ⁵³ kʰiaŋ⁴⁴ xɐɯ²⁴³ gəʔ² ləʔ⁰ ɕyɐ²⁴ ŋɒ²² lɐɯ²² sɯ⁴⁴？

0029 只写了一半，还得写下去。

只写得个半，蛤ᵍ□写下去。

tsəʔ⁵ ɕiɐ²⁴ dəʔ⁰ ka⁴⁴ piɛ̃⁵³，gəʔ² lɐɯ⁵³ ɕiɐ⁴⁴ o²² kʰə⁰。

0030 你才吃了一碗米饭，再吃一碗吧。

你触ᵍ末咥得个瓯饭，再咥个瓯凑。

n̠i²² tɕʰioʔ⁵ moʔ² tiɛʔ⁵ dəʔ⁰ a⁴⁴ u²⁴ vaŋ³¹，tsɛ⁵³ tiɛʔ⁵ a⁴⁴ u²⁴ tsʰɯ⁵³。

0031 让孩子们先走，你再把展览仔仔细细地看一遍。

让囡妹儿先走起，你再帮展览仔细个促ᵍ个遍凑。

n̠iaŋ²² nəʔ² mɛ²² n̠i²⁴³ ɕiɛ̃⁴⁴ tsɯ²⁴ kʰi²⁴³，n̠i²² tsɛ⁵³ paŋ²⁴ tɕiɛ̃⁴⁴ laŋ⁴⁴
tsə⁴⁴ ɕi⁵³ gəʔ⁰ tsʰoʔ⁵ a⁴⁴ piɛ̃⁵³ tsʰɯ⁵³。

0032 他在电视机前看着看着睡着了。

渠倚里促ᵍ电视，促ᵍ促ᵍ就眲起去罢。

ŋə²² gəʔ² ləʔ⁰ tsʰoʔ⁵ diɛ̃²² zu³¹，tsʰoʔ⁵ tsʰoʔ⁵ dziɛʔ² kʰuɛ̃⁵³ kiⁿ⁰ kʰə⁴⁴ bɒ⁰。

0033 你算算看，这点钱够不够花？

你算算察，乙末钞票字ᵍ够使嘎？

n̠i²² sɒŋ⁴⁴ sɒŋ⁴⁴ tsʰaʔ⁵，iɛʔ⁵ moʔ² tsʰɐɯ⁴⁴ pʰiɐɯ²⁴³ bəʔ² kɯ⁴⁴ ɕiɐ²⁴ ga⁰？

0034 老师给了你一本很厚的书吧？

老师界得你个本厚得个书啦？

lɐɯ²² sɯ⁴⁴ pəʔ⁵ dəʔ⁰ n̠i²² a⁴⁴ pɛ̃²⁴³ gu²² daʔ² gəʔ⁰ ɕiɐ⁴⁴ la⁰？

0035 那个卖药的骗了他一千块钱呢。

喝ᵍ个卖药个侬界渠骗走个千块钞票嘞。

xaʔ⁵ gəʔ⁰ mɒŋ²² iaʔ⁰ gəʔ⁰ naŋ⁵³ pəʔ⁵ ŋə²² pʰiɛ̃⁴⁴ tsɯ²⁴³ a⁴⁴ tɕʰiɛ̃⁴⁴ kʰɐ²⁴³
tsʰɐɯ⁴⁴ pʰiɐɯ²⁴³ lɛ⁰。

0036　a. 我上个月借了他三百块钱。借入

b. 我上个月借了他三百块钱。借出

a. 我上个后＝日问渠借得三百[块洋]钿。

b. 我上个后＝日借得渠三百[块洋]钿。

a. ŋɒ²² dʑiaŋ²² ga⁰ u²² nəʔ² m ɛ̃²² ŋɒ²² tɕiə⁴⁴ dəʔ⁰ saŋ⁴⁴ paʔ⁵ kʰuaŋ⁵³ di ɛ̃²¹³ 。

b. ŋɒ²² dʑiaŋ²² ga⁰ u²² nəʔ² tɕiə⁴⁴ dəʔ⁰ ŋɒ²² saŋ⁴⁴ paʔ⁵ kʰuaŋ⁵³ di ɛ̃²¹³ 。

0037　a. 王先生的刀开得很好。王先生是医生(施事)

b. 王先生的刀开得很好。王先生是病人(受事)

a. 王先生个刀开得好得来。b. 同 a。

a. uaŋ²² ɕi ɛ̃⁴⁴ saŋ⁴⁴ gəʔ² tɐɯ⁴⁴ kʰ ɛ⁴⁴ dəʔ⁰ xɐɯ²⁴ daʔ² lɛ⁰ 。 b. 同 a。

0038　我不能怪人家，只能怪自己。

我无法怪别侬，只有法怪自家。

ŋɒ²² m⁴⁴ faʔ⁵ kua⁵³ biɛʔ² naŋ²¹³ ,tsəʔ⁵ iɯ²² faʔ⁵ kua⁵³ dʑiɒʔ² gɒ²² 。

0039　a. 明天王经理会来公司吗？ b. 我看他不会来。

a. 明日王经理字＝会到公司里来嘎？ b. 我促＝渠勥来个。

a. maʔ² ləʔ² uaŋ²² k ĩ⁴⁴ li²² bəʔ² ua²² tɐɯ⁵³ koŋ⁴⁴ sə⁴⁴ ləʔ⁰ li²¹³ ga⁰ ？

b. ŋɒ²² tsʰoʔ⁵ ŋə²² fa⁴⁴ li²¹³ gəʔ⁰ 。

0040　我们用什么车从南京往这里运家具呢？

俺使倒＝车帮家具从南京运归啊？

aŋ²⁴ ɕiə⁴⁴ tɐɯ²⁴ tɕʰiə⁴⁴ paŋ²⁴ kɒ²⁴ gyə⁵³ dzoŋ²² naŋ²² k ĩ⁴⁴ y ĩ²² kuɛ⁴⁴ a⁰ ？

0041　他像个病人似的靠在沙发上。

渠跟个嘞生病侬样个靠个沙发里。

ŋə²² k ɛ̃²⁴ kəʔ⁵ lɛ⁴⁴ saŋ⁴⁴ baŋ²² naŋ²¹³ aŋ²⁴ gəʔ⁰ kʰ ɐɯ⁴⁴ gəʔ⁰ sa⁴⁴ faʔ⁵ ləʔ⁰ 。

0042　这么干活连小伙子都会累坏的。

[乙样]个做工夫连小后生得＝咥弗住。

iaŋ²⁴ gəʔ⁰ tso⁵³ koŋ⁴⁴ fuə⁴⁴ li ɛ̃²² ɕiɐɯ⁴⁴ uoʔ² saŋ²⁴³ təʔ⁵ tiɛʔ⁵ fəʔ² dzyə³¹ 。

0043　他跳上末班车走了。我迟到一步，只能自己慢慢走回学校了。

渠赶上末班车走罢。我迟得个步，只好自家慢慢走归学堂罢。

ŋɒ²² kɒŋ²⁴ dʑiaŋ³¹ moʔ² paŋ⁴⁴ tɕʰiə⁴⁴ tsɯ²⁴ bɒ⁰ 。ŋɒ²² dɛ²² dəʔ² a⁴⁴ buə²² ，

tsəʔ⁵ xɐɯ²⁴³ dʑiɒʔ² gɒ²² maŋ²² maŋ²² tsɯ²⁴ kuɐ⁴⁴ ɒʔ² daŋ²¹³ bɒ⁰ 。

0044　这是谁写的诗？谁猜出来我就奖励谁十块钱。

乙是倒⁼侬写个诗？倒⁼侬猜出来我就奖励倒⁼侬十［块洋］钿。

iɐʔ⁵ lɐʔ⁵ tɐɯ⁴⁴ naŋ⁵³ ɕiə²⁴ gəʔ⁰ ɕi⁴⁴ ？ tɐɯ⁴⁴ naŋ⁵³ tsʰɐ²⁴ tɕʰyɐʔ⁵ lɛ⁰ ŋɒ²²

dʑiɐʔ² tɕiaŋ⁴⁴ li⁴⁴ tɐɯ⁴⁴ naŋ⁵³ ʑiɐʔ² kʰuaŋ⁵³ diɛ̃²¹³ 。

0045　我给你的书是我教中学的舅舅写的。

我畀得你个书就是我教中学个舅儿写个。

ŋɒ²² pəʔ⁵ dəʔ⁰ n̠i²² gəʔ⁰ ɕiə⁴⁴ dʑiɐʔ² lɛʔ⁵ ŋɒ²² kɐɯ⁵³ tɕioŋ⁴⁴ iaʔ² gəʔ⁰ gəŋ²²

ɕiə²⁴ gəʔ⁰ 。

0046　你比我高，他比你还要高。

你比我长，渠比你蛤⁼□长。

n̠i²² pi⁴⁴ ŋɒ²² dɛ̃²¹³ ，ŋɒ²² pi⁴⁴ n̠i²² gəʔ² lɐɯ⁵³ dɛ̃²¹³ 。

0047　老王跟老张一样高。

老王跟老张个样长。

lɐɯ²² uaŋ²¹³ kɛ̃⁴⁴ lɐɯ²² tɕiaŋ⁴⁴ a⁴⁴ iaŋ⁵³ dɛ̃²¹³ 。

0048　我先走了，你们俩再多坐一会儿。

我走罢，你两侬坐记凑。

ŋɒ²² tsɯ²⁴ bɒ⁰ ，n̠i²² nɛ̃²² naŋ⁵³ ʑi²² ki⁰ tsʰɯ⁵³ 。

0049　我说不过他，谁都说不过这个家伙。

我话渠弗过，倒⁼侬得⁼话弗过乙家伙。/我话弗过渠，倒⁼侬

得⁼话弗过乙家伙。

ŋɒ²² yə⁴⁴ ŋɒ²² fəʔ² kyə⁵³ ，tɐɯ⁴⁴ naŋ⁵³ təʔ² yə⁴⁴ fəʔ⁵ kyə⁰ iɐʔ⁵ kiɒ⁴⁴ xo⁰ 。/

ŋɒ²² yə⁴⁴ fəʔ² kyə⁵³ ŋɒ²² ，tɐɯ⁴⁴ naŋ⁵³ təʔ² yə⁴⁴ fəʔ⁵ kyə⁰ iɐʔ⁵ kiɒ⁴⁴ xo⁰ 。

0050　　上次只买了一本书，今天要多买几本。

　　　　上次只买着个本书，［乙个］次□多余买几本。

dʑiaŋ²² tsʰə⁵³ tsəʔ⁵ mɒ²² dəʔ⁰ a⁴⁴ pɛ²⁴ ɕiə⁴⁴ ，ia⁵³ tsʰə⁴⁴ lɐɯ⁴⁴ to²⁴ yə⁵³ mɒ²²

ki²⁴ pɛ̃²⁴³ 。

第五章　话　语

一、讲　述

(一)方言老男

风俗习惯

以前嘞，一般女儿出嫁嘞，就是头日做媒个侬先归门，促$^{=}$促$^{=}$察乙侬家喃$^{=}$光景，再哼介绍记哼，先么嘞□去促$^{=}$侬家，促$^{=}$促$^{=}$察乙小后生孛$^{=}$常$^{=}$好个，促$^{=}$促$^{=}$察乙个侬家孛$^{=}$常$^{=}$好个。促$^{=}$得中意个，再哼乙个媒侬帮乙个男方个八字畀来，合合察孛$^{=}$合个，合哼嘞再两侬同意个话事，再哼就是攞个嘞日子，喝$^{=}$哼就送日子罢。

i^{44} dʑi ɛ̃^{22} lᴇ^{0}，iᴇʔ^{5} paŋ^{44} nɒ^{22} ȵi^{243} tɕ^{h}yᴇʔ^{5} kɒ^{24} lᴇ^{0}，dʑiᴇʔ^{2} lᴇʔ^{5} du^{22} ləʔ^{2} tso^{44} mᴇ^{213} gəʔ^{0} naŋ^{44} ɕi ɛ̃^{44} kuᴇ^{24} moŋ^{213}，ts^{h}oʔ^{5} ts^{h}o^{5} ts^{h}aʔ^{5} iᴇʔ^{5} naŋ^{22} kɒ^{44} naŋ^{213} kuaŋ^{44} k ɪ̃^{243}，tsᴇ^{44} bəʔ^{0} kia^{44} ʑiɐɯ^{31} ki^{53} bəʔ^{0}，ɕi ɛ̃^{44} məʔ^{0} lᴇ^{44} lɐɯ^{44} k^{h}ə^{44} ts^{h}oʔ^{5} naŋ^{22} kɒ^{44}，ts^{h}oʔ^{5} ts^{h}o^{5} ts^{h}aʔ^{5} iᴇʔ^{5} ɕiɐɯ^{44} uoʔ^{2} saŋ^{243} bəʔ^{2} dʑiaŋ^{44} xɐɯ^{243} gəʔ^{0}，ts^{h}oʔ^{5} ts^{h}o^{5} ts^{h}aʔ^{5} iᴇʔ^{5} gəʔ^{0} naŋ^{22} kɒ^{44} bəʔ^{2} dʑiaŋ^{22} xɐɯ^{243} ka^{0}。ts^{h}oʔ^{5} təʔ^{0} tioŋ^{44} i^{53} gəʔ^{0}，tsᴇ^{44} bəʔ^{0} iᴇʔ^{5} gəʔ^{0} mᴇ^{22} naŋ^{213} paŋ^{44} iᴇʔ^{5} gəʔ^{0} naŋ^{22} fɒŋ^{44} gəʔ^{0} paʔ^{5} zə^{31} pᴇ^{44} li^{213}，ɒʔ^{2} ɒʔ^{2} ts^{h}aʔ^{5} bəʔ^{2} ɒʔ^{2} gəʔ^{0}，ɒʔ^{2} bəʔ^{0} lᴇ^{0} tsᴇ^{44} n ɛ̃^{22} naŋ^{53} doŋ^{22} i^{24}

gəʔ⁰ yə²² ʑi ɵ³¹ , tsɛ⁴⁴ bəʔ⁰ dʑiɛʔ² lɛʔ⁵ lo²² kəʔ⁵ lɛ⁴⁴ nəʔ² tsə²⁴³ , aʔ⁵ bəʔ² dʑiɛʔ² soŋ⁴⁴ nəʔ² tsə²⁴³ bɒ⁰ 。

以前姑娘出嫁呢，一般做媒的人提前去男方家，看看这户人家家境怎样，再介绍给女方。然后女方家人去男方家察看，看看这小伙子是否这样能干，这户人家家境是否这么好。看中意了，媒人再把男方的生辰八字拿来，看看双方的八字是否相合，如果相合且两人都同意的话，就选一个日子，这就叫送日子。

送日子哼侬话就是话，江山所话个就是唇贴。唇帖倒以后嘞，你如果说无倒=其他情况嘞，就定下来罢。定下来以后倒=时候结婚，媒侬□帮小后生跟女儿个乙个喃=个要求，统□话到，你□做几许个乙个倒=西，女儿□几许个聘礼，再哼话好嘞双方个时候嘞，再到结婚喝=日哼，媒侬去跟女儿个时=僭①归来个。

soŋ⁴⁴ nəʔ² tsə²⁴³ bəʔ⁰ naŋ²² yə⁴⁴ dʑiɛʔ² lɛʔ⁵ yə⁴⁴ , kɒŋ⁴⁴ saŋ⁴⁴ so⁴⁴ yə⁴⁴ gəʔ⁰ dʑiɛʔ² lɛʔ⁵ kʰaʔ⁵ tʰiɛʔ⁵ 。 kʰaʔ⁵ tʰiɛʔ⁵ tɐɯ⁰ i⁴⁴ ɯ²² lɛ⁰ , ȵi²² ʑyə²² ko²⁴³ yə⁴⁴ m⁴⁴ tɐɯ²⁴ gi²² tʰɒ⁴⁴ dʑ ĩ²² xuaŋ²⁴ lɛ⁰ , dʑiɛʔ² d ĩ²² o²² li²² bɒ⁰ 。 d ĩ²² o²² li²² i⁴⁴ ɯ³¹ tɐɯ⁴⁴ ʑiɵ²² ɯ³¹ kiɛʔ⁵ xu ɛ̃⁴⁴ , mɛ²² naŋ²¹³ lɐɯ⁴⁴ paŋ⁴⁴ ɕioʔ⁵ uoʔ⁵ saŋ²⁴³ k ɛ̃⁴⁴ nɒ²² ȵi²⁴³ gəʔ⁰ iɛʔ⁵ gəʔ⁰ naŋ²¹³ gəʔ iɐɯ⁴⁴ gu²¹³ , tʰoŋ⁴⁴ lɐɯ⁵³ yə⁴⁴ tɐɯ⁵³ , ȵi²² lɐɯ⁴⁴ tso⁴⁴ ki⁴⁴ xə²⁴³ gəʔ⁰ iɛʔ⁵ gəʔ⁰ təʔ⁵ ɕi⁴⁴ , nɒ²² ȵi²⁴³ lɐɯ⁴⁴ ki⁴⁴ xə²⁴³ gəʔ⁰ pʰ ĩ⁴⁴ li²² , tsɛ⁴⁴ bəʔ⁰ yə⁴⁴ xɐɯ²⁴³ lɛ⁰ ɕiɒŋ⁴⁴ fɒŋ⁴⁴ gəʔ⁰ ʑi ɵ²² ɯ³¹ lɛ⁰ , tsɛ⁴⁴ tɐɯ⁴⁴ kiɛʔ⁵ xu ɛ̃⁴⁴ xaʔ⁵ nəʔ² bəʔ⁰ , mɛ²² naŋ²¹³ kʰ ə⁴⁴ k ɛ̃⁴⁴ nɒ²² ȵi²⁴³ a⁴⁴ ʑiɵ²¹³ tsɒ̃⁴⁴ kyə²⁴ li²¹ gəʔ⁰ 。

送日子就是江山俗话所说的"唇帖"。庚帖合在一起后，如果没有什么其他情况，婚事就定下来了。订婚之后，媒人要把什么时候结婚、小伙子和姑娘有怎样的要求等都跟双方说清楚，比如男方要

---

① 僭：结伴。

做多少东西，姑娘要多少聘礼，还有挑选结婚的吉日良辰等。到了结婚那天，媒人还要陪同新娘一起来男方家。

　　女儿儥到乙个男方一边个时候嘞，渠□归男方触⁼里嘞，轿里下来歇倒以后嘞，渠弗［自家］走个就是话，□男方帮渠抱归间，会准数嘞。再男方嘞帮渠抱归间嘞，督⁼岁⁼嘞□帮抱归间嘞？渠意思就是话，将来乙个嘞做媒，渠啦觎是我［自家］相识个，省嘞相争起以后渠话，我觎是我［自家］来个，乙是你帮我抱过来个，防止得以后喝⁼个话法罢。

　　nɒŋ²² n̠i²⁴³ tsɒŋ⁴⁴ tɐɯ⁰ iɛʔ⁵ ɡəʔ⁰ naŋ²² fɒŋ⁴⁴ iɛʔ⁵ pi⁼ɛ̃⁴⁴ ɡəʔ⁵ ʑiɵ²² ɯ³¹ lɛ⁰ , ɡəʔ⁵ lɐɯ⁴⁴ kuɛ⁴⁴ naŋ²² fɒŋ⁴⁴ tɕʰyɛ⁵ li⁰ lɛ⁰ , ɡiɐɯ²² ləʔ⁰ o²² lə⁰ xiɛʔ⁵ tɐɯ⁵³ i⁴⁴ ɯ³¹ lɛ⁰ , ŋə²² fəʔ⁵ dʑiɒ²² tsɯ²⁴³ ɡəʔ⁰ dʑiɛʔ² lɛ⁵ yə⁴⁴ , lɐɯ⁴⁴ naŋ²² fɒŋ⁴⁴ paŋ⁴⁴ ŋə⁰ buə²² kuɛ⁴⁴ kaŋ⁴⁴ , ua²² tɕ⁼ĩ⁴⁴ ɕyə⁵³ lɛ⁰ 。 tsɛ⁴⁴ naŋ²² fɒŋ⁴⁴ lɛ⁰ paŋ⁴⁴ ŋə⁰ buə²² kuɛ⁴⁴ kaŋ⁴⁴ lɛ⁰ , toʔ⁵ xuɛ⁵³ lɛ⁰ lɐɯ⁴⁴ paŋ⁴⁴ buə²² kuɛ⁴⁴ kaŋ⁴⁴ lɛ⁰ ? ŋə²² i⁴⁴ sə⁴⁴ dʑiɛʔ² lɛ⁴⁴ yə⁴⁴ , tɕiaŋ⁴⁴ lɛ²¹³ iɛʔ⁵ ɡəʔ⁰ lɛ⁴⁴ tso⁴⁴ mɛ²¹³ , ŋə²² la⁰ vɒŋ²² dʑi²² ŋɒ²² dʑiɒ²² ɕiaŋ⁴⁴ ɕiɛʔ⁵ ɡəʔ⁰ , saŋ²⁴ lɛ⁰ ɕiaŋ⁴⁴ tsaŋ⁴⁴ ki⁰ i⁴⁴ ɯ³¹ ŋə²² yə⁴⁴ , ŋɒ²² vɒŋ²² dʑi²² ŋɒ²² dʑiɒ²² li²¹³ ɡəʔ⁰ , iɛʔ⁵ lɛ⁴⁴ n̠i⁴⁴ paŋ⁴⁴ ŋɒ²² buə²² kyə⁴⁴ li⁰ ɡəʔ⁰ , vɒŋ²² tsɯ²⁴³ dəʔ⁰ i⁴⁴ ɯ³¹ xaʔ⁵ ɡəʔ⁰ yə²² faʔ⁵ bɒ⁰ 。

　　新娘被抬到男方家里之后，怎么进男方家里是有讲究的：从轿子里下来以后，她不能自己走，必须要男方把她抱进屋才算数的。为什么要男方把她抱进屋呢？意思就是说，我可是你明媒正娶来的，你不是我自己搭讪结识的，省得以后争吵起来男方有话说，我不是自己来的，是你把我抱过来的，防止以后授人以柄。

　　再嘞结婚个乙个风俗嘞，俺上路乡跟下路乡也是有差别，亦是大得来，下路乡女儿出嫁嘞，男方□结婚喝⁼日嘞，男方界得喝⁼个女方喝⁼个东西嘞，比如五十斤猪肉，五十斤糯米，再哼蛤⁼□五十斤粽,乙些儿东西统□准备畀得女方个。而结婚倒以后嘞就是话,女方每一年□畀得男方个,乙些儿哐个东西啊,包括粽啊、馒头啊[乙样],逢年过节统是女方里往男方里畀个。

tsE⁴⁴ lɐ⁰ kiɛʔ⁵ xuɛ̃⁴⁴ gəʔ⁰ iɛʔ⁵ gəʔ⁰ fɒŋ⁴⁴ zoʔ⁰ lɐ⁰ , aŋ²² dʑiaŋ²² luə²² xiaŋ⁴⁴ kɛ̃⁴⁴ o²² luə²² xiaŋ⁴⁴ iɛʔ⁵ lɐ⁴⁴ iɯ²² tsʰɒ⁴⁴ biɛʔ² , iɛʔ² lɐ⁴⁴ do²² daʔ⁵ lɐ⁰ , o²² luə²² xiaŋ⁴⁴ nɒ²² ȵi²⁴³ tɕʰyɛ⁵ kɒ²⁴ lɐ⁰ , naŋ²² fɒŋ⁴⁴ lɐɯ⁴⁴ kiɛʔ⁵ xuɛ̃⁴⁴ xaʔ⁵ nəʔ² lɐ⁰ , naŋ²² fɒŋ⁴⁴ pɛ⁴⁴ təʔ⁰ xaʔ⁵ gəʔ⁰ ŋyə²² fɒŋ⁴⁴ xaʔ⁵ gəʔ⁰ təʔ⁵ ɕi⁴⁴ lɐ⁰ , pi⁴⁴ ʑyə²¹³ ŋuə²² ziɐʔkɐ̃⁴⁴ tɒ⁴⁴ ȵiɒʔ² , ŋuə²² ziɐʔkɐ̃⁴⁴ no²² mi²² , tsE⁴⁴ bəʔ⁰ gəʔ⁰ lɐɯ⁵³ ŋuə²² ziɐʔkɐ̃⁴⁴ tsoŋ⁵³ , iɛʔ ɕĩ⁴⁴ təʔ⁵ ɕi⁴⁴ tʰoŋ⁴⁴ lɐɯ⁵³ tɕyĩ⁴⁴ bi²² pɛ⁴⁴ təʔ⁰ ŋyə²² fɒŋ⁴⁴ gəʔ⁰ 。 ɐ²⁴ kiɛʔ⁵ xuɛ̃⁴⁴ tɐɯ⁰ i⁴⁴ ɯ³¹ lɐ⁰ dʑiɛʔ² lɛʔ⁵ yə⁴⁴ , ŋyə²² fɒŋ⁴⁴ mE²² a⁴⁴ ȵiɛ̃²¹³ lɐɯ⁴⁴ pɛ⁴⁴ təʔ⁰ naŋ²² fɒŋ⁴⁴ gəʔ⁰ , iɛʔ⁵ ɕĩ⁴⁴ tiɐʔ⁵ gəʔ⁰ təʔ⁵ ɕi⁴⁴ a⁰ , pɐɯ⁴⁴ kuaʔ⁵ tsoŋ⁴⁴ a⁰ 、mi ɕ̃²² du²¹³ a⁰ iaŋ²⁴³ , voŋ²² ȵiɛ̃²² kyə⁴⁴ tɕiɛʔ⁵ tʰoŋ⁴⁴ lɐ⁴⁴ ŋyə²² fɒŋ⁴⁴ lə⁰ uaŋ⁴⁴ naŋ²² fɒŋ⁴⁴ lə⁰ pɛ⁴⁴ gəʔ⁰ 。

我们上路乡和下路乡的结婚风俗也是有差别的,而且差别大得很:下路乡的姑娘出嫁时,男方要在结婚那天给女方送礼,比如五十斤猪肉、五十斤糯米,还有五十个粽子,这些东西都要准备好送给女方;结婚以后,则是女方每一年都要给男方送礼,包括粽子、馒头等食物,逢年过节都是女方给男方送礼。

(2015 年 7 月 15 日,衢州,发音人:蔡秉洪)

个人经历

我记得衰⁼衰⁼个时候就是话,喝⁼记个时候可怜得可怜得来,个年到头得⁼倚里倚里望,你如说有时时节节哼,就是高兴得来。

ŋɒ²² kɐ⁴⁴ təʔ⁰ ɕiɐ⁴⁴ ɕiɐ⁴⁴ gəʔ⁰ zɯ²² ɯ³¹ dʑiɛʔ² lɛʔ⁵ yə⁴⁴ , xaʔ⁵ ki⁴⁴ gəʔ⁰ zɯ² ɯ³¹ kʰo⁴⁴ liɛ̃²¹³ daʔ² kʰo⁴⁴ liɛ̃²¹³ daʔ² lɐ⁰ , a⁴⁴ ȵiɛ̃²¹³ tɐɯ⁴⁴ du²¹³ təʔ⁵ gəʔ² ləʔ⁰ gəʔ² ləʔ⁰ miaŋ³¹ , ȵi²² ʑyə²² yə⁴⁴ iɯ²² ʑiɐ²² ʑi ɐ²² tɕiɛʔ⁵ tɕiɛʔ⁵ bəʔ⁰ , dʑiɛʔ² lɛʔ⁵ kɐɯ²⁴ xĩ⁵³ daʔ² lɐ⁰ 。

　　我记得我小的时候实在是可怜得很，一年到头都在巴望过节，如果有个什么节日就高兴得不得了。

　　徛个喝˭个过年个时候哼有粽咥个。喝˭个粽包好以后，囥岗镬里得˭未得熟，就是守个喝˭个镬沿，促˭促˭察等喝˭个粽，促˭促˭察字˭熟罢。等到个熟哼，急命样个，来弗得样抢起［乙样］咥。跟［乙个］记比起来呢，［乙个］记哼随你倒˭西徛里无侬□。

　　gE²² gəʔ⁵ xaʔ⁵ gəʔ⁰ kyə⁴⁴ ni̠ ɛ̃²¹³ gəʔ⁰ zu²² ɯ³¹ bəʔ⁰ iɯ²² tsoŋ⁵³ tiɛʔ⁵ gəʔ⁰。xaʔ⁵ gəʔ⁰ tsoŋ⁵³ pɐɯ⁴⁴ xɐɯ²⁴³ i⁴⁴ ɯ³¹，kʰɒŋ⁴⁴ kɒŋ⁰ yaʔ² ləʔ⁰ təʔ⁵ mɐ²² daʔ⁰ dziɐʔ²，dziɛʔ⁵ lɛʔ⁵ yə⁴⁴ gəʔ⁰ xaʔ⁵ gəʔ⁰ yaʔ² i̠ ɛ̃²¹³，tsʰoʔ⁵ tsʰoʔ⁵ tsʰaʔ⁵ t ɛ̃⁴⁴ xaʔ⁵ gəʔ⁰ tsoŋ⁵³，tsʰoʔ⁵ tsʰoʔ⁵ tsʰaʔ⁵ bəʔ² dziɐʔ²bnⁿ⁰。t ɛ̃⁴⁴ tɐɯ⁵³ ka⁴⁴ dziɐʔ²bəʔ⁰，kiɛʔ⁵ m i̠⁃³¹ iaŋ³¹ gəʔ⁰，li²² fəʔ⁵ təʔ⁵ iaŋ³¹ tɕʰiaŋ²⁴ kʰiⁿ⁰ iaŋ⁴⁴ tiəʔ⁵。k ɛ̃⁴⁴ ia⁵³ kiⁿ⁰ pi²⁴³ kiⁿ⁰ lɛⁿ⁰ ɳiⁿ⁰，ia⁵³ kiⁿ⁰ bəʔ⁰ zuɐ⁵ ɳ̍i⁴⁴ tɐɯ⁴⁴ ɕi⁴⁴ gE²² lɛⁿ⁰ m⁴⁴ naŋ²¹³ lɐɯ⁵³。

　　过年的时候有粽子吃。粽子包好以后，还在锅里煮的时候，我们就守在了锅灶边，等着粽子煮熟。粽子一熟，我们就迫不及待地抢着吃。相比而言，现在随便什么东西摆在那里都没人要吃。

　　喝˭记衰˭衰˭个时候，亦无东西嬉反正，个日到黄昏徛个外向，你就是说，跟细儿鬼儥出去嬉哼就是害侬。你促˭得嚓˭里你如喝˭个桃树里有桃哼，大家促˭得无侬哼就爬上去，讨来就窒喥脯˭里归罢。你走得侬菜地里去，促˭得侬菜地里喝˭番茄，连红得未红，有个末滴滴红哼，就帮侬讨来，窒喥脯˭里归罢。促˭得喝˭黄瓜哼，讨记当来亦是窒归喥脯˭，随你倒˭西，喝˭记只□有法咥个东西，反正讨来就是先窒归喥脯˭里去。

　　xaʔ⁵ kiⁿ⁰ ɕiɐ⁴⁴ ɕiɐ⁴⁴ gəʔ⁰ zu²² ɯ³¹，iɛʔ² m⁴⁴ tɐɯ⁴⁴ ɕi⁴⁴ xi⁴⁴ faŋ⁴⁴ tɕ i̠⁃⁵³，a⁴⁴ nəʔ² tɐɯ⁵³ yaŋ²² xu ɛ̃⁴⁴ gE²² gəʔ⁰ ŋua²² xaŋ⁴⁴，ɳi²² dziɛʔ²lɛʔ⁵ yə⁴⁴，k ɛ̃⁴⁴ ɕiɐ⁴⁴ ɳiⁿ⁰ kuE²⁴³ tsɒŋ⁴⁴ tɕʰ yɛʔ⁴ kʰ ə ʔ⁰ xi⁴⁴ bəʔ⁰ dziɛʔ² lɛʔ⁵ xɛ²² naŋ²¹³ 。 ȵi²² tsʰ oʔ⁵ təʔ⁰ tsʰ a ʔ⁵ ləʔ⁰ ȵi²² ʐyə²² xaʔ⁵ gəʔ⁰ dɐɯ²² dzɯ³¹ ləʔ⁰ iɯ²² dɐɯ²² bəʔ⁰ ,da²² kɒ⁴⁴ tsʰ oʔ⁵ təʔ⁰ m⁴⁴ naŋ²¹³ bəʔ⁰ dziɛʔ² bo²² dziaŋ²² kʰ ə ʔ⁰ ,tʰ uə²⁴ lɛ⁰ dziɛʔ² t ɵ ʔ⁵ tɕʰ ioʔ⁵ buə²¹³ ləʔ⁰ kuE⁴⁴ bɒ⁰ 。 ȵi²² tsɯ⁴⁴ təʔ⁰ naŋ⁴⁴ tɕʰ i⁴⁴ diə²² ləʔ⁰ kʰ ə⁵³ ,tsʰ oʔ⁵ təʔ⁰ naŋ⁴⁴ tɕʰ i⁴⁴ diə²² ləʔ⁰ xaʔ⁵ faŋ²⁴ kɒ⁴⁴ , li ɛ̃²² oŋ²² təʔ⁵ mɛ²² oŋ²¹³ ,iɯ²² a⁴⁴ məʔ² tiɛʔ⁵ tiɛʔ⁵ oŋ²¹³ bəʔ⁰ , dziɛʔ² paŋ⁴⁴ naŋ⁴⁴ tʰ uə²⁴³ lɛ⁰ ,tɵʔ⁵ tɕʰ ioʔ⁵ buə²¹³ ləʔ⁰ kuE⁴⁴ bɒ⁰ 。 tsʰ oʔ⁵ təʔ⁰ xaʔ⁵ yaŋ²² kyə⁴⁴ bəʔ⁰ , tʰ uə²⁴³ ki⁰ taŋ⁴⁴ lɛ⁰ iɛʔ² lɛ⁴⁴ t ɵ ʔ⁵ kuE⁴⁴ tɕʰ ioʔ⁵ buə⁰ , zuE²² ȵi⁴⁴ tɐɯ²⁴ ɕi⁰ ,xaʔ⁵ ki⁰ tsəʔ⁵ lɐɯ⁵³ iɯ²² faʔ⁵ tiɛʔ⁵ gəʔ⁰ təʔ⁵ ɕi⁴⁴ ,faŋ²⁴ tɕ ĩ⁵³ tʰ uə²⁴³ lɛ⁰ dziɛʔ² lɛʔ⁵ ɕi ɛ̃⁴⁴ tɵʔ⁵ kuE⁴⁴ tɕʰ ioʔ⁵ buə²¹³ ləʔ⁰ kʰ ə⁰ 。

　　我们小时候也没东西玩,一天到晚在外面"浪",跟孩子们结伴出去做些"害人"的事情。看到哪里的桃树上有桃子,大家就趁没人爬上去,摘下桃子就塞进嘴里。看到人家菜地里的番茄,还没红透,只有一点点红,就摘下来塞进嘴里。看到黄瓜,也是摘下就塞进嘴里。那时候是随便什么东西,只要可以吃,就先拿来塞进嘴里去。

　　嬉哼亦无倒ᵍ西嬉。喝ᵍ记衰ᵍ衰ᵍ个时候我记得,门头埂喝ᵍ个黄污坑里,喝ᵍ记个水得ᵍ清得来。再涨末喝ᵍ个大水以后,喝ᵍ记嘞无网倒ᵍ西个,装末粪箕,大家细儿鬼,个群细儿鬼儿,下向喝ᵍ个装末粪箕等ᵍ个底,顶高哼喝ᵍ细儿鬼装、个嘞细儿鬼赤骹徛里赶去赶去,赶到晚尾,喝ᵍ粪箕界起当起哼,有些喝ᵍ个鱼就等ᵍ得粪箕里归来罢。再哼其他倒ᵍ西哼,反正就是衰ᵍ衰ᵍ个时候跟[乙个]记,跟囡妹就根本无法比个,俺[乙个]记个囡妹儿,三四个大侬服侍个嘞囡妹,就是惊死渠咥弗下,相比之下就是话,[乙个]记个囡妹,对咥个东西个末得ᵍ劾珍惜,劾去爱惜渠个。

　　　　xi⁴⁴ bəʔ⁰ iɛʔ² m⁴⁴ tɐɯ²⁴ ɕi⁰ xi⁴⁴ 。 xaʔ⁵ ki⁰ ɕiɵ⁴⁴ ɕiɵ⁴⁴ gəʔ⁰ zu²² ɯ³¹ ŋɒ²² kɵ⁴⁴ təʔ⁰ , moŋ²² du²² kaŋ⁴⁴ xaʔ⁵ gəʔ⁰ yaŋ²² uɵ⁴⁴ kʰ aŋ⁴⁴ ləʔ⁰ , xaʔ⁵ ki⁰ gəʔ⁰ y²⁴³

təʔ⁵tɕʰĩ⁴⁴daʔ²lE⁰．tsE⁴⁴tɕiaŋ²⁴³məʔ⁰xaʔ⁵gəʔ⁰do²²yə²⁴³i⁴⁴ɯ³¹，xaʔ⁵ki⁰lE⁰
m⁴⁴mɒŋ²²tɐɯ²⁴ɕi⁰gəʔ⁰，tɕiɒŋ⁴⁴məʔ⁰pɛ̃⁴⁴i⁴⁴，da²²kɒ⁴⁴ɕiə⁴⁴n̩i²²kuE²⁴³，a⁴⁴
dʑiõ̃²²ɕiə⁴⁴n̩i⁴⁴kuE²⁴³n̩iʔ⁰，o²²xaŋ⁴⁴xaʔ⁵gəʔ⁰tɕiɒŋ⁴⁴məʔ⁰pɛ̃⁴⁴i⁴⁴tɛ⁴⁴gəʔ⁰tiə²⁴³，
tĩ⁴⁴kɐɯ⁴⁴bəʔ⁰xaʔɕiə⁴⁴n̩i⁴⁴kuE²⁴³tɕiɒŋ⁴⁴、kəʔ⁵lE⁰ɕiə⁴⁴n̩i⁴⁴kuE²⁴³tsʰaʔ⁵kʰɐɯ⁴⁴
gE²²lE⁰kɒŋ²⁴³kʰə⁰kɒŋ²⁴³kʰə⁰，kɒŋ²⁴³tɐɯ⁵³maŋ²²mE²²，xaʔ⁵pɛ̃⁴⁴i⁴⁴pE⁴⁴ki⁰taŋ⁴⁴
i⁰bəʔ⁰，iɯ²²ɕĩ⁴⁴xaʔ⁵gəʔ⁰ŋə²¹³dʑiEʔ²tɛ⁴⁴təʔ⁰pɛ̃⁴⁴i⁴⁴ləʔ⁰kuE⁴⁴libɒ⁰．tsE⁴⁴bəʔ⁰
dʑi²²tʰɒ⁴⁴tɐɯ²⁴ɕi⁰bəʔ⁰，faŋ⁴⁴tɕĩ⁴⁴dʑiEʔ²lEʔ⁵ɕiə⁴⁴ɕiə⁵³gəʔ⁰zu²²ɯ³¹kɛ̃⁴⁴
ia⁵³ki⁰，kɛ̃⁴⁴nəʔ²mE²¹³dʑiEʔ²kɛ̃⁴⁴pɛ²⁴³m²²faʔ⁵pi²⁴³gəʔ⁰，aŋ²⁴³ia⁵³ki⁰gəʔ⁰
nəʔ²mE²²n̩i²⁴³，saŋ⁴⁴ɕi⁴⁴ka⁴⁴do²²naŋ²¹³voʔ²ʑiə²²kəʔ⁵lE⁰nəʔ²mE²¹³，dʑiEʔ²
lEʔ⁵kuaŋ⁴⁴sə²⁴³ŋ²²tiEʔ⁵fəʔ⁵o²²，ɕiaŋ⁴⁴pi²⁴³tsu⁴⁴ia²²dʑiEʔ²lEʔ⁵yə⁴⁴，ia⁵³ki⁰
gəʔ⁰naʔ²mE²¹³，tuE⁴⁴tiEʔ⁵gəʔ⁰təʔ⁵ɕi⁴⁴a⁴⁴məʔ²təʔ⁵fa⁴⁴tsəŋ⁴⁴ɕiEʔ⁵，fa⁴⁴kʰə⁴⁴
E⁴⁴ɕiEʔ⁵ŋə²²gəʔ⁰．

　　玩也没东西玩。我记得小的时候，门前场地上水坑里的水都很清。涨过大水之后，一群野孩子就用畚箕抓鱼——那时也没有渔网。站在低处的孩子拿着畚箕等着鱼进去，高处的孩子赤着脚赶鱼，赶到最后，把畚箕一提，有些鱼就兜进畚箕里了。反正我们小时候跟现在的孩子根本没法比，现在我们是三四个大人服侍一个孩子，就是担心他吃不下。现在的孩子对吃的东西一点儿都不珍惜，不会爱惜。

　　再我记得上小学个时候，教我个个嘞乙个语文个老师，个嘞女个，徛个我印象嘞深得深得来。徛个有个年，我记得渠奖得我菀铅笔，喝˭记个时候，徛个六几年个时候，奖得个菀铅笔啦，俺归到个高兴啊。喝˭个嘞老师嘞都蛮欣赏我个，姓秦个老师我记得灵清得来。徛个我走上社会以后，十几年以后徛岗˭大街里渠碰着我，渠□得出来我个名字。我对乙个嘞老师印象深得深得来。

　　tsE⁴⁴ŋ̃²²kɐ⁴⁴təʔ⁵dʑiaŋ²²ɕiɐɯ⁴⁴iaʔ²gəʔ⁰zu²²ɯ³¹，kɐɯ⁴⁴ŋ̃²²gəʔ⁰kəʔ⁵

lɛ⁰ ŋyə²² vəŋ²¹³ gəʔ⁰ lɐɯ²² su⁴⁴, kəʔ⁵ lɛ⁰ ŋyə²² gəʔ⁰, gɛ²² gəʔ⁰ ŋɒ²²ĩ¹¹ ʑiaŋ²⁴³ lɛ⁰ tɕʰiɵ⁴⁴ daʔ² tɕʰiɵ⁴⁴ daʔ² lɛ⁰。gɛ²² gəʔ⁰ iɯ²² a⁴⁴ n̠iɛ̃²¹³, ŋɒ²² kɐ⁴⁴ təʔ⁰ gə²² tɕiaŋ⁴⁴ təʔ⁰ a⁴⁴ tɯ⁴⁴ kʰɒŋ⁴⁴ pɐʔ⁵, xaʔ⁵ kiⁱ gəʔ⁰ zu²² ɯ³¹, gɛ²² gəʔ⁰ laʔ kiⁱ²⁴³ n̠iɛ̃²¹³ gəʔ⁰ zu²² ɯ³¹, tɕiaŋ⁴⁴ təʔ⁰ a⁴⁴ tɯ⁴⁴ kʰɒŋ⁴⁴ pɐʔ⁵laⁱ⁰, aŋ²⁴³ kuɛ⁴⁴ tɐɯ⁵³ gəʔ⁰ kɐɯ²⁴ xĩ⁵³ aⁱ⁰。 xaʔ⁵ kəʔ⁵ lɛ⁰ lɐɯ²² su⁴⁴ lɛ⁰ to⁴⁴ maŋ²² ɕĩ⁴⁴ saŋ²⁴³ ŋɒ²² gəʔ⁰, ɕĩ⁴⁴ dzĩ²¹³ gəʔ⁰ lɐɯ²² sɯ⁴⁴ ŋɒ²² kɐ⁴⁴ təʔ⁰ lĩ²² tɕʰĩ⁴⁴ daʔ² lɛ⁰。 gɛ²² gəʔ⁰ ŋɒ²² tsɯ⁴⁴ dʑiaŋ²² ʑiɵ²² uɛ³¹ i⁴⁴ ɯ³¹, ʑiɵʔ² kiⁱ²⁴³ n̠iɛ̃²¹³ i⁴⁴ ɯ³¹ gɛ²² gəʔ⁰ do²² ka⁴⁴ ləʔ⁰ ŋə²² pʰoŋ⁴⁴ dəʔ⁰ ŋɒ²², ŋə²² gyaŋ²² ləʔ⁰ tɕʰyɛʔ⁵ liⁱ ŋɒ²² gəʔ⁰ m̃²² zu³¹。 ŋɒ²² tuɛ⁴⁴ iɛʔ⁵ kəʔ⁵ lɛ⁰ lɐɯ²² sɯ⁴⁴ĩ⁴⁴ ʑiaŋ³¹ tɕʰiɵ⁴⁴ daʔ² tɕʰiɵ⁴⁴ daʔ² lɛ⁰。

我记得上小学的时候，教我的一个语文老师是个女的，给我的印象非常非常深刻。我记得有一年她奖给我一支铅笔，一九六几年那时候得到一支铅笔作为奖品，我那个高兴啊！那个老师也挺欣赏我，我记得很清楚，她姓秦。在我走上社会以后，相隔十几年她在大街上碰到我，还叫得出我的名字。我对这个老师的印象太深了。

（2015 年 7 月 15 日，江山，发音人：蔡秉洪）

（二）方言老女

个人经历

话个记我个人个经历。喝゠日子过真快嘞！喝゠目睛子个睞，下半身已经下泥罢，只留得个末头颅壳跟鼻头穿。

yə⁴⁴ a⁵³ kiⁱ⁰ ŋɒ²² ko⁴⁴ z̩ĩ²² gəʔ⁰ kĩ²⁴ liɛʔ²。 xaʔ⁵ nəʔ² tsə⁰ kyə⁴⁴ tɕiɵ̃²⁴ kʰua⁵³ lɛ⁰! xaʔ⁵ moʔ² tɕĩ⁴⁴ tsə²⁴³ a⁵³ gəʔ², o²² piɛ̃⁴⁴ sɛ̃⁴⁴ i⁴⁴ tɕin⁴⁴ o²² n̠ie²¹³ bɒ⁰, təʔ⁵ lɯ²² təʔ⁰ a⁴⁴ moʔ⁵ du²² loʔ² kʰɒʔ⁵ kɛ̃⁴⁴ bəʔ² du²² tɕʰyĩ⁴⁴。

我说一下我的个人经历。日子过得真快呀！眼睛一眨，大半个身子已经入土了，只留半个脑袋和鼻孔在外面了。

喂吒！前几日，我个大个女妹、徛杭州个女妹么，啦，跟我通电话。两侬徛里聊天，我女妹话："老大欸，大姊欸，天！快末嘞！"渠话嘞："俺上当哼嘞！"再我话："督‿岁‿罢督‿岁‿罢？"渠话："俺坐公交车个时候啊，俺□刷卡个俺□，[乙样]卡[乙样]个刷，就老年卡、老年卡，喝‿电脑里就是帮我话出来哼嘞！俺老哼嘞！五六十岁到哼嘞！"天！我个想，浮里戳空嚓‿[乙样]老罢？哎呀！喝‿遭通倒电话归倒以后，腾命即帮镜界出来照罢。个照，哟，天！缭里得皱皮皱裥皱起罢。觼错觼错，真老罢，天！得渠一话心里真难过相，锥爪挖起罢。

uᴇ³¹ iə⁰！ dʑiɛ̃²² ki⁴⁴ nə̃ʔ²，ŋɒ²² gəʔ⁰ do²² gəʔ⁰ nɒ²² mᴇ³¹、gᴇ²² ɒŋ²² tsu⁴⁴ gəʔ⁰ nɒ²² mᴇ³¹ mə̃ʔ⁰，la⁵³，kɛ̃⁴⁴ ŋɒ²² tʰoŋ⁴⁴ tʰiɛ̃²² uɒ³¹。nɛ̃²² naŋ⁵³ gᴇ²² ləʔ⁰ lieɯ²² tʰiɛ̃⁴⁴，ŋɒ²² nɒ²² mᴇ³¹ yə³¹：lɐɯ²² do³¹ ᴇ⁰，do²² tɕi²⁴³ ᴇ⁰，tʰiɛ̃⁴⁴！ kʰua⁴⁴ moʔ⁰ lᴇ⁰！ ŋə²² yə³¹ lᴇ⁰：aŋ²⁴ dʑiaŋ²² taŋ⁵³ bəʔ⁰ lᴇ⁰！ tsᴇ⁴⁴ ŋɒ²² yə³¹：toʔ⁴ xuᴇ⁵³ baⁿtoʔ⁴ xuᴇ⁵³ ba⁰？ ŋə²² yə³¹：aŋ²⁴ ʑi²² koŋ⁴⁴ kiɐɯ⁴⁴ tɕʰiə⁴⁴ gəʔ⁰ ʑiɐ²² ɯ⁵³ a⁰，aŋ²⁴ lɐɯ⁵³ ɕiɐʔ⁵ kʰɒ⁴⁴ gəʔ⁰ aŋ²⁴ lɐɯ⁵³，iaŋ²⁴ kʰɒ⁵³ iaŋ²⁴ aʔ⁴ ɕiɐ ʔ⁵，dʑiɛʔ⁵ lɐɯ²² n̩iɛ̃²² kʰɒ⁵³、lɐɯ²² n̩iɛ̃²² kʰɒ⁵³，xaʔ⁵ di ɛ̃²² nɐɯ²² ləʔ⁰ dʑiɛʔ⁵ lᴇʔ⁵ paŋ⁴⁴ ŋɒ²² yə³¹ tɕʰyᴇʔ⁵ lᴇ⁰ bəʔ⁰ lᴇ⁰！ aŋ²⁴ lɐɯ²² bəʔ⁰ lᴇ⁰！ ŋɐɯ²² laʔ⁵ ʑiɐʔ⁵ xuᴇ⁵³ tɐɯ⁴⁴ bəʔ⁰ lᴇ⁰！ tʰiɛ̃⁵³！ ŋɒ²² a⁴⁴ ɕiaŋ⁵³，vəʔ ləʔ²⁴ tɕʰiᴇʔ⁴ koŋ⁵³ tsʰaʔ⁵ iaŋ²⁴ lɐɯ²² ba⁰？ ᴇ³¹ ia⁰！ xaʔ⁵ tsɐɯ⁴⁴ tʰoŋ⁴⁴ tɐɯ⁰ di ɛ̃²² uɒ³¹ kuᴇ⁴⁴ tɐɯ⁰ i⁴⁴ ɯ²²，dɛ̃²² m̩ ĩ⁴⁴ tɕiᴇʔ⁵ pɒŋ⁴⁴ kĩ⁵³ pᴇ⁴⁴ tɕʰyᴇʔ⁵ li⁰ tɕiɐɯ⁵³ bɒ⁰。a⁴⁴ tɕiɐɯ⁵³，yo⁴⁴，tʰiɛ̃⁴⁴！ lieɯ²² li²¹³ təʔ tɕiɐ ʔ⁵ bi²¹³ tɕiɐ ʔ⁵ kaŋ²⁴³ tɕiɐ⁴⁴ i²¹³ bɒ⁰。vɒŋ²² tsʰo⁵³ vɒŋ²² tsʰo⁵³，tɕi ɛ̃⁴⁴ lɐɯ²² bɒ⁰，tʰiɛ̃⁵³！ təʔ⁵ ŋɒ²² a⁴⁴ yə⁵³ ɕĩ⁴⁴ ləʔ⁰ tɕi ɛ̃⁴⁴ naŋ²² kyɒ⁴⁴ ɕiaŋ⁵³，tɕi⁴⁴ tsɐɯ²⁴³ uɒ⁴⁴ i⁴⁴ bɒ⁰。

前几天，我那在杭州的大妹跟我打电话聊天。我大妹说："老大欸，大姐欸，真快呀！"她说："我们上当了！"我说："怎么啦怎么啦？"她说："我们坐公交车的时候都要刷卡的嘛，这卡一刷，就提示'老年卡、老年卡'，那电脑就把我们的年纪说出来了。我们老啦，都五六十岁了。"天哪！我一想，怎么突然间就这么老了？那次打完电话回家以后，我就赶紧把镜子拿出来照。一照，脸上到处都是褶子，都皱在一起了。没错没错，是真的老了，被她这么一说，心里真难过，像被爪子挠过一样。

归倒乙个，呃，再就徛里回忆，跟我女妹通个电话以后，就回忆得衰⁼衰两侬喝⁼记，喝⁼个嬉罢骂罢打罢［喝⁼样］大起个，兄弟五个嘞啦，啦。我顶印象顶深个是过年，喝⁼过年嘞真高兴嘞！听得话喂咃就是□过年罢，喝⁼高兴得高兴得！蛤⁼有个百日样光亦□过年罢，再俺就开始倒数哼嘞。喝⁼记嘞腔⁼读得个末书，个年级两年级，就数哼嘞：个百日，九十九日，九十八日……喂呀！就□过年罢。数得蛤⁼有十日个时候，喝⁼个，天！喝⁼些儿高兴，骹就是捶得背脊爿，喂呀，喝⁼触⁼里常⁼逃归逃出，几个囡妹儿，就是喂咃有东西咥罢。

kuE⁴⁴tɐɯ⁰iɛʔ⁵ gəʔ⁰ , ə²² , tsE⁴⁴dʑiɛʔ² gəʔ² ləʔ⁰ uE²²i⁵³ , kɛ̃⁴⁴ ŋə²² nɒ²² mE³¹ tʰoŋ⁴⁴gəʔ⁰di ɛ̃²² uɒ³¹ i⁴⁴ ɯ²² , dʑiɛʔ²uE²² i⁴⁴ dəʔ⁰ ɕiɐ⁴⁴ ɕiɐ⁴⁴ n ɛ̃²² naŋ⁵³ xaʔ⁵i⁰ , xaʔ⁵ gəʔ⁰ xi⁴⁴ bɒ⁰ mo²² bɒ⁰ taŋ⁴⁴ bɒ⁰ xaŋ⁴⁴ do²² i⁰ gəʔ⁰ . xaŋ⁴⁴ die²² ŋuə²² ka⁵³ ləʔ⁰ la⁰ , la⁵³ . ŋə²²tĩ⁴⁴ĩ⁴⁴ʑiaŋ³¹ t ĩ⁴⁴ tɕʰi ɵ⁴⁴ gəʔ⁰ zʅ²² kyə⁴⁴ ɲi ɛ̃²¹³ , xaʔ⁵ kyə⁴⁴ ɲi ɛ̃²¹³ lɛʔ⁰ tɕi ɵ⁴⁴ kɐɯ²⁴ x ĩ⁵³ lɛʔ⁰ ! tʰ ĩ⁴⁴ təʔ⁰ yə⁴⁴ uE²⁴ iə²¹ dʑiɛʔ² lɛʔ⁵ lɐɯ⁴⁴ kyə⁴⁴ ɲi ɛ̃²¹³ bɒ⁰ , xaʔ⁵ kɐɯ²⁴ x ĩ⁵³ daʔ⁰ kɐɯ²⁴ x ĩ⁵³ daʔ⁰ ! gəʔ² iɯ²² aʔ⁵ paʔ⁵ nəʔ² iaŋ²² kyaŋ⁴⁴ iəʔ² lɐɯ⁴⁴ kyə⁴⁴ ɲi ɛ̃²¹³ bɒ⁰ , tsE⁵³ aŋ²² dʑiɛʔ² kʰE⁴⁴ ɕi²⁴³ tɐɯ⁵³ ɕyə²⁴³ bəʔ⁰ lɛʔ⁰ . xaʔ⁵i⁰ lɛʔ⁰ kʰiaŋ⁴⁴ doʔ² təʔ⁰ aʔ⁵ moʔ⁰ ɕie⁴⁴ , aʔ⁵ ɲi ɛ̃⁴⁴ kiɛʔ⁵ n ɛ̃²² ɲi ɛ̃²² kiɛʔ⁵ , dʑiɛʔ² ɕyə⁴⁴ bəʔ⁰ lɛʔ⁰ : aʔ⁵ paʔ⁵ nəʔ² , kuu⁴⁴ ʑi ɵ ʔ² kuu²⁴³ nəʔ⁵ , kuu⁴⁴ ʑi ɵ ʔ⁵ paʔ⁵ nəʔ² …… uE²⁴ iə²¹ ! dʑiɛʔ² lɐɯ⁵³ kyə⁴⁴ ɲi ɛ̃²¹³ bɒ⁰ . ɕyə²⁴³ təʔ⁵ gəʔ² iɯ²² ʑi ɵʔ² nəʔ² gəʔ⁰ zʅ²² ɯ³¹ , xaʔ⁵ gəʔ⁰ , tʰi ɛ̃⁴⁴ ! xaʔ⁵ ɕi⁴⁴ kɐɯ⁴⁴ x ĩ⁵³ , kʰɐɯ⁴⁴ dʑiɛʔ² lɛʔ⁵ dza²² təʔ⁵ poʔ⁵ tɕiɛʔ⁵ baŋ²¹³ , uE²⁴ iə²¹ , xaʔ⁵ tɕʰ yɛʔ⁵li⁰ dʑiaŋ²² dɐɯ²² kuE⁴⁴ dɐɯ²² tɕʰ yɛʔ⁵ , ki²⁴ ka⁵³ nəʔ² mE²² ɲi²⁴³ , dʑiɛʔ² lɛʔ⁵ uE²⁴ ie²¹ iɯ²² təʔ⁵ ɕi⁴⁴tiəʔ⁵ bɒ⁰ .

跟大妹打过电话以后，我就在那里回忆，回忆小时候两个人玩啊、闹啊、打啊，回忆我们兄弟姊妹五个是怎么一起长大的。我印象最深的是过年的时候。过年真高兴啊！听说就要过年了，那个高兴劲儿啊！离过年还有一百天光景的时候，就开始倒数了。那时候刚读到一二年级，我就数：一百天，九十九天，九十八天……哎呀，就要过年了！数到还剩下十天的时候，几个小孩子就在家里跑进跑出，那个高兴劲儿啊，脚后跟都要打到后背上来了，因为过年就意味着有东西吃了。

　　喝꜀过年嘞，有倒꜀西咥啦？俺驰得꜀万能个驰啦，每个年到过年时候，兄弟五个，个嘞弟哥三个女妹，每个个嘞侬得꜀有个件[乙样]新衣裳，阙新衣裳个侬是新鞋。再哼咥个东西一侬一饼干箱、两饼干箱，我就望著喝꜀记过年。俺咥个东西嘞喝꜀记嘞，真好咥嘞，香得香得[乙个]记想得，油麻糕，米焦力꜀，薯花。喝꜀薯花嘞有几种，个种么[乙样]翻起个，喝꜀种有角个，个种哼就是油煎，油煎喏[乙样][乙样]个，再[乙样]乙里轧个嘞洞，再[乙样]翻出来，个堆油煎。

xaʔ⁵ kyə⁴⁴ n̠i ɛ̃²¹³ lɛ⁰, iɤɯ²² tɐu²⁴ ɕi⁴⁴ tiəʔ⁵ la⁰？aŋ²² tɕia⁴⁴ təʔ⁵ vaŋ²² naŋ²¹³ gəʔ⁰ tɕia⁴⁴ la⁰, mɛ⁴⁴ aʔ⁵ n̠i ɛ̃²¹³ tɐu⁴⁴ kyə⁴⁴ n̠i ɛ̃²¹³ zu²² ɯ³¹, xaŋ⁴⁴ diə²² ŋuə²² ka⁵³, kəʔ⁵ lɛ⁴⁴ diə²² ko⁴⁴ saŋ⁴⁴ ka⁵³ nŋ²² mɛ³¹, mɛ⁴⁴ aʔ⁵ kəʔ⁵ lɛ⁴⁴ naŋ²¹³ təʔ⁵ iɤɯ²² aʔ⁵ gi ɛ̃³¹ iaŋ²⁴³ s ɛ̃⁴⁴ i²⁴ ʑiaŋ⁵³, vɒŋ²¹³ s ɛ̃⁴⁴ i²⁴ ʑiaŋ⁵³ gəʔ⁰ naŋ²¹³ lɛʔ⁵ s ɛ̃⁴⁴ a²¹³。tsɛ⁴⁴ bəʔ⁰ tiəʔ⁵ gəʔ⁰ təʔ⁵ ɕi⁴⁴ iɛʔ⁵ naŋ²¹³ iɛʔ⁵ p ĩ⁴⁴ kɒŋ⁴⁴ ɕiaŋ⁴⁴、n ɛ̃²² p ĩ⁴⁴ kɒŋ⁴⁴ ɕiaŋ⁴⁴, ŋɒ²² dʑiɛʔ² miaŋ³¹ dʑyə²² xaʔ⁵ i⁰ kyə⁴⁴ n̠i ɛ̃²¹³。aŋ²² tiəʔ⁵ gəʔ⁰ təʔ⁵ ɕi⁴⁴ lɛ⁰ xaʔ⁵ ki⁴⁴ lɛ⁰, tɕi ɛ̃²⁴ xɐu⁴⁴ tiəʔ⁵ lɛ⁰, xiaŋ²⁴ daʔ⁵ xiaŋ²⁴ daʔ⁵ ia⁵³ i⁰ ɕiaŋ⁴⁴ təʔ⁵, iu²² mo²² kɐu⁴⁴, mi²² tɕiɐu⁴⁴ liɛʔ², dʑiə²² xuŋ⁴⁴。xaʔ⁵ dʑiə²² xuŋ⁴⁴ lɛ⁰ iu²² ki²⁴ tsoŋ²⁴³, aʔ⁵ tsoŋ²⁴³ məʔ⁰ iaŋ²⁴ paŋ⁴⁴ i²⁴³ gəʔ⁰, xaʔ⁵ tsoŋ²⁴³ iɤɯ²² kɒʔ⁵ gəʔ⁰；aʔ⁵ tsoŋ²⁴³ bəʔ⁰ dʑiɛʔ² lɛʔ⁵ iu²² tɕi ɛ̃⁴⁴, iu²² tɕi ɛ̃⁴⁴ no²⁴ iaŋ²⁴ iaŋ²⁴ gəʔ⁰, tsɛ⁴⁴ iaŋ²⁴ iɛʔ⁵ ləʔ⁰ gaʔ⁵ kəʔ⁵ lɛ⁴⁴ doŋ³¹, tsɛ⁴⁴ iaŋ²⁴ paŋ⁴⁴ tɕʰyɛʔ⁵ lɛ⁰, aʔ⁵ tɛ⁴⁴ iu²² tɕi ɛ̃⁴⁴。

　　过年有什么吃的呢？我妈妈是位能干的妈妈，每到过年的时候，都会给我们兄弟姊妹五个——我、一个弟弟、三个妹妹——每个人做一件新衣服或一双新鞋子，每人还发一个或两个饼干箱，用来装吃的。我就盼着过年。那时候我们吃的东西真好吃，现在回想起来很香很香，有芝麻糕、冻米糖、红薯花。红薯花有几种：一种是这样翻起来的，有角的那种；另一种就是油煎的，油煎的就是这里剪一个洞，再翻出来，放一起油煎。

　　再我些侬到过年个时候，再喝⁼个俺触⁼里得算比较架个啦，啦，架个侬，俺驰爸嘞有工作个，喝⁼个米焦嘞蛤⁼□加末喝⁼个落花生肉下个，蛤⁼□装末饧糖浇起。再哼喝⁼记亦无塑料袋啰，我驰一侬个嘞饼干箱两个饼干箱，就是分得我些侬，大家[自家]划算[自家]保管，喝⁼个莫抢大家，噢！再我些侬就是一侬个嘞饼干箱，喂吔喃⁼囥，东室西室，侬话"室来室去"。我喝⁼大个女妹嘞会咥个末嘞，亦□刁个末，渠个东西嘞个记就咥光罢，还是得渠囥倒哼啦俺得⁼弗知得，成日□到我侬来偷个，我侬想个记工夫乙饼干箱我得⁼齣大咥，断⁼下去刮⁼辣相罢，喂吔。有个日我界渠搭来，喂吔，喝⁼个捶罢、打罢、叫罢、笑罢。渠话是，我偷得两遍。再我两侬晚尾亦好起罢，喝⁼姊妹真煞劲嘞喝⁼衰⁼衰⁼嘞。

tsᴇ⁴⁴ ŋɒ²² ɕieʔ⁵ naŋ⁵³ tɐɯ⁴⁴ kyə⁴⁴ n̠i ɛ̃²¹³ gəʔ zi ɵ²² ɯ²² , tsᴇ⁴⁴ xaʔ⁵ gəʔ aŋ²⁴ tɕʰyᴇʔ⁵ liˀ təʔ⁵ sɒŋ⁵³ pi²⁴ kiɐɯ⁵³ kɒ⁵³ gəʔ laˀ , la⁵³ , kɒ⁵³ gəʔ naŋ²¹³ , aŋ²⁴ tɕia⁴⁴ pɒ⁴⁴ lᴇʔ⁵ iɯ²² koŋ⁴⁴ tsoʔ⁵ gəʔ , xaʔ⁵ gəʔ mi²² tɕiɐɯ⁴⁴ lᴇ⁰ ɾəʔ² lɐɯ⁴⁴ kɒ⁴⁴ məʔ² xaʔ⁵ gəʔ laʔ² kɒʔ⁵ səŋ⁴⁴ n̠iɯiʔ² o²² gəʔ , gəʔ lɐɯ⁴⁴ tɕiɒŋ⁴⁴ məʔ² z̃i²² daŋ²¹³ kiɐɯ⁴⁴ iˀ 。
tsᴇ⁴⁴ bəʔ xaʔ⁵ kiˀ iᴇʔ² mu²¹³ su⁴⁴ liɐɯ²² dᴇ³¹ loˀ , ŋ²² tɕia⁵³ iᴇʔ⁵ naŋ²¹³ kəʔ⁵ lᴇ⁴ pĩ⁴⁴ kɒŋ⁴⁴ ɕiaŋ⁴⁴ nɛ̃²² ka⁵³ pĩ⁴⁴ kɒŋ⁴⁴ ɕiaŋ⁴⁴ , dziᴇʔ² lᴇʔ⁵ fɛ̃⁴⁴ təʔ ŋ²² ɕiᴇʔ⁵ naŋ⁰ , da²² kɒ⁴⁴ dzɒ²² uɒ²² sɒŋ⁵³ dzɒ²² pɐɯ⁵³ kuɛ̃²⁴³ , aʔ⁵ gəʔ moʔ tɕʰiaŋ²⁴³ da²² kɒ⁴⁴ ,

o⁵³！tsE⁴⁴ ŋɒ²² ɕiEʔ⁵ naŋ⁰ dʑiEʔ² lEʔ⁵ iE⁵ naŋ²¹³ kəʔ⁵ lE⁴⁴ p ĩ⁴⁴ kɒŋ⁴⁴ ɕiaŋ⁴⁴，uE²⁴ iə²¹³
naŋ²² kʰɒŋ⁵³，toŋ⁴⁴ təʔ⁵ ɕi⁴⁴ təʔ⁵，naŋ²² yə⁴⁴ təʔ⁵ li⁰ təʔ⁴ kʰə⁵³。ŋɒ²² xaʔ⁵ do²² gəʔ⁰
nɒ²² mE³¹ lE⁰ ua²² tiəʔ⁵ aʔ⁵ məʔ⁰ lE⁰，iEʔ² lɐɯ⁴⁴ tiɐɯ⁴⁴ aʔ⁵ məʔ⁰，ŋə²² gəʔ⁰ təʔ⁵ ɕi⁴⁴
lE⁰ a⁴⁴ ki⁵³ dʑiEʔ⁵ tiəʔ⁵ kyaŋ⁴⁴ bɒ⁰，uaŋ²² lEʔ⁵ təʔ⁵ ŋə²² kʰɒŋ⁴⁴ tɐɯ⁰ bəʔ⁰ la⁰ aŋ²¹³ təʔ⁵
fəʔ⁵ tsɒ⁴⁴ tiEʔ⁵，z ĩ²² nəʔ⁵ lɐɯ⁴⁴ tɐɯ⁵³ ŋɒ²² naŋ⁵³ li²¹ tʰu⁴⁴ gəʔ⁰，ŋɒ²² naŋ⁵³ ɕiaŋ²⁴³ a⁴⁴
ki⁵³ koŋ⁴⁴ fuə⁴⁴ iEʔ⁵ p ĩ⁴⁴ kɒŋ⁴⁴ ɕiaŋ⁴⁴ ŋɒ²² təʔ⁵ vɒŋ²² do²² tiəʔ⁵，dəŋ²² o³¹ kʰə⁰ kuaʔ⁵
laʔ² ɕiaŋ⁵³ bɒ⁰，uE⁴⁴ iə⁰。iɯ²² aʔ⁵ nəʔ⁵ ŋɒ²² pəʔ⁵ ŋə²² kʰɒ⁴⁴ li⁰，uE⁴⁴ iə⁰，xaʔ⁵ gəʔ⁰
dza²² bɒ⁰、taŋ²⁴ bɒ⁰、iɐɯ⁴⁴ bɒ⁰、tɕʰiɐɯ⁴⁴ bɒ⁰。ŋə²² yə⁴⁴ dʑi²²，ŋɒ²² tʰu⁴⁴ təʔ⁵ n ɛ̃²²
pi ɛ̃⁵³。tsE⁴⁴ ŋɒ²² n ɛ̃²² naŋ⁵³ maŋ²² mE²⁴ iEʔ⁵ xɐɯ⁴⁴ i²⁴ bɒ⁰，xaʔ⁵ tɕi⁴⁴ mE³¹ tɕi ɵ̃²⁴
saʔ⁵ k ĩ⁰ lE⁰ xaʔ⁵ ɕiɵ⁴⁴ ɕiɵ⁵³ lE⁰。

　　我们家里还算比较体面的，父母都有工作。过年做冻米糖的时候还要加一些花生米，再把麦芽糖汁浇上去。那时没有塑料袋，我妈就给我们每人分一个或两个饼干箱装零食，让我们自己计划，自己保管，大家别相互争抢。然后我们就想，饼干箱放哪里好。总之就是东塞西藏的，人说"塞来塞去"。我那大妹贪吃一些，又有点小聪明，她的东西是一下子就吃光了呢，还是被她藏起来了呢，我也不知道，只知道她成天来偷吃我的零食，我都没怎么吃，饼干箱里的零食就一下子少了很多。有一天，我把她抓住了，打呀，闹呀，哭呀，笑呀。她说："是的，我偷了两次。"再后来，我们两个又和好了，姐妹俩小时候可有意思了。

　　我大个女妹多煞劲嘞，我两侬睏个铺个，睏个铺。喝⸗记无拖鞋个啦，再渠侬煞劲得来，我侬大个女妹，刁得刁得来！帮渠个鞋窒窒归些儿，园床底，室归去，帮我鞋哼园外向。暝时爬起拉尿嘞，喝⸗个渠侬搓⸗我个鞋个去拉尿，帮我个鞋喝⸗个骹腹跱装得叽叽皱皱，样渠个鞋哼端端正正。再我话：天，你侬喃⸗刁嘞，我话我个鞋喃⸗个变

［乙样］嘎？俺个双鞋值钱得来！因为俺驰做得俺，喝‐记勨是样［乙个］记个日子啦，啦。渠个鞋哼好得来，新个，俺个鞋哼就是得渠拖得［乙样］酱。喂吔，我爸话，个样个囡妹，乙个强废啦推板［乙样］刮‐辣‐相啦！蛤‐□□我鹅老大，［乙个］记我想察，我是呆样个木样个，啊。

ŋɒ²² do²² ɡəʔ⁰ nɒ²² mɛ³¹ to⁴⁴ saʔ k ĩ⁵³ lɛ⁰ , ŋɒ²² n ɛ̃²² naŋ⁵³ kʰu ɛ̃⁴⁴ a⁴⁴ pʰuə⁵³ ɡəʔ⁰ , kʰu ɛ̃⁴⁴ a⁴⁴ pʰuə⁵³ 。 xaʔ⁵ ki⁵³ mu²² tʰo²⁴ xa⁵³ ɡəʔ⁰ la⁰ , tsɛ⁴⁴ ŋə²² naŋ⁵³ saʔ k ĩ⁵³ daʔ² lɛ⁰ , ŋɒ²² naŋ⁵³ do²² ɡəʔ⁰ nɒ²² mɛ³¹ , tiɐɯ²⁴ daʔ² tiɐɯ²⁴ daʔ² lɛ⁰ ! pɒŋ⁴⁴ ŋə²² ɡəʔ⁰ xa²¹³ tɐʔ tɐʔ⁵ kuɛ⁴⁴ ɕ ĩ⁵³ , kʰɒŋ⁴⁴ z ɛ̃²² tiə²⁴³ , tɐʔ⁵ kuɛ⁴⁴ kʰə⁰ , pɒŋ⁴⁴ ŋɒ²² xa²¹³ bəʔ⁰ kʰɒŋ⁵³ ŋua²² xaŋ⁵³ 。 maŋ²² ziɐ²² bo²² i⁰ la²² ɕyə⁴⁴ lɛ⁰ , xaʔ⁵ ɡəʔ⁰ ŋə²² naŋ⁵³ tsʰo⁴⁴ ŋɒ²² ɡəʔ⁰ xa²¹³ kʰə⁴⁴ la²² ɕyə⁴⁴ , pɒŋ⁴⁴ ŋɒ²² ɡəʔ⁰ xa²¹³ xaʔ⁵ ɡəʔ⁰ kʰɐɯ⁴⁴ poʔ⁵ taŋ⁴⁴ tɕiɒŋ⁴⁴ təʔ⁰ tɕi⁴⁴ tɕi⁵³ tɕiɐ⁴⁴ tɕiɐ⁴⁴ , iaŋ³¹ ŋə²² ɡəʔ⁰ xa²¹³ bəʔ⁰ tɒŋ⁴⁴ tɒŋ⁴⁴ tɕ ĩ⁴⁴ tɕ ĩ⁵³ 。 tsɛ⁴⁴ ŋɒ²² yə⁴⁴ : tʰi ɛ̃⁴⁴ , ȵi²² naŋ⁵³ naŋ²¹³ tiɐɯ⁴⁴ lɛ⁰ , ŋɒ²² yə⁴⁴ ŋɒ²² ɡəʔ⁰ xa²¹³ naŋ²¹³ ɡəʔ⁰ pi ɛ̃⁴⁴ iaŋ²⁴ ɡaʔ⁰ ? aŋ²⁴ a⁵³ ɕiɒŋ⁴⁴ a²¹³ dzaʔ zi ɛ̃²¹³ daʔ² lɛ⁰ ! ĩ⁴⁴ uɛ⁰ aŋ²² tɕia⁴⁴ tso⁴⁴ təʔ⁰ aŋ²⁴³ , xaʔ⁵ i⁵³ vɒŋ²¹³ dzi²² iaŋ³¹ ia⁵³ i⁰ ɡəʔ⁰ nəʔ² tsə²⁴³ la⁰ , la⁵³ 。 ŋə²² ɡəʔ⁰ xa²¹³ bəʔ⁰ xɐɯ²⁴ daʔ² lɛ⁰ , s ɛ̃⁴⁴ ɡəʔ⁰ , aŋ²⁴ ɡəʔ⁰ xa²¹³ bəʔ⁰ dziɛʔ lɛʔ təʔ⁵ ŋə²² tʰa⁴⁴ dəʔ⁰ iaŋ²⁴ tɕiaŋ⁵³ 。 uɛ²² iə⁰ , ŋɒ²² pɒ⁵³ yə⁴⁴ , a⁴⁴ iaŋ²⁴ ɡəʔ⁰ nəʔ² mɛ³¹ , iəʔ⁵ ɡəʔ⁰ ɡiaŋ²⁴ fi⁴⁴ la⁰ tʰɛ⁴⁴ paŋ²⁴³ iaŋ²⁴ kuaʔ⁵ laʔ ɕiaŋ⁵³ la⁰ ! ɡəʔ² lɐɯ⁴⁴ ɡyaŋ²¹³ ŋɒ²² ŋɒ²² lɐɯ²² do³¹ , ia⁵³ i⁰ ŋɒ²² ɕiaŋ²⁴ tsʰaʔ⁵ , ŋɒ²² lɛʔ⁵ ŋɛ²² iaŋ⁵³ ɡəʔ⁰ moʔ² iaŋ²⁴ ɡəʔ⁰ , a⁵³ 。

我大妹多厉害呀，精明得很。我们两个睡一张床，那时候没拖鞋的，她就把自己的鞋子放在床底下，塞到里面，把我的鞋子放外面。晚上她爬起来撒尿的时候，就踩我的鞋子出去，把鞋后跟踩得敏巴巴的，她的鞋子仍好端端的。我说，天哪，你怎么这么习啊？我的鞋子怎么会变成这样的呢！我们那时候一双鞋是非常宝贵的，因为是妈妈做给我们的，那时不比现在。她的鞋子好得很，新的；我的鞋子被她踩得乱七八糟的。我爸爸说，一样都是小孩子，怎么会相差这么大！他们还要叫我呆老大，现在我想想，我那时的确有些呆，有些木。

　　喝⁼衰⁼衰⁼嬉个东西，亦是煞劲得煞劲得，勬是[乙个]记样个电脑罢、倒⁼西罢、手机罢，喝⁼记亦无[些样]东西啦，啦。喝⁼记嘞，喏[乙样]个勴铁圈，[乙样]圆个，再哼铁样[乙样]圆起个，再哼老虎钳夹喝⁼里[乙样]角，再哼铁圈[乙样]装起，再勴勴勴勴勴勴勴勴勴，倒⁼侬勴得远，倒⁼侬赢，我些侬。再哼蛤⁼有喝⁼个踢毽，个只骹踢去，两只骹踢去，反正[乙样]，间好踢个，唉，踢毽。再蛤⁼有喝⁼个跳皮机，跳皮机喝⁼个就是两个侬拖牢，再俺[乙样]上[乙样]逷起上去。都锻炼侬得来，煞劲得煞劲得，倒⁼侬输蛤⁼□㞑⁼倒了蛤⁼督⁼岁。再蛤⁼有造屋，造屋哼乙个飞机屋，呃，四层屋，六层屋，我[乙个]记造飞机个喝⁼样子得⁼记得，因为我欢喜造飞机得喝⁼记啦，啦。就是执末粉笔样画起，一、两、三、再[乙样]骹爹起开，再就是一、两、三，再骹爹起，再车起转，趃起转，再亦回起转，反正就是连续几遍造飞机屋。

　　xaʔ⁵ ɕiɵ⁴⁴ ɕiɵ⁴⁴ xi⁴⁴ gəʔ⁰ təʔ⁵ ɕi⁴⁴，iɛʔ² lɛʔ⁵ saʔ⁴ k ĩ⁵³ daʔ² saʔ⁴ k ĩ⁵³ daʔ²，vɒŋ²² dʑi²² ia⁵³ kiʔ⁰ iaŋ³¹ gəʔ⁰ di ɛ̃²² nɐɯ²² bɒʔ⁰、tɐɯ²⁴ ɕi⁴⁴ bɒʔ⁰、suɯ⁴⁴ ki⁴⁴ bɒʔ⁰，xaʔ⁵ kiʔ⁰ iɛʔ² mu²¹³ ɕiaŋ⁵³ təʔ⁵ ɕi⁴⁴ laʔ⁰，la⁵³。xaʔ⁵ ki⁵³ lɛʔ⁰，no²⁴ iaŋ²⁴ gəʔ⁰ lɛ²² tʰiɛʔ⁵ kʰy ɛ̃⁴⁴，iaŋ²⁴ y ɛ̃²¹³ gəʔ⁰，tsɛ⁴⁴ bəʔ⁰ tʰiɛʔ⁵ iaŋ³¹ aŋ²⁴ y ɛ̃²² i²⁴ gəʔ⁰，tsɛ⁴⁴ bəʔ⁰ lɐɯ²² xuə⁴⁴ i ɛ̃²¹³ gaʔ² xaʔ⁵ liʔ⁰ iaŋ²⁴ kɒʔ⁵，tsɛ⁴⁴ bəʔ⁰ tʰiɛʔ⁵ kʰy ɛ̃⁴⁴ iaŋ²⁴ tɕiɒŋ⁴⁴ iʔ⁰，tsɛ⁴⁴ lɛ²² lɛ²² lɛ²² lɛ²² lɛ²² lɛ²² lɛ²²，tɐɯ⁴⁴ naŋ⁵³ lɛ²² təʔ⁰ xoŋ²⁴³，tɐɯ⁴⁴ naŋ⁵³ ĩ²¹³，ŋɒ²² ɕiɛʔ⁵ naŋ⁰。tsɛ⁴⁴ bəʔ⁰ gəʔ² iɯ²² xaʔ² gəʔ⁰ tʰiɛʔ⁵ ki ɛ̃⁵³，a⁴⁴ tɕiɛʔ⁵ kʰɐɯ⁴⁴ tʰiɛʔ⁵ gəʔ⁰，n ɛ̃²² tɕiɛʔ⁵ kʰɐɯ⁴⁴ tʰiɛʔ⁵ gəʔ⁰，faŋ²⁴ tɕ ĩ⁵³ iaŋ²⁴，kaŋ⁵³ xɐɯ²⁴ tʰiɛʔ⁵ gəʔ⁰，ɛ³¹，tʰiɛʔ⁵ ki ɛ̃⁵³。tsɛ⁴⁴ gəʔ² iɯ²² xaʔ⁵ gəʔ⁰ tʰiɐɯ⁴⁴ bi²² ki⁴⁴，tʰiɐɯ⁴⁴ bi²² ki⁴⁴ xaʔ⁵

gəʔ⁰ dziɛʔ² lɛʔ⁵ n ɛ̃²² gəʔ⁰ naŋ⁵³ tʰa⁴⁴ lɐɯ²¹³ , tsɛ⁴⁴ aŋ²⁴ iaŋ²⁴ dziaŋ²² iaŋ²⁴ gaŋ³¹ i⁰ dziaŋ²² kʰə⁰ , to⁴⁴ dɒŋ²² li ɛ̃³¹ naŋ²¹³ daʔ² lɛ⁰ , saʔ⁴ k ĩ⁵³ daʔ² saʔ⁴ k ĩ⁵³ daʔ² , tɐɯ⁴⁴ naŋ⁵³ ɕyə⁴⁴ gəʔ² lɐɯ⁵³ xuə⁴⁴ tɐɯ²⁴³ lə⁰ gəʔ⁰ toʔ⁴ xuɛ⁵³ 。 tsɛ⁴⁴ gəʔ² iɯ²² dzɐɯ²² uoʔ⁵ , dzɐɯ²² uoʔ⁵ bəʔ⁰ iɛʔ⁵ gəʔ⁰ fi⁴⁴ ki⁴⁴ uoʔ⁵ , ə³¹ , ɕi⁴⁴ z ɛ̃²² uoʔ⁵ , laʔ² z ɛ̃²² uoʔ⁵ , ŋɒ²² ia⁵³ ki⁰ dzɐɯ²² fi⁴⁴ ki⁴⁴ gəʔ⁰ xaʔ⁵ iaŋ²² tsə²⁴³ təʔ⁵ kɵ⁴⁴ təʔ⁰ , ĩ⁴⁴ uɛ⁰ ŋɒ²² xy ɛ̃⁴⁴ xi²⁴³ dzɐɯ²² fi⁴⁴ ki⁴⁴ daʔ² xaʔ⁵ i⁰ la⁰ , la⁵³ 。 dziɛʔ² lɛʔ⁵ tɕiɛʔ⁴ məʔ⁵ f ɛ̃⁴⁴ pəʔ⁵ iaŋ³¹ uɒ²² i⁰ , iɛʔ⁵ 、 n ɛ̃²² 、 saŋ⁴⁴ , tsɛ⁴⁴ iaŋ²⁴ kʰɐɯ⁴⁴ tɒ⁴⁴ i⁰ kʰɛ⁴⁴ , tsɛ⁴⁴ dziɛʔ² lɛʔ⁵ iɛʔ⁵ 、 n ɛ̃²² 、 saŋ⁴⁴ , tsɛ⁴⁴ kʰɐɯ⁴⁴ tɒ⁴⁴ i⁰ , tsɛ⁴⁴ tɕʰiə⁴⁴ i⁰ t ɵ̃²⁴³ , xyɛʔ⁵ i⁰ t ɵ̃²⁴³ , tsɛ⁴⁴ iɛʔ² uɛ²² i⁰ t ɵ̃²⁴³ , faŋ⁴⁴ tɕ ĩ⁵³ dziɛʔ² lɛʔ⁵ li ɛ̃²² gyɛʔ² ki²⁴ pi ɛ̃⁵³ tsʰɐɯ³¹ fi⁴⁴ ki⁴⁴ uoʔ⁵ 。

　　我们小时候玩的东西非常有趣,不像现在的电脑啦、手机啦什么的,那时候也没有这样的东西。那时候都玩滚铁环:把铁丝弯成一个大圆环,再用老虎钳折一个小铁钩,就这样,用铁钩推着铁环向前滚,谁滚得远就算谁赢。再就是踢毽子,一只脚踢,两只脚踢,轮换着踢。还有跳皮筋:两个人把皮筋拉住,其他人就踩上去跳。这些游戏都很锻炼人的,非常好玩,有输有赢,有时候还会有人摔倒。我们还玩跳房子,也叫作造飞机屋,有四层屋、六层屋。跳房子的事情我现在都记得,因为那时候我很喜欢跳房子:先用粉笔在地上画好格子,然后嘴里数着一二三,双脚或并或岔地在格子里跳,到头后再转身跳回来,反正就是反反复复地跳房子。

　　再蛤⁼有喝⁼个老鹰搭鸡儿喝⁼记,再蛤⁼有喝⁼个官兵搭强,再蛤⁼有喝⁼个猫躲材⁼场。喝⁼猫躲材⁼场喝⁼亦屑⁼煞劲,就是个嘞喝⁼个侬搭、攞,我些侬就五六个侬全得⁼躲倒,躲哼嘞掏洞挖缝缭里[乙样]躲个,你弗得躲往嚓⁼里去躲,就是你侬能够躲个场地你就去躲,你想得⁼想弗着,我就到[乙个]记想着,我得⁼□笑起,我得侬笑死喝⁼记。

tsE⁴⁴ gə?² iɯ²² xa?⁵ gə?⁰ lɐɯ²² ĩ⁴⁴ kʰɒ⁴⁴ iə²⁴ n̠i⁵³ xa?⁵ ki⁰ , tsE⁴⁴ gə?² iɯ²²
xa?⁵ gə?⁰ ku ɛ̃⁴⁴ p ĩ⁴⁴ kʰɒ²⁴ dʑiaŋ²¹³ , tsE⁴⁴ gə?² iɯ²² xa?⁵ gə?⁰ mɐɯ²⁴ to⁴⁴ zE²²
dʑiaŋ²¹³ , xa?⁵ mɐɯ²⁴ to⁴⁴ zE²² dʑiaŋ²¹³ xa?⁵ iE?⁵ sə?⁵ sa?⁵ k ĩ⁵³ , dʑiE?² lE?⁵ kə?⁵ lE⁴⁴
xa?⁵ gə?⁰ naŋ²² kʰɒ⁴⁴ 、lo²² ,ŋ²² ɕiE?⁵ naŋ⁵³ dʑiE?² ŋuə²² la?² ka⁵³ naŋ²¹³ tɕʰy ɛ̃²⁴ tə?⁵
to²⁴ tə?⁰ ,to²⁴³ bə?⁵ lE⁰ dɐɯ²² doŋ²² un²⁴ vɒŋ⁵³ liɐɯ³¹ li⁰ iaŋ²⁴ to²⁴ gə?⁰ ,n̠i²² fə?⁴ tə?⁵
to²⁴³ uaŋ²² tsʰa?⁵ lə?⁰ kʰə⁰ to²⁴³ ,dʑiE?² lE?⁵ n̠i²² naŋ⁵³ nəŋ²² kɯ⁵³ to²⁴³ gə?⁰ dʑiaŋ²²
di⁵³ n̠i²² dʑiE?² kʰə⁰ to²⁴³ ,n̠i²² ɕiaŋ⁴⁴ to⁴⁴ ɕiaŋ⁴⁴ fə?⁵ də?⁰ ,ŋɒ²² dʑiE?² tɐɯ⁴⁴ ia⁵³
i⁰ ɕiaŋ⁵³ də?⁰ ,ŋɒ²² tə?⁵ lɯɯ²² tɕʰiɐɯ⁵³ i⁰ ,ŋɒ²² tə?⁵ naŋ⁵³ tɕʰiɐɯ⁴⁴ sə²⁴³ xa?⁵ i⁰ 。

　　我们还会玩老鹰抓小鸡，还有官兵抓强盗、躲猫猫。躲猫猫更好玩，就是一个人负责抓，其他五六个人负责躲，挖空心思到处躲，你不知道往哪里躲的话，就找你能够躲的地方去躲，躲到别人想不到的地方。我现在一想起来就要笑，那次我都被人笑话死了。

　　我侬喝⁼记亦无电灯，亦弗准点蜡烛，□□嘞着火。再我侬会躲得喝⁼个弄堂里，躲得喝⁼个样稿堆里，稿堆晚尾就是个嘞茅坑，喝⁼茅坑嘞就是［乙样］两爿板，蹲中央拉拉□个啦。再我侬浮里戳空嘞，会断⁼到喝⁼个茅坑里下去，再断⁼到茅坑里下去，断⁼记下去嘞，再蛤⁼□想弗声，□渠攞弗得，再臭得来喝⁼茅坑里，再常⁼得⁼快沉下罢，再我就开始叫罢，再照来呀，我话："弗来罢，我断⁼下茅坑罢。"再大家来得，再帮我拖上来个。

　　ŋɒ²² naŋ⁵³ xa?⁵ i⁰ iE?⁵ mu²¹³ di ɛ̃²² t ĩ⁴⁴ ,iE?² fə?⁵ tɕy ĩ²⁴ ti ɛ̃⁴⁴ lɒ?⁵ tɕiɒ?⁵ ,lɐɯ⁴⁴
lɐɯ⁴⁴ lE⁰ dE²² xuE²⁴³ 。 tsE⁴⁴ ŋɒ²² naŋ⁵³ ua²² to⁴⁴ tə?⁰ xa?⁵ gə?⁰ loŋ²² daŋ²² lə?⁰ ,to⁴⁴
tə?⁰ xa?⁵ gə?⁰ iaŋ²⁴ kɐɯ⁴⁴ tuE⁴⁴ lə?⁰ , kɐɯ⁴⁴ tuE⁴⁴ maŋ²² mE³¹ dʑiE?² lE?⁵ kə?⁵ lE⁴⁴
mo²² kʰaŋ⁴⁴ ,xa?⁵ mo²² kʰaŋ⁴⁴ lE⁰ dʑiE?² lE?⁵ iaŋ²⁴ n ɛ̃²² pʰaŋ⁴⁴ paŋ²⁴³ ,tu ɛ̃⁴⁴ tioŋ²²
iaŋ⁰ la²² la²⁴ xo⁵³ gə?⁰ la⁰ 。 tsE⁴⁴ ŋɒ²² naŋ⁵³ və?⁵ lə?⁵ tɕʰio?⁴ koŋ⁴⁴ lE⁰ , ua²² dəŋ²²
tɐɯ⁰ xa?⁵ gə?⁰ mo²² kʰaŋ⁴⁴ lə?⁰ o³¹ gə?⁰ , tsE⁴⁴ dəŋ²² tɐɯ⁰ mo²² kʰaŋ⁴⁴ lə?⁰ o³¹ kʰə⁰ ,

dəŋ²² i⁰ o³¹ kʰə⁰ lɛ⁰ , tsE⁴⁴ gəʔ² lɯɯ²² ɕiaŋ²⁴³ fəʔ⁵ ɕĩ⁴⁴ , gyaŋ²² ŋə²² lo²² fəʔ⁵ təʔ⁰ , tsE⁴⁴ tsʰɐɯ⁴⁴ daʔ² lɛ⁰ xaʔ² mo²² kʰaŋ⁴⁴ ləʔ⁰ , tsE⁴⁴ dziaŋ²¹³ lɛ⁰təʔ⁵ kʰua⁴⁴ t ĩ⁴⁴ o³¹ bɒ⁰ , tsE⁴⁴ ŋɒ²² dziɛʔ² kʰE⁴⁴ ɕi²⁴³ iɯɯ⁴⁴ bɒ⁰ , tsE⁴⁴ tɕiɐɯ⁴⁴ li²¹³ ia⁰ ? ŋɒ²² yə⁴⁴ : fəʔ⁵ li²¹³ bɒ⁰ , ŋɒ²² dəŋ²² o³¹ mɐɯ²² kʰaŋ⁴⁴ bɒ⁰ 。 tsE⁴⁴ da²² kɒ⁴⁴ li²² də⁰ , tsE⁴⁴ pɒŋ⁴⁴ ŋɒ²² tʰa⁴⁴ tɕʰiaŋ⁵³ li²² gəʔ⁰ 。

那时候没有电灯，因为怕着火也不准点蜡烛。躲猫猫的时候，我会躲到弄堂里，躲到稻草垛后面。稻草垛后面就是一个茅坑，那时的茅坑就是埋在地里的一口缸，缸上搁两片木板，人就蹲在两片木板上方便。我糊里糊涂就掉到那个茅坑里去了，掉下去后还想着不出声，别让他们找到。那茅坑里臭得很，我都要沉下去了，然后我就开始哭了，他们问："还接着玩吗？"我说："我不玩了，我掉茅坑里了。"大家听到我的声音赶过来，才把我拉上来。

拖上我舭来得，喂吅，帮我拖去归，捶了两记："帮我成个侬统洗倒，帮我洗倒！"衣裳换倒，装好，再亦出来哼嘞，亦走出来罢，走出来蛤⁼□问渠些侬："孛⁼□来嘞？孛⁼□来嘞？我蛤⁼□来嘞，我蛤⁼□来嘞！"再大家话："弗来罢弗来罢，两侬戴捶罢，明日要读书个。"真煞劲嘞，乙女儿鬼真来弗逮魂世嘞，屌⁼得茅坑里下，蛤⁼□蛤⁼□想来个乙个官兵搭、乙个猫躲材⁼场，乙些嬉个东西啦，啦。

tʰa⁴⁴ tɕʰiaŋ⁵³ ŋə²² tɕia⁴⁴ li²² lɛ⁰ , uE²⁴ iə⁰ , pɒŋ⁴⁴ ŋə²² tʰa⁴⁴ kʰə⁰ kuE⁴⁴ , dza²² lə⁰ n ɛ̃⁴⁴ ki⁵³ : pɒŋ⁴⁴ ŋə²² zĩ²² əʔ⁰ naŋ⁵³ tʰoŋ⁴⁴ ɕi²⁴ tɐɯ⁰ , pɒŋ⁴⁴ ŋə²² ɕi²⁴ tɐɯ⁰ ！ i²⁴ ziaŋ⁵³ u ɛ̃³¹ tɐɯ⁰ , tɕiɒŋ⁴⁴ xɐɯ²⁴³ , tsE⁴⁴ iɛʔ²tɕʰyɛʔ⁵ lɛ⁰ bəʔ⁰ lɛ⁰ , iɛʔ²tsɯ⁴⁴ tɕʰyɛʔ⁴ lɛ⁵³ bɒ⁰ , tsɯ⁴⁴ tɕʰioʔ⁴ li⁵³ gəʔ²lɯɯ⁴⁴ m ɛ̃²² ŋə²² ɕiɛʔ⁴ naŋ⁵³ : bəʔ²lɯɯ⁴⁴ li²² lɛ⁰ ? bəʔ²lɯɯ⁴⁴ li²² lɛ⁰ ? ŋɒ²² gəʔ²lɯɯ⁴⁴ li²² lɛ⁰ , ŋɒ²² gəʔ²lɯɯ⁴⁴ li²² lɛ⁰ ！ tsE⁴⁴ da²² kɒ⁴⁴ yə⁴⁴ : fəʔ⁵ li²² bɒ⁰ fəʔ⁵ li²² bɒ⁰ , n ɛ̃²² naŋ⁵³ tE⁴⁴ dza²¹³ bɒ⁰ , maʔ² nəʔ²lɯɯ⁴⁴ doʔ² ɕiə⁴⁴ gəʔ⁰ 。 tɕi ɵ̃²⁴ saʔ⁴ kĩ⁵³ lɛ⁰ , iɛʔ⁵ ŋɒ²² ȵi⁴⁴ kuE²⁴³ tɕi ɵ̃²⁴ li²² fəʔ⁵ dɛ³¹ u ɛ̃²² sɛ⁴⁴ lɛ⁰ ，xuɐ⁴⁴ təʔ⁰ mɐɯ²² kʰaŋ⁴⁴ ləʔ⁵ o³¹ ，gəʔ²² lɐɯ⁵³ gəʔ²² lɐɯ⁵³ ɕiaŋ²⁴³ li²² gəʔ⁰ iɛʔ⁵ gəʔ⁰ ku ɛ⁴⁴ p ĩ⁴⁴ kʰ ɒ⁴⁴ 、iɛʔ⁵ gəʔ⁰ mɐɯ²² to²⁴³ zɛ²² dʑiaŋ³¹ ，iɛʔ⁵ səʔ⁰ xi⁴⁴ gəʔ⁰ təʔ⁵ ɕi⁴⁴ la⁰ ，la⁵³ 。

　　我被拉上来之后，我妈来了，把我拉回家，打了两下："给我都洗掉，洗掉!"我把衣服换掉，又出来问他们："还要玩吗？我还要玩呀，我还要玩呀!"大家说:"不玩了不玩了，等下要挨打了，明天要上学的。"真有趣啊，这小女孩真不懂事啊，掉进茅坑里去了，还想要玩官兵抓强盗、躲猫猫这样的游戏。

　　　　　　　　　　　　　　　（2015 年 7 月 17 日，江山，发音人:祝文娟）

（三）方言青男

风俗习惯

　　俺江山侬有些ㄦ侬囡妹腔⁼生下来，弗大好养个，呃有些ㄦ哼身体勰好个，□生、容易生毛病，体质勰好，[喝⁼样]渠侬有个嘞[乙样]风俗，[喝⁼样]渠就□去拜樟树老爷，缚菀红索，装末香拜拜，再有些侬哼拜井，装末红纸唇起，有些侬哼拜凉亭。为笃⁼岁⁼啦？因为乙些ㄦ东西嘞，统得⁼好几百年好几千年个东西，是长命百岁个意思，感觉上渠是有神仙保护住个，所以渠会保护俺个。拜倒之后嘞，喝⁼囡妹啊身体就会好起罢，就会好养起罢，生毛病都就会少倒罢。

aŋ²¹³ kɑŋ⁴⁴ saŋ⁴⁴ naŋ⁵³ iɯ²² ɕ ĩ⁴⁴ naŋ⁵³ nəʔ² mɛ²¹³ kʰaŋ⁴⁴ saŋ⁴⁴ o²⁴ lɛ⁵³ ，fəʔ⁵ do²² xɐɯ⁵³ iɒŋ³¹ gəʔ⁰ ，ə⁴⁴ iɯ²² ɕ ĩ⁴⁴ bəʔ⁰ ɕ ĩ⁴⁴ tʰi²⁴³ vɒŋ²² xɐɯ²⁴³ gəʔ⁰ ，lɐɯ⁴⁴ saŋ⁴⁴ 、lɒŋ²² i⁵³ saŋ⁴⁴ mɐɯ²² baŋ³¹ ，tʰi⁴⁴ tɕiɛʔ⁵ vɒŋ²² xɐɯ²⁴³ ，xaŋ⁴⁴ ŋ²² naŋ⁴⁴ iɯ²² kəʔ⁵ lɛ⁰ iaŋ²⁴ fɒŋ⁴⁴ zəʔ² ，xaŋ⁴⁴ ŋ²² dʑiɛʔ⁵ lɐɯ⁴⁴ kʰ ə⁴⁴ pa⁴⁴ tɕiaŋ⁴⁴ dzɯ²² lɐɯ²² iə²¹³ ，biaʔ² tu⁴⁴ oŋ²² sɒʔ⁵ ，tɕiaŋ⁴⁴ məʔ⁰ xiaŋ⁴⁴ pa⁴⁴ pa⁰ ，tsɛ⁴⁴ iɯ²² ɕiɛʔ⁵ naŋ⁴⁴ bəʔ⁰ pa k ĩ²⁴³ ，tɕiɒŋ⁴⁴ məʔ⁰ oŋ²² tɕiə²⁴³ kʰaʔ⁵ i⁰ ，iɯ²² ɕiɛʔ⁵ naŋ⁴⁴ bəʔ⁰ pa⁴⁴ liaŋ²² d ĩ²² 。uɛ²² toʔ⁵ xuɛ²⁴ la⁰ ？ ĩ⁴⁴ uɛ⁰ iɛʔ⁵ ɕ ĩ⁴⁴ təʔ⁵ ɕi⁴⁴ lɛ⁰ ，tʰoŋ⁴⁴ təʔ⁵ xɐɯ⁴⁴ ki⁴⁴ paʔ⁵ ni ɛ̃²¹³ xɐu⁴⁴ ki⁴⁴ tɕʰi ɛ̃⁴⁴ n̩i ɛ̃²¹³ gəʔ⁵ təʔ⁵ ɕi⁴⁴ , zu²² dzaŋ²² m ĩ⁴⁴ paʔ⁵ suɛ²⁴ gəʔ⁰ i⁴⁴ su⁰ , kɒŋ⁴⁴ kiaʔ⁵ zaŋ²² ŋə²² zu²² iu²² ʑi ɵ̃²² ɕi ɛ̃⁴⁴ pɐu²² uə⁴⁴ dzyə³¹ gəʔ⁰ , so⁴⁴ i⁴⁴ ŋə²² ua²² pɐu²² uə⁴⁴ aŋ²² gəʔ⁰ 。 pa⁴⁴ tɐu⁴⁴ tsu⁴⁴ ɯ³¹ lɛ⁰ , xaʔ⁵ nəʔ² mɛ²¹³ a⁰ ɕi⁴⁴ tʰi²⁴³ dziɛʔ² ua²² xɐu²² i⁴⁴ bɒ⁰ , dziɛʔ² ua²² xɐu⁴⁴ iɒŋ²² i⁰ bɒ⁰ , saŋ⁴⁴ mɐu²² baŋ³¹ to⁴⁴ dziɛʔ² ua²² ɕiɐu²⁴ tɐu⁵³ bɒ⁰ 。

　　在我们江山有这样一种风俗:有些小孩生下来体弱多病,不太好养,他们家人就会去拜樟树老爷,在树上扎一根红绳子,在树下烧几炷香,拜一拜。有些人则拜古井或凉亭,在上面贴上祈求健康平安的红纸。为什么呢? 因为这些都是有成百上千年历史的东西,代表着长命百岁,民间的说法是它们都有神仙保护着,所以也能保护我们。拜了之后,孩子的身体就会好起来,就会好养了,毛病也少了。

　　俺江山有些侬惊得,便囥自家触⸗里装末瓯,装几个茶叶,瓯里哼帮水注满,再装末箸竖岗⸗底,真儿惊着个侬嘞,喝⸗箸就会竖牢个,你好起个之后嘞,渠就倒倒罢,或者话倒倒喝⸗记你就好罢;喝⸗记嚄竖起,喝⸗证明你是嚄惊着。

aŋ²¹³ kɒŋ⁴⁴ saŋ⁴⁴ iu²² ɕiɛʔ⁵ naŋ⁴⁴ kuaŋ⁴⁴ təʔ⁵ , bəʔ² kʰaŋ⁴⁴ dziɛʔ² kɒ⁴⁴ tɕʰyɛʔ⁵ lə⁰ tɕiɒŋ⁴⁴ məʔ⁰ u⁴⁴ , tɕiɒŋ⁴⁴ ki⁴⁴ ka⁴⁴ dzɒ²² iɛʔ² , u⁴⁴ ləʔ⁰ bəʔ⁰ paŋ⁴⁴ y²⁴³ tɕyə²⁴ miɛ³¹ , tsɛ⁴⁴ tɕiɒŋ⁴⁴ məʔ⁰ dzyə²² zyə²² gəʔ⁰ tiə²⁴³ , tɕi ɵ̃⁴⁴ i²⁴ kuaŋ⁴⁴ dəʔ⁰ gəʔ⁰ naŋ²¹³ lɛ⁰ , xaʔ⁵ dziə³¹ dziɛʔ² ua²² zyə²⁴ lɐu²¹³ gəʔ⁰ , n̩i²² xɐu²² i²⁴³ gəʔ⁰ tsu⁴⁴ xu²⁴ lɛ⁰ , ŋə²² dziɛʔ² tɐu²⁴ tɐu⁵³ bɒ⁰ , uaʔ⁵ tɕiɛʔ⁵ yə⁴⁴ tɐu²⁴ tɐu⁵³ xaʔ⁵ tɕi⁰ n̩i²² dziɛʔ² xaɯ²⁴ bɒ⁰ ; xaʔ⁵ tɕi⁰ vɒŋ²² zyə²² i²⁴³ , xaʔ⁵ tɕĩ⁴⁴ m ĩ²² n̩i²² zu²² vɒŋ²² kuaŋ⁴⁴ dəʔ⁵ 。

　　再比如,我们江山有些人受了惊吓,就在自己家里放个碗,装几片茶叶,碗里倒满水,弄几根筷子竖在碗里。如果这个人是真的受了惊吓,筷子就会立住,等你好了之后它就倒下了,或者说只要倒了你就没事了;如果筷子没立住,那就证明你并没有受惊。

再俺谈谈察俺江山结婚啊,俺结婚都蛮有意思个啦。新郎喝⁼□到新娘触⁼里去,喝⁼必须□准备红包,准备糖、花生等等刮⁼辣⁼相东西,为督⁼岁⁼啦?因为渠侬归门无样好归个,新娘喝⁼面个兄弟哥、姊妹或者大家,□界渠囥个间里囥起,弗得新郎见面,喝⁼为督⁼岁⁼啦?喝⁼哼就是你新郎□来捶门个,喝⁼你就□撒红包,红包弗撒得大个,糖弗撒得多,大家是弗开你个,[乙样]风俗。开你之后,喝⁼哼俺蛤⁼□喊喝⁼个新娘个弟哥,或者哥界渠抱出去,为督⁼岁⁼啦?因为渠新娘骹无法踩到地地个,乙都个嘞风俗,□装个兜凳,囥个厢下,再哼蛤⁼□帮喝⁼个箱带界出来,装末箱俉起,□抽箱带,蛤⁼有红包。再哼蛤⁼□撅尿桶,撅乙个子孙桶,都有红包个,喝⁼统得⁼喝⁼个衰⁼舅ₗ啊,呃齣是衰⁼舅ₗ,喝⁼个新娘个弟哥,或者哥[乙个]种个来装个。

tsE⁴⁴ aŋ²² daŋ²² daŋ²² tsʰaʔ⁵ aŋ²² kɒŋ⁴⁴ saŋ⁴⁴ kiɛʔ⁵ xu ɛ̃⁴⁴ xɒ⁰ , aŋ²¹³ kiɛʔ⁵ xu ɛ̃⁴⁴ to⁴⁴ maŋ²² iɯ²² i⁴⁴ su⁴⁴ gəʔ⁰ la⁰ 。 ɕĩ²⁴ laŋ²¹³ xaʔ⁵ lɐɯ⁴⁴ tɐɯ⁴⁴ ɕĩ²⁴ ȵiaŋ²¹³ tɕʰ yɛʔ⁵ li⁰ kʰə⁵³ , xaʔ⁵ piɛʔ⁵ ɕyə⁴⁴ lɐɯ⁴⁴ tɕỹ⁴⁴ bi²² oŋ²² pɐɯ⁴⁴ , tɕỹ⁴⁴ bi³¹ daŋ²¹³ 、xʊŋ⁴⁴ səŋ⁴⁴ t ɛ̃²⁴ t ɛ̃²⁴ kuaʔ⁵ laʔ⁵ ɕiaŋ⁵³ tɐɯ²⁴ ɕi⁰ , uɛ²² toʔ⁵ xuɛ²⁴ la⁰ ? ĩ⁴⁴ uɛ⁰ ŋ²² laŋ⁴⁴ kuɛ moŋ²¹³ mu⁴⁴ iaŋ³¹ xɐɯ⁴⁴ kuɛ⁴⁴ gəʔ⁰ , ɕ ĩ²⁴ ȵiaŋ²¹ xaʔ⁵ mi ɛ̃²² gəʔ⁰ xaŋ⁴⁴ diə²² ko⁴⁴ 、tɕi⁴⁴ mɛ⁵³ uaʔ⁵ tɕiaʔ⁵ da²² kɒ⁴⁴ , lɐɯ⁴⁴ pɛ⁴⁴ ŋ²² kʰɒ⁴⁴ gəʔ⁰ kaŋ⁴⁴ ləʔ⁰ kʰɒŋ⁴⁴ i⁰ , fəʔ⁵ təʔ⁵ ɕ ĩ⁴⁴ laŋ²¹³ iə⁵³ mi ɛ̃⁵³ , xaʔ⁵ uɛ²² toʔ⁵ xuɛ²⁴ la⁰ ? xaʔ⁵ bəʔ⁰ dʑiɛʔ² lɛʔ⁵ ȵi²² ɕĩ⁴⁴ laŋ²¹³ lɐɯ⁴⁴ li²² dza²² moŋ²² gəʔ⁰ , xaʔ⁵ ȵi²² dʑiɛʔ² lɐɯ⁴⁴ sɒʔ⁵ oŋ²² pɐɯ⁴⁴ , oŋ²² pɐɯ⁴⁴ fəʔ⁵ sɒʔ⁵ dəʔ⁰ do²² ka⁵³ , daŋ²² fəʔ⁵ sɒʔ⁵ dəʔ⁰ to⁴⁴ , da²² kɒ⁴⁴ zu²² fəʔ⁵ kʰɛ⁴⁴ ȵi²² gəʔ⁰ , iaŋ²⁴ fɒŋ²⁴ zəʔ² 。 kʰ ɛ⁴⁴ ȵi⁴⁴ tsɯ⁴⁴ xɯ³¹ , xaʔ⁵ bəʔ⁰ aŋ²² gəʔ⁰ lɐɯ⁴⁴ xaŋ⁴⁴ xaʔ⁵ gəʔ⁰ ɕ ĩ²⁴ ȵiaŋ²¹³ gəʔ⁰ diə²² ko⁴⁴ 、uaʔ² tɕiaʔ⁰ ko⁴⁴ paŋ⁴⁴ ŋə² buə²² tɕʰ yɛʔ⁵ kʰə⁵³ , uɛ²² toʔ⁵ xuɛ²⁴ la⁰ ? ĩ⁴⁴ uɛ⁰ ŋ²² ɕ ĩ²⁴ ȵiaŋ²¹³ kʰɐɯ⁴⁴ m⁴⁴ faʔ⁵ tsʰɒ⁴⁴ tɐɯ⁰ diɛʔ² diə³¹ gəʔ⁰ , iɛʔ⁵ to⁴⁴ kəʔ⁵ lɛ⁰ fɒŋ²⁴ zəʔ² , lɐɯ⁴⁴ tɕiɒŋ⁴⁴ aʔ⁵ tu⁴⁴ t ĩ̃⁵³ , kʰɒŋ⁴⁴ gəʔ⁰ ɕiaŋ⁴⁴ o²² , tsE⁴⁴ bəʔ⁰ gəʔ² lɐɯ⁴⁴ paŋ⁴⁴ xaʔ⁵ gəʔ⁰ ɕiaŋ²⁴ ta⁵³

pɛ⁴⁴ tɕʰyɛʔ⁵ lɛ⁰ , tɕiŋ⁴⁴ məʔ⁰ ɕiaŋ⁴⁴ kʰaʔ⁵ i⁵³ , lɐu⁴⁴ tsʰɯ⁴⁴ ɕiaŋ²⁴ ta⁵³ , gəʔ²
iɯ²² oŋ²² pɐu⁴⁴ 。tsɛ⁴⁴ bəʔ⁰ gəʔ² lɐu⁴⁴ gəʔ⁰ ȵiɐu²² doŋ²² , gəʔ⁵ iɛʔ⁵ gəʔ⁰ tsɯ⁴⁴ su ɛ̃⁴⁴
doŋ²² , to²⁴ iɯ²² oŋ²² pɐu⁴⁴ gəʔ⁰ , xaʔ⁵ tʰoŋ⁴⁴ təʔ⁵ xaʔ⁵ gəʔ⁰ɕi⁴⁴ gəŋ²² ŋ⁰ , əʔ⁵ vɒŋ²²
dzi²² ɕi ɵ⁴⁴ gəŋ³¹ , aʔ⁵ gəʔ⁰ɕ ĩ⁴⁴ ȵiaŋ²¹³ gəʔ⁰ diɵ²² ko⁴⁴ , uaʔ² tɕiaʔ⁰ ko⁴⁴ ia⁵³ tsoŋ²⁴³
gəʔ⁵ li²² tɕiŋ⁴⁴ gəʔ⁰ 。

　　再说说我们江山结婚的风俗,也挺有意思的。新郎到新娘家去迎亲,必须准备红包,还有糖、花生等很多东西。为什么呢? 因为新娘家的门不是那么好进的。新娘那边的弟兄、姐妹,要把新娘藏起来,不让她和新郎见面,为什么呢? 因为新郎你要来敲门的,你要撒红包,红包不撒大一点儿,糖不撒多一点儿,大家是不开门的,是这么个风俗。开门之后,还要叫新娘的哥哥或者弟弟把她抱出去,为什么呢? 因为新娘的脚是不能踩到地上的,这也是个风俗。然后,大家要放一张凳子在客堂里,再把捆扎箱子的织带拿出来,压在箱子底下,抽出织带的人会得到红包。还有挑子孙桶的人,也都有红包拿。这些都是小舅——呃,不是小舅,是新娘的弟弟或哥哥来做的。

　　再蛤ᵘ有哼俺话话归屋。江山归屋都蛮有意思个,大家帮老屋拆倒,徛三层楼罢,□亲姓朋友家来咥酒,大家来促ᵘ促ᵘ察ᵘ场地察,热闹热闹。喝ᵘ哼徛个咥饭以前,□徛个楼顶装末黄酒洒个记,有些ᵣ哼蛤ᵘ□装末钞票,包起或者弗包,都往楼顶撒下来得大家抢,蛤ᵘ有糖、花生、桂圆、莲子等等乙些ᵣ东西,统从上向撒下来,乙是个嘞风俗,大家啊囡妹儿啊高兴啊,喝ᵘ去抢,运气哼会好。

　　tsɛ⁴⁴ gəʔ² iɯ²² bəʔ⁰ aŋ²¹³ yə⁴⁴ yə⁴⁴ kuɛ⁴⁴ uoʔ⁵ 。kɒŋ⁴⁴ saŋ⁴⁴ kuɛ⁴⁴ uoʔ⁵ to⁴⁴ maŋ²²
iɯ²² i⁴⁴ su⁴⁴ gəʔ⁰ , da²² kɒ⁴⁴ paŋ⁴⁴ lɐu²² uoʔ⁵ tsʰ aʔ⁵ tɐu⁰ , gɛ²² saŋ⁴⁴ z ɛ̃²² lɯ²² bɒ⁰ ,
gyaŋ²² tɕʰ ĩ⁴⁴ ɕ̃ĩ⁵³ boŋ²² iɯ²² kɒ⁴⁴ li²² tiɛʔ⁵ tɕyə²⁴³ , da²² kɒ⁴⁴ li²¹³ tsʰ oʔ⁵ tsʰ oʔ⁵ tsʰ aʔ⁵
dziaŋ²² diɵ²² tsʰ aʔ⁵ , ləʔ⁵ nɐu⁴⁴ ləʔ⁵ nɐu⁵³ 。xaʔ⁵ bəʔ⁰ gɛ²² gəʔ⁰ tiɛʔ⁵ vɒŋ²² i⁴⁴ dzi ɛ̃²¹³ ,

leɯ⁴⁴ gɛ²² gəʔ⁰ lɯ²² t ĩ²⁴³ tɕiŋ⁴⁴ məʔ⁰ yaŋ²² tɕyə²⁴³ sɒ²⁴³ a⁴⁴ ki⁰ , iɯ²² ɕ ĩ⁴⁴ bəʔ⁰ gəʔ² leɯ⁴⁴ tɕiŋ⁴⁴ məʔ⁰ tsʰua⁴⁴ pʰɯɐi²⁴³ , pɐu⁴⁴ i²⁴³ uaʔ²tɕia²⁰ fəʔ⁵ pɐu⁴⁴ , to⁴⁴ uaŋ⁴⁴lɯ²² t ĩ²⁴³ sɒ²⁵ o²² lɛ²təʔ⁵ da²² kɒ⁴⁴ tɕʰiaŋ²⁴³ , gəʔ²iɯ²² daŋ²¹³ 、xuŋ⁴⁴ səŋ⁴⁴ 、kuɛ⁴⁴ y ɛ̃²¹³ 、li ɛ̃²² tsə²⁴³ t ɛ̃²⁴ t ɛ̃²⁴ iɛʔ⁵ɕ ĩ⁴⁴ təʔ⁵ ɕi⁴⁴ , tʰoŋ²⁴ dzoŋ²² dʑiaŋ²² xaŋ⁴⁴ sɒʔ⁵ o²² lɛ⁰ , iɛʔ⁵zɯ²² kəʔ⁵ lɛ⁰ fŋ²⁴ zəʔ² , da²² kɒ⁴⁴ a⁰ nəʔ² mɛ²² ɲi²⁴³ a⁰ kɐu²⁴ x ĩ⁵³ a⁰ , aʔ⁵ kʰə⁵³ tɕʰiaŋ²⁴³ , y ĩ²² kʰi⁴⁴ bəʔ⁰ ua²² xɐu²⁴³ 。

再说说搬家。江山人搬新屋也挺有意思的，大家把老屋拆掉，盖三层楼了，要喊亲戚朋友来喝酒，让大家来看看新场地，热闹热闹。吃饭之前，要用黄酒洒一下楼顶。有些人家还会拿出一些钞票，有包起来的，或者不包的，都从楼顶撒下来给大家抢。此外，还会撒一些糖、花生、桂圆、莲子等吃的东西。这是一种风俗，大家都高兴地去抢，特别是孩子们，抢到了预示运气好。

（2015 年 7 月 30 日，江山，发音人：张康）

传统节日

前两日嘞俺江山腔⁼过七月半，啦，喝⁼是话鬼节个，喝⁼日嘞大家黄昏底啊，都ɕ嬉得喃⁼迟个，早早个就去归罢，饭哼早早咥倒，喝⁼天光哼俺□装末饭，压末饭，装末水果，装末猪肉或者倒⁼西，帮太公太婆大侬请归，再俺拜渠，拜渠个记哼，□渠归到俺里咥。到昼罢底哼俺亦□装末金银纸香，拜拜哼亦□界渠请去送去，啦。送去之后哼，俺就□开始因妹儿嬉舞茄灯罢，喝⁼哼蛮煞劲个，大家触⁼里门头哼统插炷香，咥哼蛤⁼□咥喝⁼个话倒⁼"紫苏蛤蟆"，俺乙面话啦，就是末紫苏蛤⁼有末面粉揶起个倒⁼西，衰⁼衰⁼嘞统蛮欢喜咥个，蛮煞劲个。再哼蛤⁼□咥马，俺马得⁼□咥个，啦。马嘞都煞劲得来，咥起会骑起会飞个，大家话衰⁼衰⁼。

dʑi ɛ̃²² n ɛ̃⁴⁴ nəʔ⁵ lɛ⁰ aŋ²² kɒŋ⁴⁴ saŋ⁴⁴ kʰaŋ²⁴ kyə⁵³ tsʰəʔ⁵ ŋoʔ² pi ɛ̃⁵³ , la⁰ , xaʔ⁵

zu²² yə⁴⁴ kuɛ⁴⁴ tɕiɛʔ⁵ gəʔ⁰ , xaʔ⁵ nəʔ² lɛ⁰ da²² kɒ⁴⁴ maŋ²² xu ɛ̃⁴⁴ tiɐ²⁴³ a⁰ , to⁴⁴ fa⁴⁴
xi⁴⁴ dəʔ⁰ naŋ²² dɛ²¹³ gəʔ⁰ , tɕiɐɯ⁴⁴ tɕiɐɯ²⁴³ gəʔ⁰ dziɛʔ² kʰə⁰ kuɛ⁴⁴ bɒ⁰ , vaŋ³¹ bəʔ⁰
tɕiɐɯ⁴⁴ tɕiɐɯ²⁴³ tiɛʔ⁵ tɯ⁰ , xaʔ⁵ tʰi ɛ̃⁴⁴ kyaŋ⁴⁴ bəʔ⁰ aŋ²² lɯ⁵³ tɕiɒŋ⁴⁴ məʔ⁰
vaŋ³¹ , ɒʔ⁵ məʔ⁰ vaŋ³¹ , tɕiɒŋ⁴⁴ məʔ⁰ ɕy⁴⁴ kyə²⁴³ , tɕiɒŋ⁴⁴ məʔ⁰ tɒ⁴⁴ ȵiɒʔ² uəʔ² tɕiɛʔ⁰
tɯ²⁴ ɕi⁴⁴ , paŋ⁴⁴ tʰa⁴⁴ koŋ⁴⁴ tʰa⁴⁴ bo²¹³ do²² naŋ²² tɕʰĩ²⁴ kuɛ⁴⁴ , tsɛ⁴⁴ aŋ²¹³ pa⁴⁴ ŋə²² ,
pa⁴⁴ ŋə²² a⁴⁴ ki⁴⁴ bəʔ⁰ , gyaŋ²² ŋə²² kuɛ⁴⁴ tɯ⁴⁴ aŋ²¹³ ləʔ⁰ tiɛʔ⁵ 。 tɯ⁴⁴ tu⁴⁴ bɒ²² tiɐ²⁴³
bəʔ⁰ aŋ²² iɛʔ⁵ lɯ⁴⁴ tɕiɒŋ⁴⁴ məʔ⁰ k ɘ̃²⁴ ŋ ɘ̃⁵³ tɕiɘ²⁴ xiaŋ⁴⁴ , pa⁴⁴ pa⁴⁴ bəʔ⁰ iɛʔ² lɯ⁴⁴
pɛ⁴⁴ ŋə²² tɕʰĩ²⁴ kʰə⁵³ soŋ⁴⁴ kʰə⁵³ , la⁵³ 。 soŋ⁴⁴ kʰə⁰ tsɯ⁴⁴ u²² bəʔ⁰ , aŋ²¹³ dziɛʔ²
lɯ⁴⁴ kʰɛ⁴⁴ ɕi⁴⁴ nəʔ² mɛ²² ȵi²⁴³ xi⁴⁴ muə²² gɒ²² t ĩ⁴⁴ bɒ⁰ , xaʔ⁵ bəʔ⁰ maŋ²² saʔ⁵
k ĩ⁵³ gəʔ⁰ , da²² kɒ⁴⁴ tɕyɛʔ⁵ li⁰ moŋ²² du²¹³ bəʔ⁰ tʰoŋ⁴⁴ tsʰaʔ⁵ dzyə³¹ xiaŋ⁴⁴ , tiɛʔ⁵
bəʔ⁰ gəʔ⁰ lɯ⁴⁴ tiɛʔ⁵ xaʔ⁵ gəʔ⁰ yə⁴⁴ tɯ²⁴³ tsɯ⁴⁴ suə⁴⁴ gəʔ² mo²¹³ , aŋ²¹³ iɛʔ⁵ mi ɛ̃³¹
yə⁴⁴ la⁰ , dziɛʔ² lɛʔ⁵ məʔ⁰ tsuə⁴⁴ suə⁴⁴ gəʔ² iu²² məʔ⁰ mi ɛ̃²² f ɛ̃²⁴³ tʰaʔ⁵ i⁰ gəʔ⁰ tɯ²⁴
ɕi⁰ , ɕiɘ⁴⁴ ɕiɘ⁵³ lɛʔ⁰ tʰoŋ⁴⁴ maŋ²² xu ɛ̃⁴⁴ xi²⁴³ tiɛʔ⁵ gəʔ⁰ , maŋ²² saʔ⁵ k ĩ⁵³ gəʔ⁰ 。 tsɛ⁴⁴
bəʔ⁰ gəʔ⁰ lɯ⁴⁴ tiɛʔ⁵ mo²² , aŋ²² mo²² təʔ⁵ lɯ⁴⁴ tiɛʔ⁵ gəʔ⁰ , la⁵³ 。 mo²² lɛʔ to⁴⁴ saʔ⁵ k ĩ⁵³
daʔ⁰ lɛʔ⁰ , tiɛʔ⁵ i⁰ ua³¹ gə²² i⁰ ua³¹ fi⁴⁴ gəʔ⁰ , da²² kɒ⁴⁴ yə⁴⁴ ɕiɘ⁴⁴ ɕiɘ⁴⁴ 。

前两天我们江山刚过七月半，也就是民间所说的鬼节。那一天傍晚，大家不会玩到很晚，早早地就回家了，早早吃完晚饭。早上我们要煮好米饭，把碗里的米饭堆成高塔一样，还需供上水果，烧点儿猪肉之类的荤菜，把过世的太公太婆请回家里吃饭，接受祭拜。傍晚时分我们还要烧化纸钱、点上蜡烛，祭拜一番后再把他们送回去。送走之后，我们小孩子就要开始舞茄子灯了，家家门前的路边都插好了香，那是很有趣的。还要吃一种我们叫作"紫苏蛤蟆"的食物，就是把紫苏叶掺到面糊糊里煎成的面饼，味道很好，我们小时候都很喜欢吃。另外，我们还要吃一种外形像马的烤饼，吃"马"也非常有意思，小时候大家都说，吃了"马"就会骑着它飞起来。

再暝昏底喝⁼囡妹儿就是开始嬉罢，我嘞衰⁼衰⁼都嬉过个，再嬉倒⁼西啊？嬉舞茄灯。喃⁼舞个啦？喝⁼哼就是大家衰⁼衰⁼喝⁼记就是触⁼里有茄个，喝⁼哼到触⁼里田里去自家个讨两只，或者喊驰爸啊装末归；无个侬，喝⁼像我无个，就到别侬里去偷两只讨两只，跟渠话个记，喝⁼弗话偷，跟渠话个记我驮两只。喝⁼哼自家去捡，奇奇怪怪，管渠倒⁼样子个茄哼得⁼有，直个亦有弯个亦有，大个亦有哼衰⁼个亦有，喝⁼茄煞劲，我些侬自家欢喜喃⁼样子哼，自家去帮渠讨来，讨来之后哼，俺装个蔸索帮渠缚起，缚个茄乙面，再喝⁼头哼缚个喝⁼个竹竿里，装个蔸长末个竹竿，再哼茄里哼□插末香，香哼嘞会点着，点着之后哼烟[喝⁼样]冒去冒去，再大家哼就出门嬉罢，啦。出门哼几个囡妹儿啊大家追来追去，亦弄里巡来喝⁼里巡去，大家就嬉罢，嬉嬉，香无哼到路边里大家到渠里去拔，到渠里去界，乙是七月半。

tsE⁴⁴ maŋ²² xu ɛ̃⁴⁴ tiə²⁴³ xaʔ⁵ nəʔ⁵ mE²² ȵi²⁴³ dʑiEʔ² lEʔ⁵ kʰE⁴⁴ ɕi²⁴³ xi⁴⁴ bɒ⁰，ŋ²² lE⁰ ɕiɵ⁴⁴ ɕiɵ⁴⁴ to⁴⁴ xi⁴⁴ kyə⁵³ gəʔ⁰，tsE⁴⁴ xi⁴⁴ tɯɯ²⁴ ɕi⁴⁴ a⁰？xi⁴⁴ muə²² gɒ²² t ĩ⁴⁴。naŋ²¹³ muə²² gəʔ⁵ la⁰？xaʔ⁵ bəʔ⁰ dʑiEʔ² lEʔ⁵ da²² kɒ⁴⁴ ɕiɵ⁴⁴ ɕiɵ⁴⁴ xaʔ⁵ ki⁵³ dʑiEʔ² lEʔ⁵ tɕʰyEʔ⁵ li⁰ iɯ²² gɒ²¹³ gəʔ⁰，xaʔ⁵ bəʔ⁰ tɯɯ⁴⁴ tɕʰyEʔ⁵ li⁰ di ɛ̃²² ləʔ⁰ kʰə⁰ dʑiEʔ² kɒ⁴⁴ gəʔ⁰ tʰa⁴⁴ n ɛ̃⁴⁴ tɕiEʔ⁵，uəʔ⁵ tɕiEʔ⁵ xaŋ⁴⁴ tɕia⁴⁴ bɒ⁴⁴ a⁰ tɕiɒŋ⁴⁴ məʔ⁰ kuE⁴⁴；mu⁴⁴ gəʔ⁰ naŋ⁵³，xaʔ⁵ ʑiaŋ³¹ ŋ²² mu⁴⁴ gəʔ⁰，dʑiEʔ² tɯɯ⁵³ biEʔ² naŋ²¹³ ləʔ⁰ kʰə⁵³ tʰu⁴⁴ n ɛ̃⁴⁴ tɕiEʔ⁵ tʰuə²² n ɛ̃⁴⁴ tɕiEʔ⁵，k ɛ̃⁴⁴ ŋ²² yə⁴⁴ a⁴⁴ i⁰，xaʔ⁵ fəʔ⁵ yə⁴⁴ tʰu⁴⁴，k ɛ̃⁴⁴ ŋ²² yə⁴⁴ a⁴⁴ i⁰ ŋ²² tʰuə²² n ɛ̃⁴⁴ tɕiEʔ⁵。xaʔ⁵ bəʔ⁰ dʑiEʔ² kɒ⁴⁴ kʰə⁵³ kaŋ²⁴³，kʰi²⁴ kʰi²⁴ kua⁵³ kua⁵³，kyɛ̃⁴⁴ ŋ²² tɯɯ²⁴ iaŋ³¹ tsə²⁴³ gəʔ⁰ gɒ²¹³ bəʔ⁰ təʔ⁵ iɯ²²，diEʔ⁵ gəʔ⁰ iEʔ⁵ iɯ²² uaŋ⁴⁴ gəʔ⁰ iEʔ⁵ iɯ²²，do²² gəʔ⁰ iEʔ⁵ iɯ²² bəʔ⁰ ɕi⁴⁴ gəʔ⁰ iEʔ⁵ iɯ²²，xaʔ⁵ gɒ²¹³ saʔ⁵ k ĩ⁵³，n²² ɕiEʔ⁵ naŋ⁵³ dʑiEʔ² kɒ⁴⁴ xu ɛ̃⁴⁴ xi²⁴³ naŋ²² iaŋ³¹ tsə⁰ bəʔ⁰，dʑiEʔ² kɒ⁴⁴ kʰə⁵³ paŋ⁴⁴ ŋ²² tʰuə²⁴³ lE⁰。tʰuə²⁴³ lE⁰ tsɯ⁴⁴ ɯ²² bəʔ⁰，aŋ²¹³ tɕiɒŋ⁴⁴ a⁴⁴ tu⁴⁴ sɒʔ⁵ paŋ⁴⁴ ŋ²² biaʔ⁵ i²⁴³，biaʔ⁵ gəʔ⁰ gɒ²² iEʔ⁵ mi ɛ̃²²，tsE⁴⁴ xaʔ⁵ dəʔ⁵ bəʔ⁰ biaʔ⁵ gəʔ⁰ xaʔ⁵ gəʔ⁰ taʔ⁵ kɒŋ²⁴³ ləʔ⁰，tɕiɒŋ⁴⁴ a⁴⁴ tu⁴⁴ d ɛ̃²² məʔ⁰ gəʔ⁰ taʔ⁵ kɒŋ²⁴³，tsE⁴⁴ bəʔ⁰ gɒ²² ləʔ⁰ bəʔ⁰ lɯɯ⁴⁴ tsʰaʔ⁵ məʔ⁰ xiaŋ⁴⁴，xiaŋ⁴⁴ bəʔ⁰ləʔ⁰ uɛ²²tiɛ̃²⁴dɛ²² ,tiɛ̃²⁴dɛ²²tsɯ⁴⁴ɯ³¹bəʔ⁰iɛ̃⁴⁴xaŋ⁴⁴mɐɯ³¹ kʰə⁰mɐɯ³¹kʰə⁰ ，tsɛ⁴⁴da²²kɒ⁴⁴bəʔ⁰dziɛʔ²tɕʰyɛʔ⁵moŋ²¹³xi⁴⁴bɒ⁰ ，la⁵³。tɕʰyɛʔ⁵moŋ²¹³bəʔ⁰ki²⁴ka⁵³nəʔ²mɛ²²ɲi²⁴³a⁰da²²kɒ⁴⁴tsuɛ²⁴li⁰tsuɛ⁴⁴kʰə⁵³，iɛʔ²loŋ³¹ləʔ⁰dʐʮ̃²²li²¹³xaʔ⁵ləʔ⁰dʐʮ̃²²kʰə⁵³，da²²kɒ⁴⁴dziɛʔ²xi⁴⁴bɒ⁰，xi⁴⁴xi⁴⁴，xiaŋ⁴⁴m⁴⁴bəʔ⁰tɐɯ⁵³luə²²piɛ̃⁴⁴ləʔ⁰da²²kɒ⁴⁴tɐɯ⁴⁴ŋ²²ləʔ⁰kʰə⁵³baʔ²，tɐɯ⁴⁴ŋə²²ləʔ⁰kʰə⁵³pɛ⁴⁴，iɛʔ⁵zɯ²²tsʰəʔ⁵ŋoʔ²piɛ̃⁵³。

晚上孩子们就开始玩耍了，我小时候也玩过的，玩什么呢？玩舞茄子灯，怎么舞的呢？家里有茄子的，就到自家地里去摘几只，或者叫父母摘点回来。没有茄子的人——像我就没有的——就到别人家地里去摘两只，跟人家说一下，那就不叫偷，想摘几只就摘几只，自己去挑。茄子是奇形怪状的，什么样子的都有，直的、弯的，大的、小的，很好玩。我们喜欢什么样子的茄子，就自己去摘来。摘来之后，找一根绳子和一根长一些的竹竿，绳子一头系着茄子，另一头系在竹竿上。茄子上要插一些香，香点着之后青烟直冒，大家就拿着它出门玩耍了。出门后，几个孩子追来追去，这个弄堂进，那个弄堂出，大家就这样玩。玩着玩着，香烧完了，有时还会去拔一些插在路边的香继续玩。这是七月半。

再俺江山嘞蛤ᵌ有末喝ᵌ个六月廿四，喝ᵌ是贺村个，呃，是三日、三日三暝好像，六月廿四嘞都蛮闹热个，都个嘞大节日。大家嬉个侬管渠嚓ᵌ里，各侬都会逃过来嬉个，讲个记啦，做生意个侬哼都外向刮ᵌ辣ᵌ相逃过来，都蛮有意思个。喝ᵌ个打枪啊，再羊肉串啊，写字啊，等等等等做刮ᵌ辣ᵌ相活动啦，喝ᵌ哼有奖品个，都蛮煞劲个。

tsɛ⁴⁴aŋ²²kɒŋ⁴⁴saŋ⁴⁴ləʔ⁰gəʔ²iu²²məʔ⁰xaʔ⁵gəʔ⁰laʔ²ŋoʔ²niɛ̃²²ɕi⁵³，xaʔ⁵zu²²u²²tsʰɛ⁴⁴gəʔ⁰，ə²²，zu²²saŋ²⁴nəʔ²、saŋ²⁴nəʔ²saŋ²⁴maŋ⁵³xɐɯ⁴⁴ʑiaŋ³¹，laʔ⁵ŋoʔ²niɛ̃²²ɕi⁴⁴lɛ⁰to⁴⁴maŋ²²naŋ²²niɛʔ²gəʔ⁰，to⁴⁴kəʔ⁵lɛ⁴⁴do²²tɕiɛʔ⁵nəʔ²。

da²²kɒ⁴⁴xi⁴⁴gəʔ⁰naŋ⁴⁴kyɛ̃²⁴ŋə²²tsʰaʔ⁵lə⁰，kəʔ⁵naŋ²¹³to⁴⁴ua³¹dɐɯ²²kyə⁴⁴
li⁴⁴xi⁴⁴gəʔ⁰，kɒŋ⁴⁴a⁴⁴ki⁰la⁵³，tso⁴⁴saŋ⁴⁴ŋə⁴⁴gəʔ⁰naŋ⁵³bəʔ⁰to⁴⁴ŋua²²xaŋ⁵³kua⁵³
laʔ²ɕiaŋ⁴⁴dɐɯ²²kyə²⁴lɛ⁵³，to⁴⁴maŋ²²iɯ²²i⁴⁴su⁴⁴gəʔ⁰。xaʔ⁵gəʔ⁰taŋ⁴⁴tɕʰiaŋ⁴⁴a⁰，
tsɛ⁴⁴iaŋ²²ȵiɒʔ²tɕʰyɛ⁴⁴a⁰，ɕiə⁴⁴zu³¹a⁰，tɛ̃²⁴tɛ̃²⁴tɛ̃²⁴tɛ̃²⁴tso⁴⁴kua⁵³　laʔ²ɕiaŋ⁵³
uaʔ²doŋ³¹la⁵³，xaʔ⁵bəʔ⁰iɯ²²tɕiaŋ⁴⁴pʰĩ⁵³gəʔ⁰，to⁴⁴maŋ²²saʔ⁵kĩ⁵³gəʔ⁰。

我们江山还有贺村的六月廿四墟日，那也是一个很热闹的大节
日，好像要持续三天三夜。大家不管来自哪里，都会跑过来玩，很多
在外做生意的人也都跑过来，有打枪啊，烤羊肉串啊，写字啊，等等，
有很多活动还有奖品，很有趣。

再哼蛤˭有喝˭个张村个太阳山老佛节，都有名得来，大家得˭
□去个，山哼亦高，老佛亦灵，大家得˭□去拜拜个。喝˭哼上向哼
蛤˭有个嘞喝˭个送子个观音，大家劦生囡妹统到喝˭里去求囡妹个。
大家话嘞真蛮灵个，我自家嘞都去过个，去过个次，今年蛤˭未去，都
□去再去爬个记拜个次啦，装末喝˭个金银纸，阚起哼上去喝˭个拜
拜烧烧啦，昼日或者天光徛喝˭里装顿斋饭咥咥，乙是张村个太阳山
个老佛节。

tsɛ⁴⁴bəʔ⁰gəʔ⁰iɯ²²xaʔ⁵gəʔ⁰tsaŋ⁴⁴tsʰuɛ̃⁴⁴gəʔ⁰tʰa⁴⁴iaŋ²²saŋ⁴⁴lɐɯ²²vəʔ⁰
tɕiɛʔ⁵，to⁴⁴iɯ²²mĩ²²daʔ²lɛ⁰，da²²kɒ⁴⁴təʔ⁵lɐɯ⁴⁴kʰə⁵³gəʔ⁰，saŋ⁴⁴bəʔ⁰iɛʔ²kɐɯ⁴⁴，
lɐɯ²²vəʔ²bəʔ⁰iɛʔ²lĩ²¹³，da²²kɒ⁴⁴təʔ⁵lɐɯ⁴⁴kʰə⁵³pa⁴⁴pa⁵³gəʔ⁰。xaʔ⁵bəʔ⁰dʑiaŋ²²
xaŋ⁴⁴bəʔ⁰gəʔ⁰iɯ²²kəʔ⁵lɛ⁴⁴xaʔ⁵gəʔ⁰soŋ⁴⁴tsə²⁴³gəʔ⁰kuaŋ⁴⁴ĩ⁴⁴，da²²kɒ⁴⁴fa⁴⁴saŋ⁴⁴
nəʔ²mɛ²¹³tʰoŋ⁴⁴tɐɯ⁵³xaʔ⁵ləʔ⁰kʰə⁰gu²²nəʔ²mɛ²¹³gəʔ⁰。da²²kɒ⁴⁴yə⁴⁴lɛ⁰tɕiɵ̃²⁴
maŋ²²lĩ²¹³gəʔ⁰，ŋɒ²²dʑiɛʔ²kɒ⁴⁴lɛ⁰to⁴⁴kʰə⁴⁴kyə⁰gəʔ⁰，kʰə⁴⁴kyə⁵³a⁴⁴tsʰə⁵³，gɒ²²
ȵiɛ̃⁴⁴gəʔ⁰mɛ²²kʰə⁵³，to⁴⁴lɐɯ⁴⁴kʰə⁵³tsɛ⁴⁴kʰə⁵³bo²²a⁴⁴i⁰pa⁴⁴a⁴⁴tsʰə⁵³la⁵³，tɕiɒŋ⁴⁴
məʔ⁰aʔ⁵gəʔ⁰kɵ̃⁴⁴ŋ̍²²tɕiə²⁴³，iɐɯ²²i⁴bəʔ⁰dʑiaŋ²²kʰə⁵³aʔ⁵gəʔ⁰pa⁴⁴pa⁵³ɕiɐɯ⁴⁴
ɕiɐɯ⁴⁴la⁵³，tu⁴⁴nəʔ²uaʔ²tsəʔ⁰tʰĩ²⁴kyaŋ⁴⁴gɛ²²xaʔ⁵ləʔ⁰tɕiaŋ⁴⁴tɛ̃⁴⁴tsa²⁴vaŋ³¹

tiɛʔ⁵tiɛʔ⁵，iɛʔ⁵dzɯ²²tɕiaŋ⁴⁴tsʰuɛ̃⁴⁴gəʔ²tʰa⁴⁴iaŋ²²saŋ⁴⁴gəʔ²lɐɯ²²vəʔ²tɕiɛʔ⁵。

还有那个张村的太阳山老佛节，也非常有名，大家都要去的。山又高，佛又灵，大家都要去拜一拜。山上据说还有一个送子观音，没生孩子的都要到那里去求子，大家都说挺灵验的。我自己也去过一次，今年还没去，今年也要爬上山去拜一次的。上山拜佛要准备一些镀金镀银的纸片，折成元宝后烧化，中午或者早上在那里吃一顿斋饭，这是张村太阳山的老佛节。

再哼俺乙里蛤⁼有麻糍节，咥麻糍、搝麻糍，喝⁼乙个麻糍嘞𪢮是断⁼目慈⁼个"目慈⁼"，啦，喝⁼是咥个麻糍。乙个麻糍节嘞，举办个场地喝⁼就多罢，喝⁼赵家亦有啊，大溪滩亦有啊，七七八八四都、上余统有。再哼乙个嘞都蛮煞劲个个嘞节日，喝⁼哼大家□上、□得喝⁼个亲朋好友，大家个齐聚个记，啦，装两吉⁼、装两吉⁼大家咥咥，徛个堆嚼嚼天、捶捶老 K，乙是麻糍节，咥咥麻糍，啦。俺咥倒哼蛤⁼□亦担个嘞麻糍坏带去归，乙麻糍节嘞都蛮有意思个江山。

tsE⁴⁴bəʔ⁰aŋ²²iɛʔ⁵ləʔ⁰gəʔ⁰iɯ²²mo²²zə²²tɕiɛʔ⁵，tiɛʔ⁵mo²²zə²¹³、kʰaŋ⁴⁴mo²²zə²¹³，xaʔ⁵iɛʔ⁵gəʔ⁰mo²²zə²²lɛ⁰vɒŋ²²dʑi²²dəŋ²²moʔ²zə²¹³gəʔ⁰moʔ²zə²¹³，la⁵³，xaʔ⁵zɯ²²tiɛʔ⁵gəʔ⁰mo²²zə²¹³。iɛʔ⁵gəʔ⁰mo²²zə²²tɕiɛʔ⁵lɛ⁰，kyə⁴⁴baŋ³¹gəʔ⁰dʑiaŋ²²diə³¹xaʔ⁵dʑiɛʔ²to⁴⁴bɒ⁰，xaʔ⁵dʑiɐɯ²²kɒ⁴⁴iɛʔ⁵iɯ²²a⁰，do²²tɕʰiə⁴⁴tʰɒŋ⁴⁴iɛʔ⁵iɯ²²a⁰，tsʰəʔ⁵tsʰəʔ²paʔ⁵paʔ⁵ɕi⁴⁴tuə⁴⁴、dʑiaŋ²²yə²¹³toŋ²⁴iɯ²²。tsE⁴⁴bəʔ⁰iɛʔ⁵gəʔ⁰lɛ⁰to⁴⁴maŋ²²saʔ⁵kı̃²⁴gəʔ⁰kəʔ⁵lɛ⁴⁴tɕiɛʔ⁵ʑiɛʔ²，xaʔ⁵bəʔ⁰da⁴⁴kɒ⁴⁴gyaŋ²¹³zaŋ²²、gyaŋ²²təʔ⁰xaʔ⁵gəʔ⁰tɕʰı̃⁴⁴bɒŋ²²xɐɯ⁴⁴iɯ²²，da²²kɒ⁴⁴a⁴⁴ziə²²dʑy³¹a⁴⁴i⁰，la⁵³，tɕiɒŋ⁴⁴nɛ̃⁴⁴kiɛʔ⁵、tɕiɒŋ⁴⁴nɛ̃⁴⁴kiɛʔ⁵da²²kɒ⁴⁴tiɛʔ⁵tiɛʔ⁵，gE²²a⁴⁴tuE⁴⁴tɕiaʔ⁵tɕiaʔ⁵tʰiɛ̃⁴⁴、dza²²dza²²lɐɯ²²kʰE⁵³，iɛʔ⁵zɯ²²mo²²zə²²tɕiɛʔ⁵，tiɛʔ⁵tiɛʔ⁵mo²²zə²¹³，la⁵³。aŋ²¹³tiɛʔ⁵tɐɯ⁰bəʔ⁰gəʔ⁰lɐɯ⁴⁴iɛʔ²taŋ⁴⁴kəʔ⁵lɛ⁴⁴mo²²zə²²pʰE⁴⁴ta⁴⁴kʰəˀkuE⁴⁴，iɛʔ⁵mo²²zə²²tɕiɛʔ⁵lɛ⁰to⁴⁴maŋ²²iɯ²²i⁴⁴sɯ⁰gəʔ⁰kɒŋ⁴⁴saŋ⁴⁴。

另外，我们这里还有打麻糍、吃麻糍的麻糍节，这个麻糍不是掉眼泪的"目慈＝（眼泪）"，而是吃的麻糍。现在举办麻糍节的地方多了，赵家也有，下溪滩也有，四都、上余都有。这个节日也非常有意思，主人办几桌酒菜，叫上亲朋好友，大家聚在一起吃吃饭、聊聊天、打打牌。这是吃麻糍的麻糍节，吃完主人还要送一个碗口大的麻糍饼给客人带回家。这江山的麻糍节也挺有意思的。

再俺蛤＝有清明，清明哼□咥清明馃大家，每家每户□包清明馃，我嘞都会包个，啦。包起蛮煞劲个，自家包自家咥，衰＝衰＝嘞我边包边咥，个火＝咥七个嘞，哎，乙个弗□装滚个，因为渠个馃是做个馃是就是滚个，菜哼都熟个，包起噎归去觱包好促＝哼，自家咥咥倒，啦，管你倒＝包、包倒＝样子得＝会着个。

tsɛ⁴⁴ aŋ²² gəʔ² iɯ²² tɕʰ ĩ²⁴ m ĩ⁵³ , tɕʰ ĩ⁴⁴ m ĩ⁴⁴ bəʔ⁰ lɐɯ⁴⁴ tiɐ⁵ tɕʰ ĩ⁴⁴ m ĩ⁴⁴ kyə²⁴³ da²² kɒ⁴⁴ , mɛ²² kɒ⁴⁴ mɛ²² uə³¹ lɐɯ⁴⁴ pɐɯ⁴⁴ tɕʰ ĩ⁴⁴ m ĩ⁴⁴ kyə²⁴³ , ŋɒ²² lɐʔ² to⁴⁴ ua²² pɐɯ⁴⁴ gəʔ⁰ , la⁵³ . pɐɯ⁴⁴ i⁰ maŋ²² saʔ² k ĩ⁵³ gəʔ⁰ , dʑiɐʔ² kɒ⁴⁴ pɐɯ⁴⁴ dʑiɐʔ² kɒ⁴⁴ tiɐ⁵ , ɕiɵ⁴⁴ ɕi ɵ²⁴ lɐ⁰ ŋɒ²² pi ɛ̃⁴⁴ pɐɯ⁴⁴ pi ɛ̃⁴⁴ tiɐ⁵ , a⁴⁴ xuɐ⁰ tiɐ⁵ tsʰ əʔ⁵ ka⁰ lɐ⁰ , ɛ²¹³ , iɐ⁵ gəʔ⁰ fəʔ⁵ lɐɯ⁵³ tɕiŋ⁴⁴ ku ɛ̃²⁴³ gəʔ⁰ , ĩ⁴⁴ uɐ⁰ ŋɒ²² gəʔ⁰ kyə²⁴³ zu²² tso⁴⁴ gəʔ⁰ kyə²⁴³ zu²² dʑiɐʔ² lɐʔ⁵ ku ɛ̃²⁴³ gəʔ⁰ , tɕʰ i⁴⁴ bəʔ⁰ to⁴⁴ dʑiŋʔ² gəʔ⁰ , pɐɯ⁴⁴ i⁰ daŋ³¹ kuɐ⁴⁴ kʰ ə⁰ vɒŋ²² pɐɯ⁴⁴ xɐɯ²⁴ tsʰ oʔ⁵ bəʔ⁰ , dʑiɐʔ² kɒ⁴⁴ tiɐ⁵ tiɐ⁵ tɐɯ⁰ , la⁵³ , ky ɛ̃²⁴³ ŋi⁴⁴ tɐɯ⁴⁴ pɐɯ⁴⁴ 、pɐɯ⁴⁴ tɐɯ⁴⁴ iaŋ³¹ tsə⁰ to⁴⁴ ua²² dəʔ⁰ gəʔ⁰ .

再说说清明节。清明节，大家都要吃清明馃，每家每户要包清明馃。我也会包的，自己包自己吃，很好玩。小时候我边包边吃，一次能吃七个呢。这清明馃不用煮熟，因为这个馃本身就是熟的，里面的菜也都是熟的。馅包进去之后，如果不好看呢，就自己吃掉拉倒，管你包什么、包啥样，都可以的。

再哱蛤⁼有俺端午节扼粽，粽我勠扼个，啦，粽俺都□咥个，俺江山个节日端午节。

tsᴇ^{44} bəʔ^{0} gəʔ^{2} iɯ^{22} aŋ^{213} tɒŋ^{44} ŋuə^{22} tɕiᴇʔ^{5} aʔ^{5} tsoŋ^{53}，tsoŋ^{53} ŋɒ^{22} fa^{53} aʔ^{5} gəʔ^{0}，la^{53}，tsoŋ^{53} aŋ^{22} to^{44} lɐɯ^{44} tiᴇʔ^{5} gəʔ^{0}，aŋ^{22} kɒŋ^{44} saŋ^{44} gəʔ^{0} tɕiᴇʔ^{5} ʑiᴇʔ^{2} tɒŋ^{44} ŋuə^{22} tɕiᴇʔ^{5}。

还有端午节，端午节要包粽子，粽子我不会包，粽子我们也要吃的，这是我们江山的端午节。

（2015 年 7 月 30 日，江山，发音人：张康）

(四)方言青女

当地情况

江山嘞徛岗⁼乙个浙江、江西、福建三省个交界，江山环境嘞真儿蛮好个，四季交换哱嘞亦有规律，暖天哱嘞亦勠忒□得，冬间天哱亦□浸得，台风跟乙个地震哱基本上是少得少得少得来。再江山嘞侬话有山有水，所以个嘞徛侬个好场地。渠些侬统话□往外向去，我是话蛤⁼是江山好。

kɒŋ^{44} saŋ^{44} lᴇ^{0} gᴇ^{22} kɒŋ^{0} iᴇʔ^{5} gəʔ^{0} tɕiᴇʔ^{5} kɒŋ^{44}、kɒŋ^{44} ɕi^{44}、fəʔ^{4} kiɛ̃^{53} saŋ^{44} səŋ^{243} gəʔ^{0} kiɔ^{44} kia^{53}，kɒŋ^{44} saŋ^{44} uaŋ^{22} kɪ̃^{24} lᴇ^{0} tɕiɵ̃^{44} ȵi^{53} maŋ^{22} xɐɯ^{243} gəʔ^{0}，ɕi^{44} ki^{53} kiɐɯ^{44} uaŋ^{31} bəʔ^{0} lᴇ^{0} iᴇʔ^{2} iɯ^{22} kuᴇ^{24} liᴇʔ^{2}，nɒŋ^{22} t^{h}iɛ̃^{44} bəʔ^{0} lᴇ^{0} iᴇʔ^{2} fa^{243} t^{h}aʔ^{5} oŋ^{31} daʔ^{2}，toŋ^{44} kaŋ^{44} t^{h}iɛ̃^{44} bəʔ^{0} iᴇʔ^{2} fa^{243} t^{h}aʔ^{5} ts^{h}ɛ̃^{53} daʔ^{2}，dᴇ^{22} foŋ^{44} kɛ̃^{44} iᴇʔ^{5} gəʔ^{0} diə^{22} tɕɪ̃^{53} bəʔ^{0} ki^{44} pɛ̃^{24} dʑiaŋ^{22} zɿ^{22} ɕiɐɯ^{24} daʔ^{2} ɕiɐɯ^{24} daʔ^{2} ɕiɐɯ^{24} daʔ^{2} lᴇ^{0}。tsᴇ^{53} kɒŋ^{44} saŋ^{44} lᴇ^{0} naŋ^{22} yə^{31} iɯ^{22} saŋ^{44} iɯ^{22} y^{243}，so^{44} i^{44} kəʔ^{5} lᴇ^{44} gᴇ^{22} naŋ^{213} gəʔ^{0} xɐɯ^{44} dʑiaŋ^{22} di^{31}。ŋə^{22} ɕiᴇʔ^{5} naŋ^{0} t^{h}oŋ^{44} yə^{31} lɐɯ^{53} uaŋ^{31} ua^{22} xaŋ^{44} k^{h}ə^{53}，ŋɒ^{22} lᴇ^{44} yə^{31} gəʔ^{2} lᴇ^{44} kɒŋ^{44} saŋ^{44} xɐɯ^{243}。

江山地处浙江、江西、福建三省交界的地方，环境真的很好，四季分明，夏天不太热，冬天不太冷，极少有台风或地震。有人说江山有山有水，是个宜居之地。好多人说人要往高处走，我说还是江山好。

你侬若是话到江山来嬉啊，江郎山肯定是□去个，因为江郎山是俺江浙沪唯一个嘞世界自然遗产，乙三爿石亦等于三个山峰触着天样个，再渠嘞主要有乙个大弄跟衰⁼弄个，有法归出，衰⁼弄顶狭个场地嘞只三米，所以有地质学家话俺江郎山是中国个一线天之最。两零一三年个时候，喝⁼个美国个，有个嘞喝⁼个很有名个极限运动员，喝⁼翼装飞行个，杰布·克里斯渠专门寻到江山，渠就是为了体验乙个中国个一线天之最，到乙里飞行个记，〔乙个〕类运动员嘞渠等于是，全世界个所有惊险个场地得⁼去过罢，所以渠嘞过来体验〔乙样〕江山江郎山一线天，到底喃惊险嘞？报纸里话渠试飞很成功，实际上渠是飞得两次，得⁼鹩是喃⁼哼⁼个大概，因为俺〔乙个〕岗⁼一线天确确实实狭得狭得来，你想□安全个过去啊，确实蛮难个。

ȵi²² naŋ⁵³ ʑiaʔ² dʑi²² yə³¹ tɐɯ⁵³ kɒŋ⁴⁴ saŋ⁴⁴ li²¹³ xi⁴⁴ aº , kiaŋ⁴⁴ laŋ²² saŋ⁴⁴ kʰɛ̃²⁴ dĩ³¹ zɿ²² lɐɯ⁴⁴ kʰə⁵³ gəʔº , in⁴⁴ uɛº kiaŋ⁴⁴ laŋ²² saŋ⁴⁴ lɛ⁴⁴ aŋ²¹³ kiaŋ⁴⁴ tɕiɛʔ⁵ uə³¹ uɛ²² iəʔ⁵ kəʔ⁵ lɛ⁴⁴ ɕi⁴⁴ ka⁵³ zə²² ʑi ɛ̃²² ĩ²² tsʰaŋ²⁴³ , iɛʔ⁵ saŋ⁴⁴ baŋ²² ʑiɛʔ² iɛʔ⁵ t ɛ̃²⁴³ yº saŋ⁴⁴ ka⁵³ saŋ⁴⁴ foŋ⁴⁴ tɕʰioʔ⁵ dəʔ⁵ tʰi ɛ̃⁴⁴ iaŋ³¹ gəʔº , tsɛ⁵³ ŋ²² lɛº tɕɐy⁴⁴ iɐɯ⁵³ iu²² iɛʔ⁵ gəʔº doʔ²² loŋ²¹³ k ɛ̃⁴⁴ ɕi⁴⁴ noŋ²¹³ gəʔº , iu²² faʔ⁵ kuɛ⁴⁴ tɕʰyɛʔ⁵ , ɕi ə⁴⁴ noŋ⁵³ t ĩ⁴⁴ aʔ² gəʔº dʑiaŋ²² di³¹ lɛº tsəʔ⁵ saŋ²⁴ miɛʔ⁵ , so⁴⁴ iº iu²² di²² tɕiɛʔ⁵ iaʔ² kɒ⁴⁴ yə⁴⁴ aŋ²¹³ kiaŋ⁴⁴ laŋ²² saŋ⁴⁴ lɛ⁴⁴ tɕioŋ⁴⁴ kuoʔ⁵ gəʔº iɛʔ⁴ ɕi ɛ̃⁵³ tʰi ɛ̃⁴⁴ tsə⁴⁴ tsuɛ⁵³ 。 n ɛ̃²² l ĩ²¹³ iɛʔ⁵ saŋ²⁴ ȵi ɛ̃²¹³ gəʔº zɿ²² xɐɯ³¹ , xaʔ⁵ gəʔº mɛ⁴⁴ kuoʔ⁵ gəʔº , iu²² kəʔ⁵ lɛ⁴⁴ xaʔ⁵ gəʔº xəŋ⁴⁴ iu²² m ĩ²¹³ gəʔº dʑiɛʔ² ʑi ɛ̃³¹ y ĩ²² doŋ²² y ɛ̃²¹³ , xaʔ⁵ i³¹ tɕioŋ⁴⁴ fɛ²⁴ ĩ²¹³ gəʔº , dʑiɛʔ² pu⁵³ kʰəʔ⁵ li²² sɿ⁴⁴ ŋ²² tɕy ɛ̃²⁴ moŋ²¹³ z ĩ²² tɐɯ⁵³ kɒŋ⁴⁴ saŋ⁴⁴ , ŋəʔ²² dʑiɛʔ² lɛʔ⁵ uɛ³¹ ləº tʰi²⁴ ȵi ɛ̃³¹ iɛʔ⁵ gəʔº tɕioŋ⁴⁴ kuoʔ⁵ gəʔº iɛʔ⁴ ɕi ɛ̃⁵³ tʰi ɛ̃⁴⁴ tsɿ⁴⁴ tsuɛ⁵³ , tɐɯ⁵³ iɛʔ⁵ liº fi²⁴ ĩ²¹³ aʔ⁵ kiº , ia⁵³ lɛº y ĩ²² doŋ²² y ɛ̃²¹³ lɛº ŋə²² təŋ²⁴ y²¹ zɿ²² , dʑy ɛ̃²² ɕi⁴⁴ ka⁵³ gəʔº so⁴⁴ iɐɯ²² k ĩ⁴⁴ ɕi ɛ̃²⁴³ gəʔº dʑiaŋ²² di³¹ təʔ⁵ kʰə⁵³ kyəº bɒº , so⁴⁴ iº ŋ²² lɛº kyə⁴⁴ liº tʰi²⁴ iaŋ²⁴³ kɒŋ⁴⁴ saŋ⁴⁴ kiaŋ⁴⁴ laŋ²² saŋ⁴⁴ iɐʔ⁴ ɕiɛ̃⁵³ tʰiɛ̃⁴⁴ ,tɐɯ⁵³ tiə²⁴³ naŋ²¹³ kuaŋ⁴⁴ ȵiɛ̃⁰ lɛ⁰ , pɐɯ⁵³ ɕiə²⁴³ ləʔ⁰ yɐ⁴⁴ ŋɐ²² sɿ⁵³ fi⁴⁴ xəŋ²⁴ dʑĩ²² koŋ⁴⁴ ,zəʔ² tɕi⁵³ zaŋ⁰ ŋɐ²² zɿ²² fi⁴⁴ dəʔ⁰ nɛ̃²² tsʰə⁵³ , təʔ⁵ vɒŋ²² dʑi²² naŋ²² xaŋ⁴⁴ gəʔ⁰ da²² kɛ⁰ , ĩ⁴⁴ uɛ⁰ aŋ²¹³ iɐʔ⁵ gəʔ⁰ iɐʔ⁴ ɕiɛ̃⁵³ tʰiɛ̃⁴⁴ kʰɒʔ⁵ kʰɒ²² ziɐʔ² ziɐʔ⁵ xaʔ² daʔ² xaʔ² daʔ⁵ lɛ⁰ ,ȵi²² ɕiaŋ²⁴ lɐɯ⁵³ ɒŋ²⁴ ʑyɛ̃²¹ gəʔ⁰ kyɐ⁴⁴ kʰə⁵³ a⁰ , kʰɒʔ⁵ ziɐʔ² maŋ²⁴ nɒŋ²¹³ gəʔ⁰ 。

你如果到江山来游玩,江郎山肯定是要去的,因为它是我们江浙沪地区唯一的世界自然遗产。三片巨石自成三座山峰,直插云霄。进出江郎山有大小两个峡谷,小的峡谷最窄处只有三米,所以有地质学家说我们江郎山是中国一线天之最。2013年的时候,美国那位著名的翼装飞行极限运动员杰布·克里斯,为了体验中国的这个一线天之最,专门来江山飞一次。这类运动员呢,全世界所有惊险的地方都去过了,所以他来体验一下江郎山的一线天到底有多惊险。报纸上说他试飞很成功,实际上他是飞了两次,大概都不怎样,因为我们这里的一线天确确实实是太狭窄了,想要安全飞过去的确很难的。

再嘞除得乙江郎山,蛤⁼有好嬉个场地就是浮盖山,江山有两个山统蛮有名个。浮盖山哞倚岗⁼廿八都镇喝⁼岗⁼,乙浮盖山嘞,就是顶主个特点就是,喝⁼个石头块啊最⁼得最⁼得来,奇形怪状个,大个个哞有、高个哞有[乙样]十把廿米,衰⁼个哞嘞大概三五米,喝⁼样子哞有些儿哞跟牛[乙样]个,有些儿哞跟老虎[乙样]个,有些儿哞跟侬藏个喝个纱帽样个,有些儿哞跟冬瓜[乙样]个,所以就是喝⁼个石头促⁼上去最⁼得来。再除得乙个蛤⁼有刮⁼辣⁼向个洞,喝⁼浮盖山底高洞就是多险多险嘞,成千个个,再每个洞每个洞之间哞嘞相连个,跟个嘞地下迷宫样个,你若去走踅得哞几日几暝你得⁼踅弗出来个。

tsɐ⁵³ lɛ⁰ dʑyə²² təʔ⁰ iɐʔ⁵ kiaŋ⁴⁴ laŋ²² saŋ⁴⁴ , gəʔ² iɐɯ²² xɐɯ²⁴ xi⁴⁴ gəʔ⁰ dʑiaŋ²² di³¹ dʑiɛʔ² lɛʔ⁵ vuə²² kɛ⁴⁴ saŋ⁴⁴ , kɒŋ⁴⁴ saŋ⁴⁴ iu²² n ɛ̃²² ka⁰ saŋ⁴⁴ tʰoŋ²⁴ maŋ²¹³ iu²² m ĩ²¹³ gəʔ⁰ 。 vuə²² kɛ⁴⁴ saŋ⁴⁴ bəʔ⁰ gɛ²² kɒŋ⁰ n̠iɛ̃²² paʔ⁵ to⁴⁴ tɕi⁵³ xaʔ⁵ gɒŋ⁰ , iɛʔ⁵ vuə²² kɛ⁴⁴ saŋ⁴⁴ lɛ⁰ , dʑiɛʔ² lɛʔ⁵ t ĩ⁴⁴ tɕyə²⁴ gəʔ⁰ dəʔ² ti ɛ̃²⁴³ dʑiɛʔ² lɛʔ⁵ , xaʔ⁵ gəʔ⁰ ʑiɛʔ² du²¹³ kʰ ə²⁴ a⁰ tsuɛ²⁴ daʔ² tsuɛ²⁴ daʔ² lɛ⁰ , dʑi²⁴⁻²¹³ kua⁵³ dʑiɒŋ³¹ gəʔ⁰ , do²² ka⁵³ gəʔ⁰ bəʔ⁰ iu³¹ 、 kɐu⁴⁴ gəʔ⁰ bəʔ⁰ iu²² iaŋ²⁴³ ʑiɵ ʔ⁵ po²⁴ n̠iɛ̃²² miɛʔ² , ɕiɵ⁴⁴ gəʔ⁰ bəʔ⁰ lɛ⁰ da²² kɛ⁵³ saŋ⁴⁴ ŋuə²² miɛʔ² , xaʔ⁵ iaŋ²² tsə²⁴³ bəʔ⁰ iu²² ɕ ĩ⁴⁴ məʔ⁰ kɛ̃⁴⁴ ŋɯ²² iaŋ²⁴³ gəʔ⁰ , iu²² ɕ ĩ⁴⁴ məʔ⁰ kɛ̃⁴⁴ lɐu²² xuə²⁴ aŋ²⁴³ gəʔ⁰ , iu²² ɕ ĩ⁴⁴ məʔ⁰ kɛ̃⁴⁴ naŋ²¹³ tɛ⁵³ gəʔ⁰ aʔ⁵ gəʔ⁰ sɒ⁴⁴ mɐu³¹ aŋ³¹ gəʔ⁰ , iu²² ɕ ĩ⁴⁴ məʔ⁰ kɛ̃⁴⁴ taŋ⁴⁴ kyə⁴⁴ iaŋ²⁴³ gəʔ⁰ , so⁴⁴ i⁰ dʑiɛʔ² lɛʔ⁵ xaʔ⁵ gəʔ⁰ ʑiɵʔ² du²¹³ tsʰoʔ⁵ zaŋ²² kʰə⁵³ tsuɛ²⁴³ daʔ² lɛ⁰ 。 tsɛ⁵³ dʑyə²² dəʔ⁰ iɛʔ⁵ gəʔ⁰ gəʔ²iu²² kuaʔ⁵ laʔ² ɕiaŋ⁵³ gəʔ⁰ doŋ³¹ , xaʔ⁵ vuə²² kɛ⁵³ saŋ⁴⁴ tiə²⁴ kɐu⁴⁴ doŋ³¹ dʑiɛʔ² lɛʔ⁵ to²⁴ i ɛ̃⁰ to²⁴ i ɛ̃⁰ lɛ⁰ , ʑ ĩ²² tɕʰi ɛ̃⁴⁴ ka⁵³ gəʔ⁰ , tsɛ⁵³ mɛ²² ka⁰ doŋ³¹ mɛ²² ka⁰ doŋ³¹ tsɿ⁴⁴ ki ɛ̃⁴⁴ bəʔ⁰ lɛ⁰ ɕiaŋ²⁴ li ɛ̃²¹³ gəʔ⁰ , k ɛ̃²⁴ kəʔ⁵ lɛ⁴⁴ diə²² ia²² mi²² koŋ⁴⁴ iaŋ²⁴³ gəʔ⁰ , n̠i²² ʑia²² kʰə⁵³ tsɯ²⁴ xyɛʔ⁵ dəʔ⁰ bəʔ⁰ ki²⁴ nəʔ⁰ ki²⁴ maŋ³¹ n̠i²² təʔ⁵ xyɛʔ⁵ fəʔ⁰ tɕʰ yɛʔ⁵ lɛ²¹³ gəʔ⁰ 。

除了江郎山，还有个好玩的地方就是浮盖山，江山的这两座山都挺有名的。浮盖山位于廿八都镇，它的主要特点就是石头非常特别，奇形怪状的，大的石头有一二十米高，小的大概三五米高，形状有些像牛，有些像老虎，有些像人戴的纱帽，有些像冬瓜，所以浮盖山的石头最有看头。除此之外还有很多山洞，浮盖山下的山洞很多很多，足有上千个，每个洞之间彼此相连，像一个地下迷宫一样，你如果贸然走进去转转，可能几天几夜都转不出来。

再俺江山有喝⁼廿八都古镇，廿八都古镇嘞跟喝⁼个乌镇[乙样]个，渠都个嘞古镇啦。[乙个]个中国建筑科学院个个嘞院里个院长渠就话，倚个中国想寻得古居[乙样]集中，规模[乙样]大个，少得来，廿八都算个嘞。廿八都个居民蛮多个，四面八方来个，到[乙个]

记大概有个百四十一个姓,渠就是渠光渠个嘞镇渠个方言就十三种,再渠保存下来个[乙个]种古建筑多得多得来,你讲喝˭个一般得˭促˭弗大得个喝˭个牛腿,就是喝˭个廿八都喝˭岗˭仍蛤˭有个,再你像话喝˭种个公共个建筑比如话文昌阁、东华阁,[乙个]种公共建筑渠喝˭里个保存个地蛤˭有廿幢,再蛤˭有喝˭种个民居,就是明清时间,再哼跟乙个民国,[乙个]记个保存下来、流传下来个民居啊,蛤˭有四十几座。

tsɛ⁵³ aŋ²¹³ kɒŋ⁴⁴ saŋ⁴⁴ iɯ²² aʔ⁵ n̠iɛ̃³¹ paʔ⁵to⁴⁴ kuə⁴⁴ tɕ ĩ⁵³ , n̠iɛ̃³¹ paʔ⁵to⁴⁴ kuə⁴⁴tɕ ĩ²⁴ lɛ⁰ kɛ̃⁴⁴ xaʔ⁵ gəʔ⁰ uə⁴⁴tɕ ĩ⁵³iaŋ²⁴³ gəʔ⁰ ,ŋə²²to⁴⁴ kəʔ⁵lɛ⁴⁴ kuə⁴⁴tɕ ĩ⁵³ la⁰ 。 ia⁵³ gəʔ⁰ tɕioŋ⁴⁴ kuoʔ⁵ kiɛ̃⁵³tɕyɛʔ⁵ kʰo⁴⁴ ia² yɛ̃³¹ gəʔ⁰ kəʔ⁵lɛ⁴⁴ yɛ̃³¹ ləʔ⁰ gəʔ⁰ yɛ̃²² tɕiaŋ²⁴³ ŋə²² dʑiɛʔ² yə³¹ , gɛ²² gəʔ⁰tɕioŋ⁴⁴ kuoʔ⁵ɕiaŋ²⁴³ z̩ ĩ²² dəʔ⁰ kuə⁴⁴ kyə⁴⁴ iaŋ²⁴³giɛʔ²tɕioŋ⁴⁴ ,kuɛ²⁴mo³¹ iaŋ²⁴³do³¹ gəʔ⁰ ,ɕiɐɯ²⁴ daʔ²lɛ⁰ , n̠iɛ̃²² paʔ⁵to⁴⁴ sɒŋ⁵³ kəʔ⁵lɛ⁴⁴ 。 n̠iɛ̃²² paʔ⁵to⁴⁴ gəʔ⁰kyə²⁴ m ĩ²¹³ maŋ²²to⁴⁴ gəʔ⁰ ,ɕi⁴⁴ miɛ̃³¹ paʔ⁵fɒŋ⁴⁴li²¹³ gəʔ⁰ ,tɐɯ⁴⁴ ia⁵³ ki⁰da²² kɛ²⁴ iɐɯ²² aʔ⁵paʔ⁵ɕi⁵³ ʑiɵ ʔ²iɛʔ⁵ gəʔ⁰ ɕ ĩ⁵³ ,ŋə²² dʑiɛʔ²lɛ⁴⁴ ŋə²² kyaŋ⁴⁴ ŋə²² kəʔ⁵lɛ⁴⁴ tɕ ĩ⁴⁴ ŋə²² gəʔ⁰fɒŋ²⁴ i ɛ²¹³ dʑiɛʔ²ʑiɵʔ²saŋ⁴⁴tsoŋ²⁴³ ,tsɛ⁵³ ŋə²² pɐɯ²⁴ dzu ɛ̃²¹³ u²² lɛ⁰ gəʔ⁰ia⁵³ tsoŋ²⁴³ kuə⁴⁴ kiɛ̃⁴⁴ tɕyaʔ⁵to⁴⁴ daʔ⁵to⁴⁴ daʔ²lɛ⁰ , n̠i²² kɒŋ²⁴³ xaʔ⁵ gəʔ⁰iɛʔ⁵paŋ⁴⁴ təʔ⁵tsʰoʔ⁵fəʔ⁰du³¹ təʔ⁵ gəʔ⁰xaʔ⁵ gəʔ⁰ŋu²² tʰuɛ²⁴³ ,dʑiɛʔ²lɛʔ⁵xaʔ⁵ gəʔ⁰n̠iɛ̃²² paʔ⁵to⁴⁴ xaʔ⁵gɒŋ⁰ dʑi ɵ̃²² gəʔ²iɯ²² gəʔ⁰ ,tsɛ⁵³ n̠i²²ʑiaŋ³¹ yə³¹ xaʔ⁵tsoŋ²⁴³ gəʔ⁰ koŋ⁴⁴ goŋ³¹ gəʔ⁰kiɛ̃⁴⁴ tɕyɛʔ⁵pi⁴⁴ ʑyə²² yə³¹ vɒŋ²² tɕʰiaŋ⁴⁴ kɒʔ⁵ 、toŋ⁴⁴ uɒ²² kɒʔ⁵ , ia⁵³ tsoŋ²⁴³ koŋ⁴⁴ goŋ³¹ kiɛ̃⁴⁴ tɕyɛʔ⁵ŋə²² xaʔ⁵ləʔ⁰ gəʔ⁰pɐɯ²⁴ dzu ɛ̃²¹³ gəʔ⁰diə³¹ gəʔ²iɯ²² n̠iɛ̃³¹ dʑiaŋ³¹ ,tsɛ⁵³ gəʔ²iɯ²² xaʔ⁵tsoŋ²⁴³ gəʔ⁰m ĩ²² kyə⁴⁴ ,dʑiɛʔ²lɛʔ⁵m ĩ²² tɕʰ ĩ⁴⁴ z̩²²kiaŋ⁴⁴ ,tsɛ⁴⁴ bəʔ⁰k ɛ̃⁴⁴iɛʔ⁵ gəʔ⁰m ĩ²² kuoʔ⁵ , ia⁵³ ki⁰ gəʔ⁰pɐɯ²⁴ dzu ɛ̃²¹³ o²² lɛ⁰ 、lɯ²⁴ dzu ɛ̃²¹³ o²² lɛ⁰ gəʔ⁰m ĩ²² kyə⁴⁴a⁰ ,gəʔ²iɯ²²ɕi⁵³ iaʔ²ki²⁴³dzo³¹ 。

我们江山还有廿八都古镇,像那个乌镇一样,是个古镇。中国建筑科学研究院的一个院长就说过,在中国想找到分布这样集中、规模这么宏大的古建筑，十分难得，廿八都算一个。廿八都的居民很多，来自四面八方，到现在大概有 141 个姓，单这个镇上的方言就有 13 种。廿八都保存下来的古建筑非常丰富多样，那种一般不太看得到的木构件牛腿，廿八都那里还完好保存着。像文昌阁、东华阁那样的公共建筑，廿八都镇还保存着 20 来幢，还有明清时期、民国年间保存下来的那种古民居，也有 40 多幢。

　　再蛤⁼要话到乙个文化乙个东西，江山一定□去个场地嘞就是清漾毛氏文化村。清漾毛氏，徛岗⁼俺江山有法话徛中国得⁼有名个，渠［乙个］里场地总共出过八十三个进士，蛤⁼有八个尚书，清漾毛氏侬做个东西啊，有六部廿七卷收岗⁼俺个《四库全书》腹里向。再清漾毛氏是俺江南毛氏个发祥地。

tsE⁵³ gəʔ² iɐɯ⁵³ yə⁴⁴ tɐɯ⁰ iɛʔ⁵ gəʔ⁰ vɒŋ²² xuɒ⁴⁴ iɛɪ⁵ gəʔ⁰ tɐɯ²⁴ ɕi⁰ , kɒŋ⁴⁴ saŋ⁴⁴ iɛʔ⁵ d ĩ³¹ lɐɯ⁵³ kʰə⁵³ gəʔ⁰ dʑiaŋ²² diə³¹ lɛ⁰ dʑiɛʔ² lɛʔ⁵ tɕʰ ĩ⁴⁴ iaŋ⁵³ mɐɯ²² zɿ³¹ vɒŋ²² xuɒ⁴⁴ tsʰu ɛ̃⁴⁴ . tɕʰ ĩ⁴⁴ iaŋ⁵³ mɐɯ²² zɿ³¹ , gE²² kɒŋ⁰ aŋ²¹³ kɒŋ⁴⁴ saŋ⁴⁴ iɯ²² faʔ⁵ yə³¹ gE²² tɕion⁴⁴ kuoʔ⁵ təʔ⁵ iɯ²² m ĩ²¹³ gəʔ⁰ , ŋə²² ia⁵³ li⁰ dʑiaŋ²² diə³¹ tsoŋ²⁴ goŋ³¹ tɕʰ yɛʔ⁵ kyə⁰ paʔ⁵ ʑiɵ ʔ⁵ saŋ⁴⁴ ka⁵³ tɕ ĩ⁵³ zɿ³¹ , gəʔ² iɯ²² paʔ⁵ ka⁰ ʑiaŋ²² ɕyə⁴⁴ , tɕʰ ĩ⁴⁴ iaŋ⁵³ mɐɯ²² zɿ³¹ naŋ²¹³ tso⁴⁴ gəʔ⁰ təʔ⁵ ɕi⁴⁴ a⁰ , iɯ²² laʔ⁵ buə³¹ n̩i ɛ̃²² tsʰ əʔ⁵ ky ɛ̃⁵³ sɯ⁴⁴ kɒŋ⁴⁴ aŋ²¹³ gəʔ⁰ ɕi⁴⁴ kʰuə⁵³ dzy ɛ̃²² ɕyə⁴⁴ pəʔ⁵ liə²² xiaŋ⁵³ 。 tsE⁵³ tɕʰ ĩ⁴⁴ iaŋ⁵³ mɐɯ²² zɿ³¹ zɿ²² aŋ²¹³ kiaŋ²⁴ naŋ²¹³ mɐɯ²² zɿ³¹ gəʔ⁰ faʔ⁵ iaŋ²² di³¹ 。

　　说到人文景观，江山一定要去的地方就是清漾毛氏文化村。清漾毛氏，不仅在我们江山很有名，可以说放在全国都很有名的，那里总共出过 83 个进士，还有 8 个尚书。清漾毛氏人所写的文字，有 6 部 27 卷被收进了《四库全书》。清漾毛氏文化村是我们江南毛氏的发祥地。

风俗习惯

江山嘞有刮⁼辣⁼相乙个风俗,你话从囡妹儿开始出世,满月个时候就是装酒,再哼到个百日个时候蛤⁼□过百载,个岁哼大家蛤⁼□做个岁个生日,再甚至[乙个]嘞囡妹儿若觝是好带个侬,蛤⁼□□喝⁼个拜水井啊,或者话老樟树啊老爷老娘。

kɒŋ⁴⁴saŋ⁴⁴lɛ⁰iuɯ²²kuaʔ⁵laʔ²ɕiaŋ⁵³iɛʔ⁵gəʔ⁰fɒŋ²⁴zoʔ², n̠i²²yə⁴⁴dzoŋ²²nəʔ²mɛ²²n̠i²⁴³kʰɛ⁴⁴ɕi²⁴³tɕʰyɛʔ⁵sɛ⁵³, mi ε̃²²ŋoʔ²gəʔ⁰zɯ²²ɯ³¹dʑiɛʔ²lɛʔ²tɕiɒŋ⁴⁴tɕyə²⁴³, tsɛ⁴⁴bəʔ⁰tɐɯ⁴⁴a⁴⁴paʔ⁵nəʔ²gəʔ⁰zɯ²²ɯ³¹gəʔ²lɐɯ⁵³kyə⁴⁴paʔ⁵tsɛ²⁴³, a⁴⁴xuɛ⁴⁴bəʔ⁰da²²kɒ⁴⁴gəʔ⁰lɐɯ²¹tso⁴⁴a⁴⁴xuɛ⁴⁴gəʔ⁰saŋ⁴⁴nəʔ², tsɛ⁴⁴zi ɕ̃²²tɕi⁵³iaʔ⁴⁴lɛ⁰nəʔ²mɛ²²n̠i²⁴³ʑiɵʔ²vɒŋ²²dʑi²²xɐɯ⁴⁴ta⁴⁴gəʔ⁰naŋ²¹³, gəʔ²lɐɯ⁵³gyaŋ²²aʔ⁵gəʔ⁰pa⁴⁴y⁴⁴tɕ ĩ²⁴³a⁰, uaʔ²tɕiɛʔ⁰yə⁴⁴lɐɯ²²tɕiaŋ⁴⁴dzɯ³¹a⁰lɐɯ²²iə²¹³lɐɯ²²n̠iaŋ²¹³。

江山有很多风俗,比如从婴儿出生开始,满月时就要办酒宴,一百天时要过百载,一岁还要做周岁生日。如果这个小孩子不是很好带,他就拜水井或者老樟树为干爷干娘。

再到囡妹大起□结婚罢,结婚倒哼蛤⁼□促⁼侬家,再哼男方哼蛤⁼□往女方里去送聘,再哼蛤⁼□定金,再哼两侬会装酒,装酒嘞之后再买新屋,买新屋哼亦是有买新屋个乙个规矩个,归到新屋里去□出煞个。你如农村里倚新屋,喝⁼规矩就亦屑⁼多,先□打地基,地基打得屋倚起之后哼,蛤⁼□先出过煞,大家话归屋酒。再蛤⁼□帮喝⁼个触⁼里个香火嘞,帮渠从老家带到渠个新屋里来,再倚岗⁼新屋个上横头里装末贴末喝⁼个贴⁼里⁼公①,再以后就等于[乙个]家

---

① 贴⁼里⁼公:堂屋正面墙壁上居中悬挂或张贴的字幅,是供奉神佛祖宗的综合牌位,"贴⁼里⁼公"或为"天地公"的讹音。

侬就是单独个徛里过罢。

tsᴇ⁴⁴ tɐɯ⁵³ nəʔ² mᴇ²¹³ do²² iⁿ iɐɯ⁴⁴ kiᴇʔ⁵ xu ɛ̃⁴⁴ bɒ⁰ , kiᴇʔ⁵ xu ɛ̃⁴⁴ tɐɯ⁰ bəʔ⁰ gəʔ² lɐɯ⁴⁴ tsʰoʔ⁵ naŋ²² kɒ⁴⁴ , tsᴇ⁴⁴ bəʔ⁰ naŋ²² fɒŋ⁴⁴ bəʔ⁰ gəʔ² lɐɯ⁴⁴ uaŋ²² ŋyə²² fɒŋ⁴⁴ ləʔ⁰ kʰə⁰ soŋ⁴⁴ pʰĩ⁵³ , tsᴇ⁴⁴ bəʔ⁰ gəʔ² lɐɯ⁴⁴ dĩ²² kĩ⁴⁴ , tsᴇ⁴⁴ bəʔ⁰ nɛ̃²² naŋ⁵³ ua²² tɕiɒŋ⁴⁴ tɕyə²⁴³ , tɕiɒŋ⁴⁴ tɕyə²⁴³ ləʔ⁰ tsɯ⁴⁴ ɯ³¹ tsᴇ⁴⁴ mɒ²² sɛ̃²⁴ uoʔ⁵ , mɒ²² sɛ̃²⁴ uoʔ⁵ bəʔ⁰ iᴇʔ² lᴇ⁴⁴ iɯ²² mɒ²² s ɛ̃²⁴ uoʔ⁵ gəʔ⁰ iᴇʔ⁵ gəʔ⁰ kuᴇ⁴⁴ kyə²⁴³ gəʔ⁰ , kuᴇ⁴⁴ tɐɯ⁵³ sɛ̃²⁴ uoʔ⁵ ləʔ⁰ kʰə⁰ lɐɯ⁴⁴ tɕʰ yᴇʔ⁵ saʔ⁵ gəʔ⁰ 。 n̩i⁴⁴ ʑyə²¹³ noŋ⁴⁴ tsʰuɛ̃⁴⁴ ləʔ⁰ gᴇ sɛ̃²⁴ uoʔ⁵ , xaʔ⁵ kuᴇ⁴⁴ kyə²⁴³ dʑiᴇʔ² iᴇʔ² səʔ⁵ to⁴⁴ , ɕiɛ̃⁴⁴ lɐɯ⁴⁴ taŋ⁴⁴ diə²² kɵ⁴⁴ , diə²² kɵ⁴⁴ taŋ²⁴ təʔ⁰ uoʔ⁵ gᴇ iⁿ tsɯ⁴⁴ ɯ³¹ bəʔ⁰ , gəʔ² lɐɯ⁴⁴ ɕiɛ̃⁴⁴ tɕʰ yᴇʔ⁵ kyə⁴⁴ saʔ⁵ , da²² kɒ⁴⁴ yə⁴⁴ kuᴇ⁴⁴ uoʔ⁵ tɕyə²⁴³ 。 tsᴇ⁴⁴ gəʔ² lɐɯ⁴⁴ paŋ⁴⁴ aʔ⁵ gəʔ⁰ tɕʰ yᴇʔ⁵ liⁿ gəʔ⁰ xiaŋ⁴⁴ xuᴇ²⁴³ lᴇ⁰ , paŋ⁴⁴ ŋ²² dzoŋ²² lɐɯ²² kɒ⁴⁴ ta⁴⁴ tɐɯ⁰ ŋ²² gəʔ⁵ sɛ̃²² uoʔ⁵ ləʔ⁰ liⁿ , tsᴇ⁴⁴ gᴇ²² kaŋ⁰ sɛ̃²² uoʔ⁵ gəʔ⁰ dʑiaŋ²² uaŋ²² du²¹³ ləʔ⁰ tɕiɒŋ⁴⁴ məʔ⁰ tʰ iᴇʔ⁵ məʔ⁰ xaʔ⁵ gəʔ⁰ tʰiᴇʔ⁵ lᴇ²² koŋ⁴⁴ , tsᴇ⁵³ iⁿ²² xɯ³¹ dʑiᴇʔ² tɛ̃⁴⁴ yə²¹³ ia⁴⁴ kɒ⁴⁴ naŋ⁵³ dʑiᴇʔ² lᴇʔ⁵ tɒŋ²⁴ doʔ² gəʔ⁰ gᴇ²² ləʔ⁰ kyə⁴⁴ bɒ⁰ 。

　　孩子大了要谈婚论嫁时，还要先探访人家，男方要到女方家去送聘礼，还要给定金，然后两家办酒宴。办完酒宴要买新房，搬进新房前还要除秽祛煞。农村里造新屋，那规矩更多：先要打地基；地基打好，新屋盖好之后，还要先做除秽祛煞的仪式，叫作"归屋酒"。然后，还要把家里的香火从老屋带到新屋里来，在新屋面向大门的正墙上贴上祖先神灵的牌位，以后就等于这一家人单独在这里过日子了。

　　俺侬老倒之后嘞，徛岗꞊喝꞊个农村里蛤꞊都□装酒个，侬话"白酒"。再哼□走喝꞊日，殡倒个喝꞊日，蛤꞊□到外向去买水，新妇啊大家个时个家侬统到外向去，去水井里去买水，帮乙个水买归。到第两日个殡倒之后，蛤꞊□去缭墓，缭墓缭倒，再哼蛤꞊□去撒五谷，帮五谷撒去，再底高喝ᵉ些ⱼ样亲姓些侬，大家装末喝ᵉ个倒ᵉ西哼等起，喝ᵉ顶高喝ᵉ侬哼，喝ᵉ个倒ᵉ撼老侬个蛤ᵉ□［乙个］个话，撒起谷撒好谷哼好个，再底高哼大家徛里吆好啊好啊。

aŋ²² naŋ²¹³ lɐɯ²² tɐɯ⁰ tsɯ⁴⁴ ɯ²² lɛ⁰, gɛ²² kaŋ⁰ xaʔ⁵ gəʔ⁰ noŋ²² tsʰu ɛ̃⁴⁴ ləʔ⁰ gəʔ⁵ to⁴⁴ lɐɯ⁴⁴ tɕiɒŋ⁴⁴ tɕyə²⁴³ gəʔ⁰, naŋ²² yə⁴⁴ baʔ⁵ tɕyə²⁴³。tsɛ⁴⁴ bəʔ⁰ lɐɯ⁴⁴ tsɯ²⁴³ xaʔ⁵ nəʔ², p ĩ⁴⁴ tɐɯ⁰ gəʔ⁰ xaʔ⁵ nəʔ², gəʔ⁵ lɐɯ⁵³ tɐɯ⁴⁴ ua²² xaŋ⁵³ kʰə⁰ mɒ²² y²⁴³, soŋ⁴⁴ vuə²² aᵒ da²² kɒ⁴⁴ a⁴⁴ ʑiɕ²¹³ a⁴⁴ kɒ⁴⁴ naŋ⁵³ tʰoŋ⁴⁴ tɐɯ⁵³ ua²² xaŋ⁴⁴ kʰə⁰, kʰə⁵³ y⁴⁴ tɕ ĩ²⁴³ ləʔ⁵ kʰə⁰ mɒ²² y²⁴³, paŋ⁴⁴ iɛʔ⁵ gəʔ⁰ y²⁴³ mɒ²² kuɛ⁴⁴。tɐɯ⁴⁴ di²² n ɛ̃²² nəʔ⁵ gəʔ⁰ p ĩ⁵³ tɐɯ⁰ tsɯ⁴⁴ ɯ²², gəʔ⁵ lɐɯ²² kʰə⁰ liɐɯ²² muə³¹, liɐɯ²² muə³¹ liɐɯ²² tɐɯ⁰, tsɛ⁴⁴ bəʔ⁰ gəʔ⁵ lɐɯ²² kʰə⁰ saʔ⁵ ŋuə²² kuoʔ⁵, paŋ⁴⁴ ŋuə²² kuoʔ⁵ saʔ⁵ kʰə⁰, tsɛ⁴⁴ tiə⁴⁴ kɐɯ⁴⁴ xaʔ⁵ ɕ ĩ⁴⁴ iaŋ³¹ tɕʰ ĩ⁴⁴ ɕ ĩ⁵³ ɕiɛʔ⁵ naŋ²¹³, da²² kɒ⁴⁴ tɕiɒŋ⁴⁴ məʔ⁰ xaʔ⁵ gəʔ⁰ təʔ⁵ ɕi⁴⁴ bəʔ⁰ t ɛ̃⁴⁴ i²⁴³, xaʔ⁵ t ĩ⁴⁴ kɐɯ⁴⁴ xaʔ⁵ naŋ⁴⁴ bəʔ⁰, xaʔ⁵ gəʔ⁰ tɐɯ²⁴ iaʔ⁵ lɐɯ⁴⁴ naŋ²¹³ bəʔ⁰ gəʔ⁵ lɐɯ²² ia⁴⁴ gəʔ⁰ yə⁴⁴, saʔ⁵ iᵒ kuoʔ⁵ saʔ⁵ xɐɯ⁴⁴ kuoʔ⁵ bəʔ⁰ xɐɯ²⁴³ gəʔ⁰, tsɛ⁴⁴ tiə⁴⁴ kɐɯ⁴⁴ bəʔ⁰ da² kɒ⁴⁴ gɛ²² ləʔ⁰ iɐɯ⁴⁴ xɐɯ²⁴ aᵒ xɐɯ²⁴ aᵒ。

在农村里，人老死了以后也要办酒宴，人称"白酒"。下葬那天，一家人都到外面的水井边去把水买回来。第二天出殡以后，还要去绕墓三周，绕墓结束还要撒五谷。风水先生站在坟头上一边吆喝一边撒五谷，跪在下面的直系至亲要兜起孝服衣襟，接纳撒下的五谷，撒一把五谷众人应一声好啊。

再俺江山侬顶流行个就是喝ᵉ个抽惊，你比如有些ⱼ囡妹ⱼ啊，突不知啊惊着罢，再俺就□去帮渠抱起抽惊个，一般情况下向，有些ⱼ哼帮囡妹抱过去个，有些ⱼ衡抱过个嘞，就是□囡妹个贴身戴个个件衣裳畀过去，［乙个］记有些ⱼ喝ᵉ个村里，岁数大个老嬬侬自家得ᵉ会抽个，帮囡妹ⱼ个衣裳装末喝ᵉ个米斗，帮米、米瓮里帮渠米绰起，绰个斗米，帮乙个衣裳哼帮渠包起，包起之后装末三蔸香徛岗ᵉ喝ᵉ

个米瓮顶高,样趥去趥去趥去趥去,再渠帮乙个衣裳掀得之后,促
乙个米翁里个米,渠就知得囡妹嚓＝里嚓＝里惊罢,再帮乙香插岗＝
乙顶高个插,再等于乙个囡妹乙个惊抽去罢,再就劭惊罢,古怪得古
怪得来。

tsɛ⁴⁴aŋ²²kɒŋ⁴⁴saŋ⁴⁴naŋ⁵³tĩ⁴⁴luɯ²²ĩ²¹³gəʔ⁰dʑiɛʔ²lɛʔ⁵aʔ⁵gəʔ⁰tsʰɯ⁴⁴kuaŋ⁴⁴,
n̩i²²pi⁴⁴ʑyə²¹³iuɯ²²ɕĩ⁴⁴nəʔ²mɛ²²n̩i²⁴³a⁰,dəʔ²pəʔ⁵tsu⁴⁴a⁰kuaŋ⁴⁴dəʔ⁰bɒ⁰,tsɛ⁴⁴
aŋ²¹³dʑiɛʔ²lɛuɯ⁴⁴kʰə⁵³paŋ⁴⁴ŋə²²buə²²kʰəʔ⁰tsʰɯ⁴⁴kuaŋ⁴⁴gəʔ⁰,iɛʔ⁵paŋ⁴⁴dzĩ²²
kʰuaŋ⁴⁴o²²xiaŋ⁴⁴,iuɯ²²ɕĩ⁴⁴bəʔ⁰paŋ⁴⁴nəʔ²mɛ²¹³buə²²kyə⁴⁴kʰə⁵³gəʔ⁰,iuɯ²²ɕĩ⁴⁴
vɒŋ²²buə²²kyə⁴⁴gəʔ⁰lɛ⁰,dʑiɛʔ²lɛʔ⁵lɛuɯ⁴⁴nəʔ²mɛ²¹³gəʔ⁰tʰiɛʔ⁵ɕiθ̃⁴⁴tɛ⁴⁴gəʔ⁰a⁴⁴
dʑiɛ̃³¹i²⁴ʑiaŋ⁵³pɛ⁴⁴kyə⁴⁴kʰə⁰,ia⁵³kiº iuɯ²²ɕĩ⁴⁴aʔ⁵gəʔ⁰tsʰuɛ̃⁴⁴liº,xuɛ⁴⁴ɕyə⁴⁴
do²²gəʔ⁰lɛuɯ²²ʑiɛʔ²naŋ²¹³dzəʔ²kɒ⁴⁴təʔ⁵ua²²tsʰɯ⁴⁴gəʔ⁰,paŋ⁴⁴nəʔ²mɛ²²n̩i²⁴³
gəʔ⁰i⁴⁴ʑiaŋ⁵³tɕiɒŋ⁴⁴məʔ⁰xaʔ⁵gəʔ⁰mi²²tuɯ²⁴³,paŋ⁴⁴mi²²、mi²²oŋ⁴⁴ləʔ⁰paŋ⁴⁴ŋə²²
mi²²tɕʰyaʔ⁵iº,tɕʰyaʔ⁵a⁴⁴tuɯ²⁴³mi²²,paŋ⁴⁴iɛʔ⁵gəʔ⁰i⁴⁴ʑiaŋ⁵³bəʔ⁰paŋ⁴⁴ŋə²²pɐuɯ⁴⁴iº,
pauɯ⁴⁴iºtsu⁴⁴u³¹tɕiɒŋ⁴⁴məʔ⁰saŋ⁴⁴tuɯ⁴⁴xiaŋ⁴⁴gɛ²²kaŋ⁰xaʔ⁵gəʔ⁰mi²²oŋ⁵³tĩ⁴⁴
kɐuɯ⁴⁴,iaŋ²⁴xyɛʔ⁵kʰə⁰xyɛʔ⁵kʰə⁰xyɛʔ⁵kʰə⁰xyɛʔ⁵kʰə⁰,tsɛ⁴⁴ŋə²²paŋ⁴⁴
iɛʔ⁵gəʔ⁰i⁴⁴ʑiaŋ⁵³xɛ̃⁴⁴təʔ⁰tsu⁴⁴u³¹,tsʰoʔ⁵iɛʔ⁵gəʔ⁰mi²²oŋ⁵³ləʔ⁰gəʔ⁰mi²²,ŋə²²
dʑiɛʔ²tsə⁴⁴tiɛʔ⁵nəʔ²mɛ²¹³tsʰaʔ⁵ləʔ⁰tsʰaʔ⁵ləʔ⁰kuaŋ⁴⁴bɒ⁰,tsɛ⁴⁴paŋ⁴⁴iɛʔ⁵xiaŋ
tsʰaʔ⁵kaŋ⁰iɛʔ⁵tĩ²⁴kɐuɯ⁴⁴a⁴⁴tsʰaʔ⁵,tsɛ⁴⁴tɛ̃⁴⁴yə²¹³iɛʔ⁵gəʔ⁰nəʔ²mɛ²¹³iɛʔ⁵gəʔ⁰
kuaŋ⁴⁴tsʰɯ²⁴kʰə⁵³bɒ⁰,tsɛ⁴⁴dʑiɛʔ²fa⁴⁴kuaŋ⁴⁴bɒ⁰,kuə⁴⁴kua⁵³daʔ²kuə⁴⁴
kua⁵³daʔ²lɛ⁰。

另外,我们江山人最流行的就是抽惊。比如有些小孩子突然间
受了惊吓,我们就要把他抱去抽惊了。一般情况下,是把孩子抱过
去的,有些不抱过去的呢,就把这孩子贴身穿的一件衣服拿过去。
有些村里的老奶奶自己会抽惊,她从米瓮里舀一盏米,拿孩子的衣
服把米包起来。包好后点上三炷香在米瓮顶上,绕啊绕啊绕,然后
把衣服掀掉,再看一下米瓮里的米,她就知道孩子在哪儿被吓着了,

再把香往上面一插,就等于把这孩子的惊抽去了,就不会惊了,实在
是奇怪得很。

(2015 年 8 月 25 日,江山,发音人:徐珺)

二、对　话

传统节日

文娟:哎,老蔡哎,□过年罢,喂吔,字ᴮ快个啦? 俺亦老一岁哼嘞!

E^{44}, $lɐɯ^{22}tsʰa^{44}E^0$, $lɐɯ^{44}kyə^{44}ȵiɛ̃^{213}bɒ^0$, $uE^{22}iə^0$, $bəʔ^0kʰua^{44}gə^0la^0$?

$aŋ^{22}iEʔ^2lɐɯ^{22}iEʔ^5xuE^{53}bəʔ^0lE^0$!

哎,老蔡哎,要过年了,真快呀! 我们又老一岁了!

张康:囡妹儿哼大起,啦。

$nəʔ^2mE^{22}ȵi^{243}bəʔ^0do^{22}i^0$, la^{44}。

小孩子也长大了。

文娟:哎,细后生哼你促ᴮ,大一岁。

E^{24}, $ɕiə^{44}uoʔ^2saŋ^{243}bəʔ^0ȵi^{22}tsʰo^{25}$, $do^{22}iEʔ^5xuE^{53}$。

哎,你看,小伙子又大一岁。

老蔡:过年有东西哐嘛!

$kyə^{44}ȵiɛ̃^{213}iɯ^{22}təʔ^5ɕi^{44}tiEʔ^5ma^0$!

过年有东西吃嘛!

张康:有红包界。

$iɯ^{22}oŋ^{22}pɐɯ^{44}pE^{44}$。

有红包拿。

文娟:早时望过年,[乙个]记喃ᴮ个心情嘞?

$tɕiɐɯ^{24}ʑiɵ^{213}miaŋ^{22}kyə^{44}ȵiɛ̃^{213}$, $ia^{53}ki^0naŋ^{213}gəʔ^0ɕĩ^{44}dʑĩ^{213}lE^0$?

从前盼过年，现在是怎样的心情呢？

老蔡：以前么侬所话个枏牢新妇望时节，［乙个］记哼过年哼得⁼无所
谓哼啦大家啦。

i²² dʑiɛ̃²¹³ məʔ⁰ naŋ²¹³ so⁴⁴ yə⁴⁴ gəʔ⁰ ɕiɐɯ⁴⁴ lɐɯ²² soŋ⁴⁴ vuə²² miaŋ²² ʑiɵ²²
tɕiɛʔ⁵，ia⁵³ ki⁰ bəʔ⁰ kyə⁴⁴ ɲiɛ̃²¹³ bəʔ⁰ təʔ⁵ u²² so⁴⁴ uɛ³¹ bəʔ⁰ la⁰ da²² kɒ⁴⁴ la⁰。

以前俗话说"馋嘴童养媳盼过节"，现在大家过年都无所谓了。

文娟：守牛细儿望过年。

yə⁴⁴ ŋɯ²² ɕiə⁴⁴ ɲi²⁴³ miaŋ²² kyə⁴⁴ ɲiɛ̃²¹³。

放牛娃儿盼过年。

老蔡：平常跟过年反正差弗大多个。

bĩ²² dʑiaŋ²¹³ kɛ̃⁴⁴ kyə⁴⁴ ɲiɛ̃²¹³ faŋ²⁴ tɕĩ⁵³ tsʰɒ⁴⁴ fəʔ⁵ do²² to⁴⁴ gəʔ⁰。

平常跟过年反正差不太多的。

文娟：乙都事实。

iɛʔ⁵ to⁴⁴ ʑiɵ²² ʑiɛʔ²。

这也是事实。

老蔡：不过过年哼，暖热嘞□暖热个末嘞，大家喝⁼个一些儿喝⁼个亲
姓朋友哼，大家都归罢。

pəʔ⁵ ko⁴⁴ kyə⁴⁴ ɲiɛ̃²¹³ bəʔ⁰，naŋ²² ɲiɛʔ² ləʔ⁰ lɐɯ⁴⁴ naŋ²² ɲiɛʔ² a⁴⁴ məʔ⁰ lɛ⁰，
da²² kɒ⁴⁴ xaʔ⁵ gəʔ⁰ iɛʔ⁵ ɕĩ⁴⁴ xaʔ⁵ gəʔ⁰ tɕʰĩ⁴⁴ ɕĩ⁴⁴ boŋ²² iɯ²² bəʔ⁰，da²²
kɒ⁴⁴ to⁴⁴ kuɛ⁴⁴ bɒ⁰。

不过过年还是更热闹一些，那些平时在外面的亲戚朋友也都
回老家了。

张康：都拜年，啦。

to⁴⁴ pa⁴⁴ ɲiɛ̃²¹³，la⁴⁴。

都要拜年。

老蔡：蛤⁼□拜年，欸。

gəʔ² lɐɯ⁴⁴ pa⁴⁴ n̩iɛ̃²¹³，ɛ³¹。

还要拜年，嗯。

张康：走来走去大家。衰⁼衰⁼嘞无嘞咥，过年哼有衣裳戴，有新衣裳
买、新衣裳戴，有猪肉咥，你平常嚓⁼咥得到嘎？就是望过年
喝⁼日咥。

tsɯ⁴⁴li⁰tsɯ⁴⁴kʰə⁵³da²²kɒ⁴⁴。ɕiɵ⁴⁴ɕiɵ⁵³lɛ⁰mu⁴⁴ləʔ⁰tiɛʔ⁵，kyə⁴⁴n̩iɛ̃²¹³
bəʔ⁰iɯ²²i⁴⁴ʑiaŋ⁵³tɛ⁵³，iɯ²²sɛ̃⁴⁴i²²ʑiaŋ⁵³mɒ²²、sɛ̃⁴⁴i²²ʑiaŋ⁵³tɛ⁵³，iɯ²²
tɒ⁴⁴n̩iɒʔ²tiɛʔ⁵，n̩i²²bĩ²²dʑiaŋ²¹³tsʰaʔ⁵tiɛʔ⁵təʔ⁰tɐɯ⁰ga⁰？dʑiɛʔ²lɛʔ⁵
miaŋ⁴⁴kyə⁴⁴n̩iɛ̃²¹³xaʔ⁵nəʔ²tiɛʔ⁵。

大家往来走动。小时候没啥吃，过年了才有新衣服穿、有猪肉
吃，平常你哪能吃得到啊？就是盼着过年那天吃。

文娟：是是是。喝⁼[乙个]记嘞顶多个，我就是理得亦屑⁼[乙样]个：
儿女从外地逃归促⁼驰爸啦，再哼过年喝⁼三四日缭里拜年，
啦。该当拜个，啦，外婆外公、舅儿嘞，缭里走一记，乙就是依
话乙个平时勌大倚会个啦，[乙个]记就是依话会会面，啦。

dʑiɛʔ²dʑiɛʔ²dʑiɛʔ²。xaʔ⁵ia⁵³ki⁰lɛ⁰tĩ⁴⁴tɒ⁴⁴gə⁰，ŋɒ²²dʑiɛʔ²lɛʔ⁵li²²
təʔ⁵iɛʔ⁵səʔ⁰iaŋ²⁴gə⁰：n̩i²²nɒ²²dzoŋ²²ua²²di²²dɐɯ²²kuɛ⁴⁴tsʰoʔ⁵tɕia⁴⁴
pɒ⁴⁴la⁰，tsɛ⁴⁴bəʔ⁰kyə⁴⁴n̩iɛ̃²¹³xaʔ⁵saŋ⁴⁴ɕi⁴⁴nəʔ²liɐɯ⁰li²¹³pa⁴⁴n̩iɛ̃²¹³，la⁰。
kɛ⁴⁴taŋ⁴⁴pa⁴⁴gə⁰，la⁴⁴，ua²²biɵ²²ua²²kəŋ²⁴³、gəŋ²²lɵ⁰，liɐɯ²²li³¹tsɯ⁴⁴a⁴⁴
ki⁵³，iɛʔ⁵dʑiɛʔ²lɛʔ⁵naŋ²²yə⁴⁴iɛʔ⁵gə⁰bĩ²²zɯ²¹³vɒŋ²²do²²gɛ²²uɛ³¹gəʔ⁰la⁴⁴，
ia⁵³ki⁰dʑiɛʔ²lɛʔ⁵naŋ²²yə⁴⁴uɛ⁴⁴uɛ³¹miɛ̃³¹，la⁴⁴。

是是是。现在我感到最普遍的情况是这样的：子女们从外地
赶回来看望父母，过年那三四天各处拜年。外公外婆、舅舅这
些亲戚都应该去拜访一下，走一下。这就是俗话说的平时不
大聚，过年会会面。

老蔡：过年嘞俺中国嘞，侬话做喝⁼个网里所话个，十几亿侬大迁徒①，全中国个有法话，大家得⁼□动起嘞，再乙个些儿渠得⁼□去归一记个。

kyə⁴⁴ ȵiɛ̃²¹³ lE⁰ aŋ²⁴³ tɕioŋ⁴⁴ kuoʔ²⁵ lE⁰ , naŋ²² yə⁴⁴ tso⁴⁴ xaʔ²⁵ gəʔ⁰ mɒŋ²² ləʔ⁰ so⁴⁴ yə⁴⁴ gəʔ⁰ , ʑiɵ ʔ² ki⁴⁴ i⁵³ naŋ²¹³ da²² tɕʰiɛ̃⁴⁴ du²¹ , ʑy ɛ̃²² tɕioŋ⁴⁴ kuoʔ²⁵ gəʔ⁰ iɯ²² faʔ yə⁴⁴ , da²² kɒ⁴⁴ təʔ²⁵ lɯu⁴⁴ doŋ²² ki⁰ lE⁰ , tsE⁴⁴ iEʔ²⁵ gəʔ⁰ ɕ ĩ⁵³ ŋə²² təʔ²⁵ lɯu⁴⁴ kʰə⁵³ kuE⁴⁴ a⁴⁴ i⁴⁴ gəʔ⁰ 。

照网上的说法，我们中国人的过年是十几亿人大迁徒，可以说全中国都要动，无论如何都要回一趟老家。

文娟：所以过年蛮喝⁼个重个个嘞好时节，啦。

so⁴⁴ i⁰ kyə⁴⁴ ȵiɛ̃²¹³ maŋ²² xaʔ²⁵ gəʔ⁰ dʑioŋ²² gəʔ⁰ kəʔ²⁵ lE⁴⁴ xɐu⁴⁴ ʑiɵ²² tɕiEʔ²⁵ , la⁴⁴ 。

所以过年是挺重要的一个节日，是吧。

老蔡：是，过年嘞喝⁼是快得来，个嘞年一过哼亦清明罢，你真，俺江山个乙个清明嘞，[乙个]记做清明馃嘞，大家都亦屑⁼兴起哼嘞，以前我记得俺做清明馃嘞，统磨喝⁼个燥粉做个，喝⁼燥粉做乙个清明馃，喝⁼跟[乙个]记个无法比，喝⁼个弗好哩。[乙个]记嘞统拖浆磨个啰，拖浆磨再哼。艾嘞一贯理得俺以前都有个啦，你始终。

dʑiEʔ² , kyə⁴⁴ ȵiɛ̃²¹³ lE⁰ xaʔ²⁵ dʑiEʔ² kʰua⁴⁴ daʔ² lE⁰ , kəʔ²⁵ lE⁴⁴ ȵiɛ̃²¹³ a⁴⁴ kyə⁴⁴ bəʔ iEʔ² tɕʰ ĩ²⁴ m ĩ⁵³ bɒ⁰ , ȵi²² tɕi ɵ̃⁴⁴ , aŋ²² kɒŋ⁴⁴ saŋ⁴⁴ gəʔ⁰ iEʔ⁵ gəʔ⁰ tɕʰ ĩ²⁴ m ĩ⁵³ lE⁰ , ia⁵³ ki⁰ tso⁴⁴ tɕʰ ĩ²⁴ m ĩ⁵³ kyə²⁴³ lE⁰ , da²² kɒ⁴⁴ to⁴⁴ iEʔ² səʔ⁵ x ĩ⁵³ ki⁰ bəʔ⁰ lE⁰ , i⁴⁴ dʑi ɛ̃²¹³ ŋɒ²² k ɵ⁴⁴ təʔ⁰ aŋ²² tso⁴⁴ tɕʰ ĩ⁴⁴ m ĩ⁴⁴ kyə²⁴³ lE⁰ , tʰoŋ²⁴³ miɵ²² xaʔ²⁵ gəʔ⁰ sɐu⁴⁴ f ɛ̃²⁴³ tso⁴⁴ gəʔ⁰ , xaʔ²⁵ sɐu⁴⁴ f ɛ̃²⁴³ tso⁴⁴ iEʔ⁵ gəʔ⁰

---

① 此处发音人口误，应作"迁徒"。

tɕʰ ĩ⁴⁴ m ĩ⁴⁴ kyə²⁴³ , xaʔ⁵ k ɛ⁴⁴ ia⁵³ kiᵒ gəʔᵒ m⁴⁴ faʔ⁵ pi²⁴³ , xaʔ⁵ gəʔᵒ fəʔ⁵ xɐɯ²⁴³tiɛʔ⁵ 。 ia⁵³ kiᵒ lɐᵒ tʰoŋ²⁴³ tʰa⁴⁴tɕiaŋ⁴⁴ miə²² gəʔᵒ loᵒ , tʰa⁴⁴tɕiaŋ⁴⁴ miə⁵³tsɐ⁴⁴ bəʔᵒ 。 ŋa²² lɐᵒ iɛʔ⁵ kuaŋ⁵³ li²¹³ təʔ⁵ aŋ²¹³ i⁴ dʑi ɛ̃²¹³ to⁴⁴ iɯ²² gəʔᵒ laᵒ , ȵi²² ɕi⁴⁴tɕioŋ⁴⁴ 。

是,过年快得很,新年一过就又到清明了。我们江山的清明节呢,现在大家都时兴做清明馃了。我记得以前的清明馃都是用干粉做的,干粉做的清明馃跟现在的没法比,不好吃。现在都用水磨米粉,带水出浆的。艾叶倒是一直以来也都用的。

文娟:有些儿饭店嘞㓐多个。

iɯ²² ɕi ĩ⁴⁴ vaŋ²² ti ɛ̃²⁴³ lɐᵒ fa⁴⁴to⁴⁴ gəʔᵒ 。

有些饭店不大用艾叶的。

张康:外向弗装个。

ua²² xaŋ⁵³ fəʔ⁵ tɕiɐŋ⁴⁴ gəʔᵒ 。

外地不用艾叶的。

文娟:再有些儿外向依得㓐㶸,俺江山个清明馃就是有艾个。我今日带得两个杭州侬去哐清明馃,渠话哎哟,乙个好哐,八个,一侬四个,还有一侬两个包子,喝㶸个渠就是话乙个艾有一种喝㶸个味道个。

tsɐ⁴⁴ iɯ²² ɕi⁴⁴ ua²² xaŋ⁵³ naŋ²¹³ təʔ⁵ vɒŋ²² , aŋ²² kɒŋ⁴⁴ saŋ⁴⁴ gəʔᵒ tɕʰ ĩ⁴⁴ m ĩ⁴⁴ kyə²⁴³ dʑiɛʔ² lɐʔ⁵ iɯ²² ŋa³¹ gəʔᵒ 。 ŋɒ²² kɒʔ⁵ ləʔᵒ ta⁴⁴ ləʔᵒ n ɛ̃²² kaᵒ ɒŋ²² tsɯ⁴⁴ naŋ⁵³ kʰ ə⁴⁴ tiɛʔ⁵ tɕʰ ĩ⁴⁴ m ĩ⁴⁴ kyə²⁴³ , ŋə²² yə⁴⁴ ɛ⁴⁴ ioᵒ , iɛʔ⁵ gəʔᵒ xɐɯ⁴⁴ tiɛʔ⁵ , paʔ⁵ ka⁵³ , iɛʔ⁵ naŋ²¹³ ɕi⁴⁴ ka⁵³ , gəʔ² iɯ²² iɛʔ⁵ naŋ²¹³ n ɛ̃²² ka⁵³ pɐɯ⁴⁴ tsəᵒ , xaʔ⁵ gəʔᵒ ŋə²² dʑiɛʔ⁵ lɐʔ⁵ yə⁴⁴ iɛʔ⁵ gəʔᵒ ŋa²² iɯ²² a⁴⁴ tsoŋ²⁴³ xaʔ⁵ gəʔᵒ mi²² dɐɯ³¹ gəʔᵒ 。

外地人都不用艾叶,我们江山的清明馃是有艾叶的。我今天带了两个杭州人去吃清明馃,他们夸这个好吃,每人吃了四个,外加两个包子,他说这个艾叶有一种特殊味道。

老蔡：有一种艾香嘞嘛。

iɯ^{22} a^{44} tsoŋ^{243} ŋa^{22} xiaŋ^{44} lᴇ^{0} ma^{0}。

有一种艾香嘛。

张康：□起，咥记都舒服。

gɒ^{22} i^{53}，tiᴇʔ^{5} i^{0} to^{44} ɕyə^{44} vəʔ^{2}。

咬一口，吃得也舒服。

文娟：是。

dʑiᴇʔ^{2}。

是。

老蔡：再俺江山个生菜几好哱啦，你喝⁼个自家……

tsᴇ^{44} aŋ^{213} kɒŋ^{44} saŋ^{44} gəʔ^{0} saŋ^{24} tɕʰi^{53} ki^{44} xaɯ^{243} bəʔ^{0} la^{0}，ȵi^{22} xaʔ^{5} gəʔ^{0} dʑiᴇʔ^{2} kɒ^{44}……

我们江山的生菜多好啊，你那个自己……

文娟：生菜豆腐干，农村个瓮里，得⁼香菇倒⁼西包喝⁼腹里。

saŋ^{44} tɕʰi^{53} dəʔ^{2} vəʔ^{2} kɒŋ^{44}，noŋ^{22} tsʰu ɛ̃^{44} gəʔ^{0} oŋ^{44} ləʔ^{0}，təʔ^{5} xiaŋ^{44} kuə^{44} tɐɯ^{24} ɕi^{0} pɐɯ^{44} xaʔ^{5} poʔ^{5} ləʔ^{0}。

生菜豆腐干，农村的坛瓮里都腌着香瓜什么的。

老蔡：俺自家做个嘞，[乙个]记一般得⁼挼水生菜个，喝⁼个挼起喝⁼个水生菜嘞，亦嫩哱亦脆。

aŋ^{213} dʑiᴇʔ^{2} kɒ^{44} tso^{44} gəʔ^{0} lᴇ^{0}，ia^{53} ki^{0} iᴇʔ^{5} paŋ^{44} təʔ^{5} no^{22} ɕy^{44} saŋ^{44} tɕʰi^{53} gəʔ^{0}，xaʔ^{5} gəʔ^{0} no^{22} ki^{0} xaʔ^{5} gəʔ^{0} ɕy^{44} saŋ^{44} tɕʰi^{53} lᴇ^{0}，iᴇʔ^{2} n ɵ̃^{44} bəʔ^{0} iᴇʔ^{2} tsʰuᴇ^{53}。

我们家自己做腌菜，现在一般都用新鲜芥菜做，新鲜芥菜揉过以后又嫩又脆。

张康：渠外向嘞有些清明粿装末色素个喂。

ŋə^{22} ŋua^{22} xaŋ^{53} lᴇ^{0} iɯ^{22} ɕiə^{44} tɕʰĩ^{44} mĩ^{44} kyə^{243} tɕiɒŋ^{44} məʔ^{0} səʔ^{5} suə^{53} gəʔ^{0} uᴇ^{0}。

外地有些清明馃是加色素的。

文娟：有些儿装白菜叶，都有个，是，促⁼起青个颜色，实际一末劦香个。

iɯ²² ɕ ĩ⁴⁴ tɕiɒŋ⁴⁴ baʔ² tɕʰi⁵³ dʑiɛʔ² , to²⁴ iɯ²² gəʔ⁰ , dʑiɛʔ² , tsʰoʔ⁵ i⁵³

tɕʰ ĩ⁴⁴ gəʔ⁰ ŋaŋ²² səʔ⁵ , ʑiɐ ʔ² tɕi⁵³ a⁴⁴ məʔ⁰ fa⁴⁴ xiaŋ⁴⁴ gəʔ⁰ 。

也有些用白菜叶做的，看上去是青色，实际上一点都不香。

张康：我衰⁼衰⁼都就喝⁼记做出来，我自家得⁼会包个，边包边咥个
　　　喝⁼记，装得⁼弗装个，就有法咥个嘛，边包边咥罢。

ŋɒ²² ɕiɐ⁴⁴ ɕiɐ⁵³ to⁴⁴ dʑiɛʔ² xaʔ⁵ ki⁰ tso⁴⁴ tɕʰyɛʔ⁵ li⁰ , ŋɒ²² dʑiɛʔ² kɒ⁴⁴ təʔ⁵

uɛ³¹ pɐɯ⁴⁴ gəʔ⁰ , pi ɛ̃⁴ pɐɯ⁴⁴ pi ɛ̃⁴⁴ tiɛʔ⁵ gəʔ⁰ xaʔ⁵ i⁰ , tɕiɒŋ⁴⁴ təʔ⁵ fəʔ⁵

tɕiɒŋ⁴⁴ gəʔ⁰ , dʑiɛʔ² iɯ²² faʔ⁵ tiɛʔ⁵ gəʔ⁰ ma⁰ , pi ɛ̃⁴ pɐɯ⁴⁴ pi ɛ̃⁴⁴ tiɛʔ⁵ bɒ⁰ 。

我小时候也那么做清明馃，我自己都会包的，边包边吃，没蒸
也可以吃的嘛。

文娟：滚个滚个，夹滚。

ku ɛ̃²⁴³ gəʔ⁰ ku ɛ̃²⁴³ gəʔ⁰ , kaʔ⁵ ku ɛ̃²⁴³ 。

馃坯是熟的，可以趁热吃。

张康：我六七岁一火⁼一暝昏，一火⁼连著咥七八个嘞，得⁼好咥个蛮
　　　[乙样]东西。

ŋɒ²² laʔ² tsʰəʔ⁵ xuɛ⁵³ a⁴⁴ xuɛ²⁴³ a⁴⁴ maŋ²² xu ɛ̃⁴⁴ , a⁴⁴ xuɛ²⁴³ li ɛ̃²² dʑyɒ²² tiɛʔ⁵

tsʰəʔ⁵ paʔ⁵ ka⁵³ lɛ⁰ , təʔ⁵ xɐɯ⁴⁴ tiɛʔ⁵ gəʔ⁰ maŋ²¹³ iaŋ²⁴ təʔ⁵ ɕi⁴⁴ 。

我六七岁时一晚上能连吃七八个呢，这清明馃很好吃的。

老蔡：乙个记□你咥你得⁼咥弗下。

iɛʔ⁵ a⁴⁴ ki⁴⁴ gyaŋ²² ɲi⁴⁴ tiɛʔ⁵ ɲi²² təʔ⁵ tiɛʔ⁵ fəʔ⁵ o³¹ 。

现在叫你吃你都吃不下。

张康：咥得下个。

tiɛʔ⁵ ləʔ⁰ o³¹ gəʔ⁰ 。

吃得下的。

文娟：朆好[乙样]个。俺清明个时节事实[乙样]，徛江山来话，蛮重
　　　视嘞大家嘞。

vɒŋ²² xɐɯ⁴⁴ iaŋ²⁴³ gəʔ⁰。aŋ²¹³ tɕʰ ĩ⁴⁴ m ĩ⁵³ gəʔ⁰ ʑiɵ²² tɕiɛʔ⁵ ʑiɵ²² ʑiɛʔ²
iaŋ²⁴³，gɛ²² kɒŋ⁴⁴ saŋ⁴⁴ lɛ²² yə⁴⁴，maŋ²¹³ dʑioŋ²² zu³¹ lɛ⁰ da²² kɒ⁴⁴ lɛ⁰。

不能这么吃的。事实上，在江山，大家是挺重视清明节的。

张康：哦，蛤⁼□上坟孛⁼是？

o³¹，gəʔ² lɐɯ⁵³ dʑiaŋ²² v ɛ̃²¹³ bəʔ² dʑiɛʔ²？

哦，还要上坟是吧？

文娟：哎，□上坟个，侬话前三后七，就前个三日跟后个七日，统有法
　　　上坟个清明。

ɛ³¹，lɐɯ⁴⁴ dʑiaŋ²² v ɛ̃²¹³ gəʔ⁰，naŋ²² yə⁴⁴ dʑi ɛ̃²² saŋ⁴⁴ u²² tɕʰiɛʔ⁵，dʑiɛʔ² dʑi ɛ̃²²
gəʔ⁰ saŋ⁴⁴ nəʔ² k ɛ̃⁴⁴ u²² gəʔ⁰ tsʰ ə̃ʔ⁵ nəʔ²，tʰoŋ⁴⁴ iɯ²² faʔ⁵ dʑiaŋ²² v ɛ̃²¹³
gəʔ⁰ tɕʰ ĩ²⁴ m ĩ⁵³。

哎，要上坟的，俗话说前三后七，就是清明前三天和后七天都
可以上坟的。

张康：清明上坟。

tɕʰ ĩ⁴⁴ m ĩ⁵³ dʑiaŋ²² v ɛ̃²¹³。

清明上坟。

文娟：嗯，就是话清明馃乙个是肯定个，再哼酒，再哼乙些ɪ渠在生
　　　欢喜哐个东西统□带个。清明样时节刮⁼蜡⁼相侬从外地赶
　　　归，儿女，喝⁼重阳渠些侬上坟就弗一定会外地赶归罢。

ə̃ŋ³¹，dʑiɛʔ² lɛʔ⁵ yə⁴⁴ tɕʰ ĩ⁴⁴ m ĩ⁴⁴ kyə²⁴³ iɛʔ⁵ gəʔ⁰ zu²² kʰ ɛ̃²⁴ d ĩ⁵³ gəʔ⁰，tsɛ⁴⁴
bəʔ² tɕyə²⁴³，tsɛ⁴⁴ bəʔ² iɛʔ⁵ ɕ ĩ⁴⁴ ŋ²² dzɛ²² saŋ⁴⁴ xy ɛ̃⁴⁴ xi²⁴³ tiɛʔ⁵ gəʔ⁰ təʔ⁵ ɕi⁴⁴
tʰoŋ²⁴ lɐɯ⁴⁴ ta⁵³ gəʔ⁰。tɕʰ ĩ⁴⁴ m ĩ⁴⁴ iaŋ⁵³ ʑiɵ²² tɕiɛʔ⁵ kuaʔ⁵ laʔ⁵ ɕiaŋ⁴⁴
naŋ²¹³ dzoŋ²² ua²² di³¹ kɒŋ²⁴ kuɛ⁵³，ɲi²² nɒ³¹，xaʔ⁵ dʑioŋ²² iaŋ²¹³ ŋ²² ɕiə⁴⁴
naŋ⁴⁴ dʑiaŋ²² v ɛ̃²¹³ dʑiɛʔ² fəʔ⁵ iɛʔ⁵ d ĩ³¹ uɛ³¹ ua²² diə³¹ kɒŋ⁴⁴ kuɛ⁴⁴ bɒ⁰。

嗯,上坟这个清明馃是肯定要的。还有酒,另外带些他生前喜欢吃的东西。清明节时,很多人从外地赶回来,主要是在外地的儿女,相比而言重阳节上坟他们就不一定回来了。

张康:上坟倒⁼西得⁼蛮兴个,大家得⁼蛮欢喜个,促⁼大伈乙些ₙ东西。

dʑiaŋ²² vɛ̃²¹³ tɐɯ²⁴ ɕi⁴⁴ tə?⁵ maŋ²² xĩ⁵³ gə?⁰ , da²² kɒ⁴⁴ tə?⁵ maŋ²² xuɛ̃⁴⁴ xi²⁴³ gə?⁰ , tsʰo?⁵ do²² naŋ²¹³ iɛ?⁵ ɕĩ⁴⁴ tə?⁵ ɕi⁴⁴ 。

清明上坟挺盛行的,大家都挺喜欢,顺便看望一下长辈。

文娟:乙个是大时节。

iɛ?⁵ gə?⁰ zɯ²² do²² ziɐ²² tɕiɛ?⁵ 。

这是个大节日。

张康:有些伈嘞弗大喝⁼个。

iɯ²² ɕĩ⁴⁴ naŋ⁴⁴ lɛ⁰ fə?⁵ do²² xa?⁵ gə?⁰ 。

也有些人不太在意。

老蔡:乙个嘞顶起码个啦,伈话祖宗虽远,祭祀不得不诚,伈话祖公你得⁼有法忘记倒嘎?

iɛ?⁵ gə?⁰ lɛ⁰ tĩ⁴⁴ kʰi⁴⁴ mo²² gə?⁰ la⁰ , naŋ²² yə⁴⁴ tsu²² tsoŋ⁴⁴ suɛ⁴⁴ yɛ̃²¹³ , tɕi⁵³ sɯ⁵³ pə?⁵ tə?⁵ pə?⁵ tsʰəŋ²¹³ , naŋ²² yə⁴⁴ tso⁴⁴ koŋ⁴⁴ ɲi²² tə?⁵ iɯ²² fa?⁵ moŋ²² kɐ⁵³ tɐɯ⁰ ga⁰ ?

这个是最起码的,俗话说祖宗虽远,祭祀不得不诚。祖宗你怎么可以忘记?

文娟:再俺个清明馃徛里[乙样]点好,喝⁼个粉渠是夹水磨个,就是糯米浸记,斷是米捞起,就是混水再[乙样]磨,喝⁼个手磨末样个磨,再机器磨么就是混水倒倒下去,啦,再倒下去混,艾得⁼□界下去磨个,哎,[乙个]点是相当,拖浆磨东西,再水么顶高样帮渠沉一暝,再水么样滗倒,再底高喝⁼粉么,就是乙葛粉样个帮渠装起,啦,再抈透,[乙样]个,乙是清明馃个特色。

tsE⁴⁴ aŋ²² gəʔ⁰ tɕʰ ĩ⁴⁴ m ĩ⁴⁴ kyə²⁴³ gE²² lE⁰ iaŋ²⁴ ti ɛ̃²⁴³ xɐɯ²⁴³ , xaʔ⁵ gəʔ⁰ f ɛ̃²⁴³
ŋə²² lE⁴⁴ kaʔ⁵ y²⁴³ miə³¹ gəʔ⁰ , dʑiɛʔ² lEʔ⁵ no²² mi²² tɕ ĩ⁴⁴ i⁵³ , vɒŋ²² dʑi²² mi²²
liɐɯ²² ki⁰ , dʑiɛʔ² lEʔ⁵ u ɛ̃²² y²⁴³ tsE⁴⁴ iaŋ²⁴ miə³¹ , xaʔ⁵ gəʔ⁰ tɕʰyə⁴⁴ miə⁴⁴
məʔ² iaŋ³¹ gəʔ⁰ miə³¹ , tsE⁴⁴ ki⁴⁴ kʰi⁵³ miə³¹ məʔ⁰ dʑiɛʔ² lEʔ⁵ u ɛ̃²² y²⁴³ tɐɯ⁴⁴
tɐɯ²⁴³ o³¹ kʰə⁰ , la⁴⁴ , tsE⁴⁴ tɐɯ⁴⁴ o³¹ u ɛ̃³¹ , ŋa²¹³ təʔ⁵ lɐɯ⁴⁴ pE⁴⁴ o³¹ kʰə⁰ miə³¹
gəʔ⁰ , E³¹ , ia⁵³ ti ɛ̃²⁴³ zu²² ɕiaŋ⁴⁴ taŋ⁴⁴ , tʰa⁴⁴ tɕiaŋ⁴⁴ miə³¹ təʔ⁵ ɕi⁴⁴ , tsE⁴⁴ y²⁴³
bəʔ⁰ t ĩ⁴⁴ kɐɯ⁴⁴ iaŋ²⁴ paŋ⁴⁴ ŋə⁰ t ĩ⁵³ a⁴⁴ maŋ³¹ , tsE⁴⁴ y²⁴³ bəʔ⁰ iaŋ²⁴ piɛʔ⁵ tɐɯ⁰ ,
tsE⁴⁴ tiə⁴⁴ kɐɯ⁴⁴ xaʔ⁵ f ɛ̃²⁴³ bəʔ⁰ , dʑiɛʔ² lEʔ⁵ iɛʔ⁵ kɒʔ⁰ f ɛ̃²⁴³ iaŋ²⁴ gəʔ⁰ paŋ⁴⁴
ŋə⁰ tɕiɒŋ⁴⁴ i⁰ , la⁴⁴ , tsE⁴⁴ ȵiɒʔ² tʰu⁵³ , iaŋ²⁴ gəʔ⁰ , iɛʔ⁵ zu²² tɕʰ ĩ⁴⁴ m ĩ⁴⁴ kyə²⁴³
gəʔ⁰ dəʔ² səʔ⁵ 。

我们的清明粿就是这点好，粉是水磨粉，也就是糯米浸泡后米粒并不捞起来，而是和着水这么磨，像手磨一样磨。用机器磨呢，就是米和水倒进去，倒下去时艾叶也要放下去，这一点是相当……水磨要把米浸泡一晚上，然后倒掉上面的水，下面的粉就像葛粉一样，捞起来揉透，这是清明粿的特色。

老蔡：俺江山个乙个时节嘞，喝꞊是蛮多个，一年到头有法接接著个，清明一过立夏又来罢。立夏哼以前嘞得꞊磨喝꞊个立夏羹咥个，你大概[乙个]记张康哼连咥得꞊觖咥过。

aŋ²¹³ kɒŋ⁴⁴ saŋ⁴⁴ gəʔ⁵ iɛʔ⁵ gəʔ⁰ ziə²² tɕiɛʔ⁵ lE⁰ , xaʔ⁵ dʑi²² maŋ²² to⁴⁴ gəʔ⁰ , a⁴⁴
ȵiɛ̃²¹³ tɐɯ⁴⁴ du²¹³ iɯ²² faʔ⁵ tɕiɛʔ⁵ tɕiɛʔ⁵ dʑyə³¹ gəʔ⁰ , tɕʰ ĩ⁴⁴ m ĩ⁴⁴ a⁴⁴ kyə⁵³
li²² ɒ³¹ iɛʔ² li²¹³ bɒ⁰ 。 li²² ɒ³¹ bəʔ⁵ i⁴⁴ dʑi ɛ̃²¹³ lE⁰ təʔ⁵ miə³¹ xaʔ⁵ gəʔ⁰ li²² ɒ³¹ kaŋ⁴⁴
tiɛʔ⁵ gəʔ⁰ , ȵi²² da²² kE⁵³ ia⁵³ ki⁰ tɕiaŋ⁴⁴ kʰaŋ⁴⁴ bəʔ⁰ li ɛ̃²² tiɛʔ⁵ təʔ⁵ vɒŋ²²
tiɛʔ⁵ kyə⁵³ 。

我们江山的节日是挺多的，一年到头可以说是接连不断，清明一过立夏又来了。以前立夏都磨立夏羹吃，张康你大概都没吃过。

文娟：弗知得个。

fəʔ⁵ tsə⁴⁴ tiɛʔ⁵ gəʔ⁰。

不知道。

老蔡：你如大侬勼话哼，连听得⁼勼听过，哎。喝⁼立夏羹嘞，就话羹嘞
就是磨起个喝⁼个，使米磨喝⁼个汤嘛，装末米粉装乙个糊，就是
跟米糊［乙样］个，再哼喝个⁼料多得来，再样个菜啊倒⁼西啊统
园园羹里，统园园喝⁼个拌下去个嘛，咥立夏羹。古时侬话：咥
倒立夏羹哼，破被老□园归间嘛，尽数再天气□□起个嘛。

ȵi²² zyə²² do²² naŋ²¹³ vɒŋ²² yə⁴⁴ bəʔ，liɛ̃²² tʰĩ⁴⁴ təʔ⁵ vɒŋ²² tʰĩ⁴⁴ kyə⁵³，ɛ²¹³。
aʔ⁵ li²² ɒ³¹ kaŋ⁴⁴ lɛ⁰，dʑiɛʔ² yə⁴⁴ kaŋ⁴⁴ ləʔ dʑiɛʔ² lɛʔ⁵ miə²² kiⁱ⁰ gəʔ⁰ xaʔ⁵ gəʔ⁰，
ɕiə⁴⁴ mi²² miə³¹ xaʔ⁵ gəʔ⁰ tʰaŋ⁴⁴ ma⁰，tɕiɒŋ⁴⁴ məʔ⁰ mi²² fɛ̃²⁴³ tɕiɒŋ⁴⁴ məʔ⁰
guə²²，dʑiɛʔ² lɛʔ kɛ̃⁴⁴ mi²² guə²² iaŋ²⁴ gəʔ⁰，tsɛ⁴⁴ bəʔ⁰ xaʔ⁵ gəʔ⁰ liɐɯ³¹ to⁴⁴
daʔ² lɛ⁰，tsɛ⁴⁴ iaŋ³¹ gəʔ⁰ tɕʰi⁵³ a⁰ tau²⁴ ɕi⁴⁴ a⁰ tʰoŋ²⁴³ kʰɒŋ⁴⁴ kʰɒŋ⁵³ kaŋ⁴⁴ ləʔ，
tʰoŋ²⁴³ kʰɒŋ⁴⁴ kʰɒŋ⁵³ xaʔ⁵ gəʔ⁰ biɛ̃²² o³¹ kʰə⁰ gəʔ⁰ ma⁰，tiɛʔ⁵ li²² ɒ³¹ kaŋ⁴⁴ ma⁰。
kuə⁴⁴ ʑi ɵ²² naŋ²² yə⁴⁴：tiɛʔ⁵ tɐɯ⁵³ li²² ɒ³¹ kaŋ⁴⁴ bəʔ，pʰa⁴⁴ bɛ²² lɐɯ²² tə⁵³
kʰɒŋ⁴⁴ kuɛ⁴⁴ kaŋ⁴⁴ ma⁰，dʑĩ²² ɕyə²⁴³ tsɛ⁴⁴ tʰiɛ̃⁴⁴ kʰi⁵³ lɐɯ⁵³ dəŋ²² i⁰ gəʔ⁰ ma⁰。

如果大人不提起的话，恐怕连听都没听过。立夏羹的羹是把
米磨成粉以后调制成的汤，就跟米糊一样的，配料很多，菜啊
什么的都放在羹里，拌进去吃的。过去，人们常说：吃了立夏
羹，破被棉絮收房间，就是说天气要热起来了。

张康：再田地里□忙起罢。冬间天衣裳园倒，大家哼都做事体。

tsɛ⁴⁴ diɛ̃²² diə³¹ ləʔ lɐɯ⁴⁴ miaŋ²² i²⁴³ bɒ⁰。toŋ⁴⁴ kaŋ⁴⁴ tʰiɛ̃⁴⁴ i⁴⁴ ʑiaŋ⁵³ kʰɒŋ⁴⁴
tɐɯ⁰，da²² kɒ⁴⁴ bəʔ⁰ to⁴⁴ tso⁴⁴ ʑiɵ²² tʰɛ²⁴³。

然后农田里要忙起来了。冬衣收起来，大家也都开始干活了。

文娟：哎，［乙样］个。

ɛ²⁴³，iaŋ²⁴ gəʔ⁰。

哎，是这样的。

老蔡：喝⁼记个立夏羹咥起得来就是好咥得来。

aʔ^{44} ki^{44} gəʔ^{0} li^{22} ɒ^{31} kaŋ^{44} tiᴇʔ^{5} ki^{53} daʔ^{2} lᴇ^{0} dʑiᴇʔ^{2} lᴇʔ^{5} xɐɯ^{44} tiᴇʔ^{5} daʔ^{2} lᴇ^{0}。

那时的立夏羹会吃的人就觉得很好吃。

文娟：嗯，是，咥个东西太多罢江山。

əŋ^{31}，dʑiᴇʔ^{2}，tiᴇʔ^{5} gəʔ^{0} təʔ^{5} ɕi^{44} tʰa^{44} to^{44} bɒ^{0} kɒŋ^{44} saŋ^{44}。

是啊，江山吃的东西太多了。

老蔡：[乙个]记是，反正时节有法接接著个，你喝⁼个立夏一过，喝⁼记细儿鬼嘞成日望著时节个，徛乙立夏过记当⁼倒过一伐望渠，哎，端午亦□来罢，端午有粽咥个。

ia^{53} ki^{0} dʑiᴇʔ^{2}，faŋ^{44} tɕɪ̃^{53} ʑiɐ^{22} tɕiᴇʔ^{5} iɯ^{22} faʔ^{5} tɕiᴇʔ^{5} tɕiᴇʔ^{5} dʑyə^{31} gəʔ^{0}，ȵi^{22} xaʔ^{5} gəʔ^{0} li^{22} ɒ^{31} a^{44} kyə^{53}，xaʔ^{5} ki^{53} ɕiə^{44} ȵi^{0} kuᴇ^{243} ləʔ^{0} ʑɪ̃^{22} nəʔ^{2} miaŋ^{22} dʑyə^{31} ʑiɐ^{22} tɕiᴇʔ^{5} gəʔ^{0}，gᴇ^{22} iᴇʔ^{5} li^{22} ɒ^{31} kyə^{44} i^{53} taŋ^{44} təʔ^{0} kyə^{44} a^{44} vaʔ^{2} miaŋ^{22} ŋə^{22}，ᴇ^{243}，tɒŋ^{44} ŋuə^{22} iᴇʔ^{2} lɐɯ^{53} li^{22} bɒ^{0}，tɒŋ^{44} ŋuə^{22} iɯ^{22} tsoŋ^{53} tiᴇʔ^{5} gəʔ^{0}。

现在的节日反正是一个接着一个的。那时候的小孩子是成天盼望着过节的，立夏一过就盼端午，端午来了有粽子吃的。

文娟：喂吔，喝⁼话得俺江山个粽，喝⁼真个好咥。就是[乙个]记想到，我[乙个]记咥嘞下四个三个，就是[乙样]个意思，好咥得，再俺粽亦覅大个，啦。

uᴇ^{31} iə^{31}，xaʔ^{5} yə^{44} təʔ^{0} aŋ^{213} kɒŋ^{44} saŋ^{44} gəʔ^{0} tsoŋ^{53}，xaʔ^{5} tɕiɐ̃^{44} gəʔ^{0} xɐɯ^{44} tiᴇʔ^{5}。dʑiᴇʔ^{2} lᴇʔ^{5} ia^{53} i^{0} ɕiaŋ^{44} təʔ^{0}，ŋɒ^{22} ia^{53} i^{0} tiᴇʔ^{5} ləʔ^{0} o^{31} ɕi^{44} ka^{53} saŋ^{44} ka^{53}，dʑiᴇʔ^{2} lᴇʔ^{5} iaŋ^{24} gəʔ^{0} i^{44} sɯ^{44}，xɐɯ^{44} tiᴇʔ^{5} daʔ^{0}，tsᴇ^{44} aŋ^{22} tsoŋ^{53} iᴇʔ^{2} vɒŋ^{22} do^{22} ka^{53}，la^{44}。

哎呀，说到我们江山的粽子，那是真的好吃。我现在一次还能吃得下三四个。反正就是很好吃，我们的粽子又不大。

老蔡:俺个粽个品种可多,你喝⁼个生菜粽么,〔乙样〕冬间么可有冬笋,加末冬笋,再猪肉包起当⁼记,喝⁼是蛮好咥个,倒⁼喝⁼个大核粽哼,倒⁼倒⁼佛豆粽哼统有个,徛端午一般得⁼□包个,我侬触⁼里。

aŋ²¹³ ɡəʔ⁰ tsoŋ⁴⁴ ɡəʔ⁰ pʰ ĩ⁴⁴ tsoŋ²⁴³ ɡɒ²² to⁴⁴ , ȵi²² xaʔ⁵ ɡəʔ⁰ saŋ⁴⁴ tɕʰi⁴⁴ tsoŋ⁵³ bəʔ⁰ , iaŋ²⁴ toŋ⁴⁴ kaŋ⁴⁴ məʔ⁰ ɡɒ²² iɯ²² taŋ⁴⁴ sɛ̃²⁴³ , kɒ⁴⁴ məʔ⁰ taŋ⁴⁴ sɛ̃²⁴³ , tsɛ⁴⁴ tɒ⁴⁴ ȵiɒʔ² pɐɯ⁴⁴ i⁰ taŋ⁴⁴ ki⁰ , xaʔ⁵ dʑi²² maŋ²² xɐɯ⁴⁴ tiɛʔ⁵ ɡəʔ⁰ , tɐɯ²⁴³ xaʔ⁵ ɡəʔ⁰ do²² ɒʔ² tsoŋ⁵³ bɒ⁰ , tɐɯ²⁴³ tɐɯ²⁴³ vəʔ⁰ du²² tsoŋ⁵³ bɒ⁰ tʰoŋ²⁴ iɯ²² ɡəʔ⁰ , ɡɛ²² tɒŋ⁴⁴ ŋɐ²² iɛʔ⁵ paŋ⁴⁴ təʔ⁵ lɐɯ⁵³ pɐɯ⁴⁴ ɡəʔ⁰ , ŋɒ²² naŋ⁵³ tɕʰyɛʔ⁵ li⁰ 。

我们的粽子品种挺多,冬天做腌菜粽的话可以加些冬笋,再加些猪肉,包起来是挺好吃的。还有栗子粽、蚕豆粽。不管怎样,到了端午,这几样粽子我们家是一定要包的。

文娟:□包个,是。

lɐɯ⁴⁴ pɐɯ⁴⁴ ɡəʔ⁰ , dʑiɛʔ² 。

要包的,是。

老蔡:再蛤⁼有甜粽,甜粽都好咥个。

tsɛ⁴⁴ ɡəʔ² iɯ²² diɛ̃²² tsoŋ⁵³ , diɛ̃²² tsoŋ⁵³ to⁴⁴ xɐɯ⁴⁴ tiɛʔ⁵ ɡəʔ⁰ 。

还有甜粽,甜粽也好吃的。

张康:除倒咥勿啦?

dʑyə²² tɐɯ⁰ tiɛʔ⁵ vəʔ⁰ la⁰ ?

除了吃呢?

老蔡:端午哼喝⁼记细儿鬼哼就是望时节哼,就是有东西咥哼顶高兴嘞,喝⁼记做细儿鬼个时候,再端午哼你天气喝⁼个侬话□起罢啦,古时侬有句话事,渠话"咥倒端午粽哼,破被老□园归瓮"。

tɒŋ⁴⁴ ŋɐ²² bəʔ⁰ xaʔ⁵ ki⁰ ɕiə⁴⁴ ȵi⁰ kuɛ²⁴³ bəʔ⁰ dʑiɛʔ² lɛʔ⁵ miaŋ²² ziɐ²² tɕiɛʔ⁵ bəʔ⁰ , dʑiɛʔ² lɛʔ⁵ iɯ²² təʔ⁵ ɕi⁴⁴ tiɛʔ⁵ bəʔ⁰ t ĩ⁴⁴ kɐɯ²⁴ x ĩ⁵³ lɛ⁰ , xaʔ⁵ ki⁰ tso⁴⁴ ɕiə⁴⁴ ɳi⁰ kuᴇ²⁴³ gəʔ⁰ zu²² ɯ³¹ ,tsᴇ⁴⁴ tɒŋ⁴⁴ ŋuə²² bəʔ⁰ ɳi²² tʰiɛ̃²⁴　kʰi⁵³ xaʔ⁵

gəʔ⁰ naŋ²² yə⁴⁴ dəŋ³¹ ki⁰ bɒ la⁰ ,kuə⁴⁴ ziə²² naŋ²¹³ iɯ²² kyə⁴⁴ yə²² ziə³¹ ,ŋə²²

yə⁴⁴ tiᴇʔ⁵ tɐɯ⁵³ tɒŋ⁴⁴ ŋuə²² tsoə⁵³ bəʔ² ,pʰa⁴⁴ bᴇ²² lɐɯ²² tə⁵³ kʰɒŋ⁵³ kuᴇ⁴⁴ oŋ⁵³ 。

那时候小孩子就是盼过节，有东西吃最高兴了。端午一到，天气就热起来了，古人有句话叫做"吃了端午粽，破被棉絮放进瓮"。

文娟：喝＝就是话□起罢。

xaʔ⁵ dʑiᴇʔ² lᴇʔ⁵ yə⁴⁴ dəŋ³¹ i⁰ bɒ⁰ 。

那就是暖和起来了。

老蔡：□起哼嘛就是话。

dəŋ³¹ ki⁰ bəʔ⁰ ma⁰ dʑiᴇʔ² lᴇʔ⁵ yə⁴⁴ 。

暖起来了，就是。

张康：喝＝俺喝＝个，有个嘞倒＝节日哼就□触＝里□囡倒＝西啊，喝＝个撒石灰啊笃＝岁＝。

xaʔ⁵ aŋ²¹³ xaʔ⁵ gəʔ⁰ ,iɯ²² kəʔ⁵ lᴇ⁰ tɐɯ²⁴³ tɕiᴇʔ⁵　ziᴇʔ² bəʔ⁰ dʑiᴇʔ² lɐɯ⁴⁴

tɕʰ yᴇʔ⁵ li⁰ lɐɯ⁴⁴ kʰɒŋ⁵³ tɐɯ²⁴ ɕi⁴⁴ a⁰ ,xaʔ⁵ gəʔ⁰ sɒʔ⁵ dʑiaʔ² xuᴇ⁴⁴ a⁰ toʔ⁵ xuᴇ⁵³ 。

那我们有个什么节日家里要放什么东西啊，撒石灰啊怎么样的。

文娟：喝＝个嘞黟。

xaʔ⁵ gəʔ⁰ lᴇ⁰ vɒŋ²¹³ 。

那个不是端午。

老蔡：都端午嘛，端午哼反正。

to²⁴ tɒŋ⁴⁴ ŋuə²² ma⁰ ,tɒŋ⁴⁴ ŋuə²² bəʔ⁰ faŋ²⁴ tɕĩ⁵³ 。

也是端午嘛，反正是端午。

文娟：是。还有个嘞事体嘞，我亦记着罢［乙个］记老蔡，蛤＝□喝＝个嘞，面头，茶叶子，再个大蒜，面头哼咥咥剱发瘅个，再哼大蒜咥咥哼，成树个嘛。

dʑiᴇʔ² 。　gəʔ² iɯ²² kəʔ⁵ lᴇ⁰ ziə²² tʰᴇ²⁴³ lᴇ⁰ ,ŋɒ²² iᴇʔ² kɐ⁴⁴ təʔ⁰ bɒ⁰ ia⁵³ ki⁰ lɐɯ²² tsʰa⁵³ , gəʔ² lɐɯ⁵³ xaʔ⁵ gəʔ⁰ lɐ⁰ , miɛ̃²² du²¹³ , dza²² iɛʔ⁵ tsə²⁴³ , tsᴇ⁴⁴ gəʔ² da²² sɒŋ⁵³ , miɛ̃²² du²¹³ bəʔ tiɛʔ⁵ tiɛʔ⁵ fa⁴⁴ faʔ⁵ tɒŋ⁴⁴ gəʔ⁰ , tsᴇ⁴⁴ bəʔ⁰ da²² sɒŋ⁴⁴ tiɛʔ⁵ tiɛʔ⁵ bəʔ⁰ , ʐɿ̃²² bu²¹³ gəʔ⁰ ma⁰ 。

是。还有一件事我现在又记起来了，老蔡，端午还要吃馒头、茶叶蛋和大蒜。馒头吃了不会发火瘅，大蒜要吃整个蒜球。

老蔡：消毒个嘛。

ɕiɐɯ⁴⁴ doʔ² ɡəʔ⁰ ma⁰ 。

消毒的嘛。

文娟：再么喏一些儿角落头角落尾撒末石灰，再还有个嘞倒=插末倒=西。

tsᴇ⁴⁴ məʔ⁰ no²⁴ iɛʔ⁵ ɕĩ⁴⁴ kɒʔ⁵ loʔ² du²¹³ kɒʔ⁵ loʔ² mᴇ²² sɒʔ⁵ məʔ⁰ dʑiaʔ² xuᴇ⁴⁴ , tsᴇ⁴⁴ gəʔ² iɯ²² kəʔ⁵ lɐ⁰ tɐɯ²⁴³ tsʰaʔ⁵ məʔ⁰ tɐɯ²⁴ ɕi⁴⁴ 。

还有房屋角落里撒点石灰，还要插些什么东西。

老蔡：门里哼插末菖蒲嘛，菖蒲跟端午艾嘛，并且都辟邪个嘛。

moŋ²² ləʔ⁰ bəʔ⁰ tsʰaʔ⁵ məʔ⁰ tsʰ ɒŋ²⁴ buə⁵³ ma⁰ , tsʰ ɒŋ²⁴ buə⁵³ kɛ̃⁴⁴ tɒŋ⁴⁴ ŋuə²² ŋᴇ³¹ ma⁰ , bĩ²² tɕʰiə⁴⁴ to⁴⁴ bi²² ziə²¹³ gəʔ⁰ ma⁰ 。

门上插些菖蒲嘛，菖蒲和端午艾都是避邪的。

文娟：蚊虫苍蝇省得归来嘞。再囝妹眯哼嘞，囝妹儿哼嘞□洗浴，煎起喝=个浓得来，喝=个乙些儿菖蒲乙些儿汤嘛，帮囝妹洗浴。喝=记好像我〔些侬〕个样一买，是个块两块个髻。

moŋ²² daŋ²¹³ tsʰ ɒŋ⁴⁴ ɕĩ⁵³ saŋ²⁴ təʔ⁰ kuᴇ⁴⁴ lᴇ²¹³ lɐ⁰ 。 tsᴇ⁴⁴ nəʔ² mᴇ²² tɕy⁴⁴ bəʔ⁰ lɐ⁰ , nəʔ² mᴇ²² n̠i²⁴³ bəʔ⁰ lɐ⁰ lɐɯ⁵³ ɕi⁴⁴ ioʔ² , tɕi ɛ̃⁴⁴ i⁰ xaʔ⁵ gəʔ⁰ n̠ioŋ²¹³ daʔ⁵ lᴇ⁰ , xaʔ⁵ gəʔ⁰ iɛʔ ɕĩ⁴⁴ tsʰ ɒŋ⁴⁴ pʰuə⁵³ iɛʔ⁵ ɕĩ⁴⁴ tʰaŋ⁴⁴ ma⁰ , paŋ⁴⁴ nəʔ² mᴇ²¹³ ɕi⁴⁴ ioʔ² 。 xaʔ⁵ i⁰ xɐɯ⁴⁴ ziaŋ³¹ ŋɒ²² ɕiaŋ⁴⁴ a⁴⁴ iaŋ³¹ iɛʔ⁵ mɒ²² , dzu²² a⁴⁴ kʰ ɵ⁰ nɛ̃²² kʰ ɵ⁵³ a⁴⁴ tsᴇ²⁴³ 。

免得蚊子苍蝇进屋了。还有小娃娃要洗浴，把菖蒲什么的煎成浓汤，帮小孩子洗浴。那时候，好像我们买啥都是一两块钱一小把的。

张康：五色个喝＝种索字＝对？

ŋuə²²səʔ⁵gəʔ⁰xaʔ⁵tsoŋ²⁴³sɒʔ⁵bəʔ²²tuE⁵³？

五色的那种彩线，对吗？

文娟：齁齁，索齁，就是喝＝个东西煎嘞坐定得煎浓些，再摊浸莫加水。

vɒŋ²²vɒŋ²¹³，sɒʔ⁵vɒŋ²¹³，dʑiEʔ²lEʔ⁵xaʔ⁵gəʔ⁰təʔ⁵ɕi⁴⁴tɕiɛ̃⁴⁴lE⁰zo²²dĩ¹²
təʔ⁵tɕiɛ̃⁴⁴n̠ioŋ²²ɕiEʔ⁵，tsE⁴⁴tʰɒŋ⁴⁴tsʰɛ̃⁵³moʔ⁵kɒ⁴⁴y²⁴³。

不不，不是彩线，就是那个东西煎了肯定汤浓一些，再放凉，不
加水。

老蔡：就是百草，百草嘞去败毒个嘛。

dʑiEʔ²lEʔ⁵paʔ⁵tsʰɯ²⁴³，paʔ⁵tsʰɯ²⁴³lE⁰kʰə⁵³ba²²doʔ²gəʔ⁰ma⁰。

就是百草嘛，百草就是败毒的嘛。

文娟：洗洗省嘞蚊虫□，省嘞身口生东西。再哼喏喝＝个扎扎线。

ɕi⁴⁴ɕi²⁴³saŋ²⁴³lə⁰məŋ²²daŋ²²gɒ²¹³，saŋ²⁴³lə⁰ɕĩ⁴⁴kʰɯ²⁴³saŋ⁴⁴təʔ⁵ɕi⁴⁴。
tsE⁴⁴bəʔ⁰no²¹³xaʔ⁵gəʔ⁰tɕiɵʔ⁵tɕiɵʔ⁵ɕiɛ̃⁵³。

就是洗了免得蚊虫叮咬，免得身上长疥疮之类的东西。还有
那个五色线。

张康：除湿个喝＝种意思，啦，上半年湿气大。

dʑyə²²səʔ⁵gəʔ⁰aʔ⁵tsoŋ²⁴³i⁴⁴sɯ⁴⁴，la⁴⁴，dʑiaŋ²²piɛ̃⁴⁴n̠iɛ̃²¹³səʔ⁵kʰĩ⁵³do³¹。

可以除湿，上半年湿气大。

文娟：老蔡，我记得三色还是五色？

lɐɯ²²tsʰa⁵³，ŋɒ²²kɒ⁴⁴təʔ⁰saŋ⁴⁴səʔ⁵ua²²lE⁴⁴ŋuə²²səʔ⁵？

老蔡，我记得彩线是三色还是五色？

张康：五色。

ŋuə²²səʔ⁵。

五色。

文娟：五色个线[乙样][乙样]装去缚起来。

ŋuə²² sə?⁵ gə?⁰ ɕiε̃⁵³ iaŋ²⁴ iaŋ²⁴ tɕiŋ⁴⁴ i⁰ bia?² i²⁴³ lɛ⁰。

五色彩线编织好再系在手腕上。

老蔡：你就话百扎线嘛。

n̠i²² dʑiɛ?² yə⁴⁴ pa?⁵ tɕia?⁵ ɕiε̃⁵³ ma⁰。

说的就是百扎线嘛。

文娟：百扎线就是[乙样]装起，无法褪倒。

pa?⁵ tɕia?⁵ ɕiε̃⁵³ dʑiɛ?² lɛ?⁵ iaŋ²⁴ tɕiŋ⁴⁴ i⁰，m⁴⁴ fa?⁵ tʰəŋ⁴⁴ tɐ⁰。

百扎线就是这样系起来的，不能摘掉。

老蔡：其实撒石灰嘞，都就是话端午或者上半年，俺乙里江山雨水多嘞，撒石灰嘞其实就是除虫啊乙些儿东西啊，再还有乙个燥索ᵘ嘞。以前哼话辟邪啦，上半年雨水多哼乙些儿虫豸多得来，[乙样]角落头字ᵘ是？

gi²² ʑiɛ?² sɒ?⁵ dʑia?² xuɛ⁴⁴ lɛ⁰，to⁴⁴ dʑiɛ?² lɛ?⁵ yə⁴⁴ tɒŋ⁴⁴ ŋuə²² uə?² tɕiɛ?⁰ dʑiaŋ²² piε̃⁴⁴ n̠iε̃²¹³，aŋ²¹³ iɛ?⁵ lə?⁰ kɒŋ⁴⁴ saŋ⁴⁴ yə²² y²⁴³ to⁴⁴ lə?⁰，sɒ?⁵ dʑia?² xuɛ⁴⁴ lɛ⁰ gi²² ʑiɛ?² dʑiɛ?² lɛ?⁵ dʑyə²² dʑioŋ²¹³ a⁰ iɛ?⁵ ɕĩ⁴⁴ tə?⁵ ɕi⁴⁴ a⁰，tsɛ⁴⁴ ua²² iɯ²² iɛ?⁵ gə?⁵ sɐ⁴⁴ sɒ?⁵ lɛ⁰。i²² dʑi ε̃²¹³ bə?⁰ yə⁴⁴ bi²² ʑiə²¹³ la⁰，dʑiaŋ²² piε̃⁴⁴ n̠iε̃²¹³ yə²² y²⁴³ to⁴⁴ bə?⁰ iɛ?⁵ ɕĩ⁴⁴ daŋ²² dɛ²¹³ to⁴⁴ da?⁵ lɛ⁰，iaŋ²⁴ kɒ?⁵ la?⁵ du²¹³ bə?² dʑiɛ?²？

其实撒石灰呢，也是因为我们江山端午或者上半年雨水多，撒石灰的目的其实就是除虫、干燥。以前说是避邪。上半年雨水一多，角落里这些虫子不就多了吗？

文娟：喝ᵘ端午都个嘞大时节，我知得个，端午一过因为半年亦过去罢，就是下半年喃ᵘ话喃ᵘ话倒ᵘ西。

xa?⁵ tɒŋ⁴⁴ ŋuə²² to⁴⁴ kə?⁵ lɛ⁰ do²² ʑiə²² tɕiɛ?⁵，ŋɒ²² tsɯ⁴⁴ tiɛ?⁵ gə?⁰，tɒŋ⁴⁴ ŋuə²² a?⁵ kyə⁵³ĩ⁴⁴ uɛ⁰ piε̃⁴⁴ n̠iε̃²¹³ iɛ?⁵ kyə⁴⁴ kʰə⁰ bɒ⁰，dʑiɛ?² lɛ?⁵ o²² piε̃⁴⁴ n̠iε̃²¹³ naŋ²² yə⁴⁴ naŋ²² yə⁴⁴ tɐu²⁴ ɕi⁴⁴ 。

端午也是一个大节日,我知道的,因为端午一过,半年又过去了,就要说下半年怎么怎么了。

老蔡:时节哼就是端午跟乙个中秋,再哼过年。

ʑiɐ²² tɕiɛʔ⁵ bəʔ⁰ dʑiɛʔ² lɛʔ⁵ toŋ⁴⁴ ŋuɐ²² k ɛ̃⁴⁴ iɛʔ⁵ gəʔ⁰ toŋ⁴⁴ tsʰ ɯ⁴⁴ , tsɛ⁴⁴ bəʔ⁰ kyə⁴⁴ ȵi ɛ̃²¹³ 。

江山排得上的节日呢,就是端午和中秋,还有过年。

文娟:清明。

tɕʰ ĩ²⁴ m ĩ⁵³ 。

还有清明。

老蔡:清明得＝蛤＝排弗上,其实就是乙三个节日顶大,俺江山有法话。

tɕʰ ĩ²⁴ m ĩ⁵³ təʔ⁵ gəʔ⁰ ba²² fəʔ⁵ dʑiaŋ²² , gi²² ʑiɛʔ² dʑiɛʔ² lɛʔ⁵ iɛʔ⁵ saŋ⁴⁴ ka⁵³ tɕiɛʔ⁵ nəʔ⁵ t ĩ⁴⁴ do²² , aŋ²² kɒŋ⁴⁴ saŋ⁴⁴ iɯ²² faʔ⁵ yə³¹ 。

清明还排不上,在我们江山,可以说就是这三个节日最大。

（2015 年 12 月 19 日,江山,发音人:蔡秉洪、祝文娟、张康）

第六章　口头文化

一、歌　谣

白菜柢

白菜柢，芥菜柢，柢:根　　　　　baʔ²tɕʰi⁴⁴tɵ⁴⁴，ka⁴⁴tɕʰi⁴⁴tɵ⁴⁴，

指着倒ᵁ 侬胐臀歪；倒ᵁ 侬:谁。　tiə²⁴təʔ⁵tɐɯ⁴⁴naŋ⁵³kʰuoʔ⁵dɛ̃²²ɵ⁴⁴；

　胐臀:屁股

白菜柢，芥菜柢，　　　　　　　baʔ²tɕʰi⁴⁴tɵ⁴⁴，ka⁴⁴tɕʰi⁴⁴tɵ⁴⁴，

指着倒ᵁ 侬倒ᵁ 侬放烂臭□。　tiə²⁴ təʔ⁵tɐɯ⁴⁴ naŋ⁵³ tɐɯ⁴⁴ naŋ⁵³ poŋ⁴⁴

　□:屁　　　　　　　　　　　　　loŋ²²tsʰɐɯ⁴⁴fɵ⁵³。

（2020 年 10 月 25 日，江山，发音人:徐珺）

调猪调狗

调猪调狗，调:卖　　　　　　　diɐɯ²²tɒ⁴⁴diɐɯ²²ku²⁴³，

调上峡口；　　　　　　　　　diɐɯ²³¹dʑiaŋ²²ɒʔ²kʰɯ²⁴³；

峡口侬弗□，□：要　　　　　　　ɒʔ²kʰɯ²⁴³naŋ²¹³fəʔ⁵lɐɯ⁵³，

丢丢倒。倒：掉　　　　　　　　　tɯ⁴⁴tɯ²⁴tɐɯ⁵³。

调猪调狗，　　　　　　　　　　dieɯ²²tɒ⁴⁴dieɯ²²ku²⁴³，

调上峡口；　　　　　　　　　　dieɯ²³¹dʑiaŋ²²ɒʔ²kʰɯ²⁴³；

峡口侬弗□，　　　　　　　　　ɒʔ²kʰɯ²⁴³naŋ²¹³fəʔ⁵lɐɯ⁵³，

畀归自家养。畀：拿。归：回　　　pɛ⁴⁴kuɛ⁴⁴dʑiɒʔ²gɒ²²iɒŋ²²。

（2020 年 10 月 25 日，江山，发音人：叶玉萍）

叽嘎噶

叽嘎噶，　　　　　　　　　　　tɕi³⁵gɒ²²kiə⁴⁴，

嘎叽噶，　　　　　　　　　　　gɒ²²ki⁴⁴kiə⁴⁴，

猫娘抽毛丝；　　　　　　　　　mɐɯ²²n̠iaŋ²¹³tsʰɯ⁴⁴mɐɯ²²sə⁴⁴；

三斤一，　　　　　　　　　　　saŋ⁴⁴kə̃³⁵iɛʔ⁵，

四斤五，　　　　　　　　　　　ɕi⁴⁴kə̃⁴⁴ŋuə²²，

帮囝妹做个嘞花脯肚。脯肚　　　pɒŋ⁴⁴nəʔ²mɛ²¹³tso⁴⁴kəʔ⁵lɛ⁴⁴xuɒ⁴⁴buə²²
　　肚兜　　　　　　　　　　　tuə²⁴³。

（2020 年 10 月 25 日，江山，发音人：叶玉仙）

卖糖侬

卖糖侬，吮指头；　　　　　　　mɒ²²daŋ²²naŋ²¹³，ʑɣ ĩ²²tɕiəʔ⁵du²¹³；

杀猪侬，□骨头；□：啃　　　　　saʔ⁵tɒ²⁴naŋ⁵³，gɒ²²kəʔ⁵du²¹³；

打铁侬，无镬铲；镬铲：锅铲　　　taŋ⁴⁴tʰiɛʔ⁵naŋ²¹³，mu⁴⁴yaʔ²tsʰaŋ²⁴³；

做篾侬，无箩戗；箩戗：箩筐的骨架　　tso⁴⁴miɛʔ²naŋ²¹³，mu⁴⁴la²²tɕʰiaŋ⁵³；

匠侬师父无凳档；凳档：凳脚间横档　　ziaŋ²²naŋ²²ɕiɵ⁴⁴vuə²²m⁴⁴tĩ⁴⁴taŋ⁵³；

裁缝师父无纽襻。纽襻：扣纽扣的套　　zE²²voŋ²²ɕiɵ⁴⁴vuə²²mu⁴⁴ŋɯi²²pʰaŋ⁵³。

　　　　　　　　（2020 年 10 月 25 日，江山，发音人：叶玉萍）

日光眯

日光眯，拜拜你，日光：月亮。眯：　　nəʔ²kyaŋ⁴⁴tɕyə⁰，pa⁴⁴pa⁴⁴n̠i²²，
　鸟嘴，引申为小而可爱之物

梳头洗面下来嬉，　　　　　　sɒ²⁴du²¹³xi⁴⁴miɛ̃²¹o²²lE²¹³xi⁴⁴，

搣苦槠，苦槠苦，搣：捡。苦槠：苦　　iaʔ⁵kʰuə⁴⁴tɕyə⁴⁴，kʰuə⁴⁴tɕyə⁴⁴kʰuə²⁴³，
　槠树的坚果，可磨粉做豆腐

卖猪肚，猪肚烂，　　　　　　mɒ²²tɒ⁴⁴tuə²⁴³，tɒ⁴⁴tuə²⁴³lɒŋ³¹，

卖樵炭，樵炭乌，樵炭：木炭　　mɒ²²ziɐɯ²⁴tʰɒŋ⁵³，ziɐɯ²⁴tʰɒŋ⁵³uə⁴⁴，

卖茹菇，茹菇鹊=，茹菇：慈姑　　mɒ²²zyə²²kuə⁴⁴，zyə²²kuə⁴⁴tɕʰiaʔ⁵，

卖水鸭，　　　　　　　　　　mɒ²²y⁴⁴aʔ⁵，

水鸭飞下田，　　　　　　　　y⁴⁴aʔ⁵fi⁴⁴o²²diɛ̃²¹³，

搭得一菀大麦鲇，搭：抓。个菀：　　kʰɒ⁴⁴təʔ⁵aʔ⁵tɯ⁴⁴do²²maʔ²liɛ̃²¹³，
　一条。大麦鲇：鲇鱼

大麦鲇吹箫，吹箫：指吐沫呼吸　　do²²maʔ²liɛ̃²¹³tɕʰy⁴⁴ɕiɐɯ⁴⁴，

吹到杭州，　　　　　　　　　tɕʰy⁴⁴tɐɯ⁵³ɒŋ²²tsu⁴⁴，

杭州转个嘞曲，个嘞：一个。曲：弯　　ɒŋ²²tsu⁴⁴tɵ̃²⁴kəʔ⁵lE⁴⁴kʰɵʔ⁵，

大麦鲇死得直笔笔。　　　　　do²²maʔ²liɛ̃²¹³sə²⁴dəʔ⁵diEʔ⁵pɐʔ⁵pɐʔ⁵。

　　　　　　　　（2015 年 8 月 31 日，江山，发音人：蔡秉洪）

手用睜

手用睜，骹腹踭；_{手用睜：手肘。骹}　　　tɕʰyə⁴⁴loʔ²saŋ⁴⁴，kʰɐɯ⁴⁴poʔ⁵taŋ⁴⁴；

_{腹踭：脚后跟}

话得来，老江山。　　　　　　　yə⁴⁴təʔ⁰li²¹³，lɐɯ²²kɒŋ⁴⁴saŋ⁴⁴。

（2015 年 12 月 18 日，江山，发音人：祝文娟）

掏洋芋

索拉索拉多拉多，　　　　　　　so la so la to la to，

老师教我掏洋芋；_{掏：挖。洋芋：土豆}　　lɐɯ²²suɯ⁴⁴kɐɯ⁴⁴ŋɒ⁴⁴dɐɯ²²iaŋ²²uə⁴⁴。

掏着个大堆，　　　　　　　　　dɐɯ²²dəʔ⁰aʔ⁵do²²tuɛ⁴⁴，

老师□我背去归；　　　　　　　lɐɯ²²suɯ⁴⁴gyaŋ²²ŋɒ⁴⁴mɛ⁴⁴kʰə⁰kuɛ⁴⁴。

背到坛石头，_{坛石头：地名}　　　　mɛ⁴⁴tɐɯ⁴⁴dɒŋ²²dʑiaʔ²du²¹³，

咥着个嘞大面头；_{面头：馒头}　　　tiɛʔ⁵dəʔ⁰kəʔ⁵lɛ⁴⁴do²²miɛ̃²²du²¹³。

背到江山县，　　　　　　　　　mɛ⁴⁴tɐɯ⁴⁴kɒŋ⁴⁴saŋ²⁴yɛ̃⁵³，

咥着个瓯面。_{瓯：碗}　　　　　　tiɛʔ⁵dəʔ⁰aʔ⁵u⁴⁴miɛ̃³¹。

（2020 年 10 月 25 日，江山，发音人：叶玉萍）

数九歌

头九二九，　　　　　　　　　　du²²kuɯ²⁴n̠i²²kuɯ²⁴³，

汗出雨流；　　　　　　　　　　gɒŋ²²tɕʰyɛʔ⁵yə²²luɯ²¹³；

三九廿七，　　　　　　　　　　saŋ⁴⁴kuɯ²⁴n̠iɛ̃²²tsʰəʔ⁵，

话事结疙；话事:说话。结疙:结巴   yə²² ʑiɐ⁴⁴ kiɐʔ⁵ kəʔ⁵；

四九三十六，   ɕi⁵³ kɯ²⁴ saŋ⁴⁴ ʑiɐʔ² laʔ²，

门前挂沍泽；沍泽:冰凌   moŋ²⁴ dʑiɛ̃²² kuŋ⁴⁴ uə²² daʔ²；

五九四十五，   ŋuə²² kɯ²⁴ ɕi⁵³ ʑiɐʔ² ŋuə²²，

穷汉街里舞；舞:玩   gioŋ²² xɒŋ⁵³ ka⁴⁴ ləʔ⁰ muə²²；

六九五十四，   laʔ² kɯ²⁴ ŋuə²² ʑiɐʔ² ɕi⁵³，

金=篮讨野菜；金=:提。讨:摘   kɐ̃²⁴ laŋ²¹³ tʰuə⁴⁴ iə²² tɕʰi⁵³；

七九六十三，   tsʰəʔ⁵ kɯ²⁴ loʔ² ʑiɐʔ² saŋ⁴⁴，

穷汉脱衣裳；   gioŋ²² xɒŋ⁵³ tʰɒʔ⁵ i²⁴ ʑiaŋ⁵³；

八九七十二，   paʔ⁵ kɯ²⁴ tsʰəʔ⁵ ʑiɐʔ² ȵi³¹，

黄狗荫处坐；荫处:阴凉地   yaŋ²² ku²⁴ ɐ̃⁴⁴ tɕʰyə⁵³ ʑi²²；

九九八十一，   kɯ²⁴ kɯ²⁴ paʔ⁵ ʑiɐʔ² iɐʔ⁵，

世界重新出；   ɕi⁴⁴ ka⁵³ dʑioŋ²² ɕĩ⁴⁴ tɕʰyɐʔ⁵；

十九足，撒秧谷。   ʑiɐʔ² kɯ²⁴ tsoʔ⁵，sɒʔ⁵ ɛ̃²⁴ kuoʔ⁵。

（2020 年 10 月 25 日，江山，发音人:叶玉仙）

数胭歌

一胭贫，胭:指纹   iɐʔ⁵ lo²¹³ bĩ²¹³，

二胭富；   ȵi²⁴ lo²¹³ fuə⁵³；

三胭噔噔响，噔噔响:呱呱叫   saŋ²⁴ lo²¹³ tʰaŋ⁴⁴ tʰaŋ⁴⁴ xiaŋ²⁴³，

四胭卖爷娘；卖爷娘:坑害爹娘   ɕi⁴⁴ lo²¹³ mɒ²² iə²² ȵiaŋ²¹³；

五胭六胭，   ŋuə²⁴ lo²¹³ laʔ² lo²¹³，

伏鹅；伏：孵　　　　　　　　　　　tʰu⁴⁴iə⁴⁴buɐ²²ŋo²¹³；

七胭驮樵楤，驮：拿。樵楤：两头尖　　tsʰəʔ⁵lo²¹³do²²ʑimɐ²²tɕʰioŋ⁴⁴，
　的挑柴棍

八胭打零工，　　　　　　　　　　paʔ⁵lo²¹³taŋ⁴⁴lĩ²²koŋ⁴⁴，

九胭打算盘；打算盘：做账房先生　　ku²⁴lo²¹³taŋ⁴⁴sɒŋ⁴⁴pʰiɛ̃²¹³；

十个胭，　　　　　　　　　　　　ʑiɐʔ²ka⁴⁴lo²¹³，

个世爬；　　　　　　　　　　　　aʔ⁵sᴇ⁴⁴bo²¹³；

十个箕，　　　　　　　　　　　　ʑiɐʔ²ka⁴⁴ki⁴⁴，

个世嬉。嬉：玩耍　　　　　　　　　aʔ⁵sᴇ⁴⁴xi⁴⁴。

　　　　　　　（2020 年 10 月 25 日，江山，发音人：徐小英）

十二月歌

正月陪陪客，　　　　　　　　　　tɕĩ⁴⁴ŋoʔ⁵bᴇ²²bᴇ³¹kaʔ⁵，

两月铲铲麦，　　　　　　　　　　lɛ̃²²ŋoʔ²tsʰaŋ⁴⁴tsʰaŋ⁴⁴maʔ²，

三月慢慢过，　　　　　　　　　　saŋ⁴⁴ŋoʔ⁵maŋ²²maŋ²²kyə⁵³，

四月有麦磨，　　　　　　　　　　ɕi⁴⁴ŋoʔ⁵iɯ²²maʔ²miə³¹，

五月铲铲草，　　　　　　　　　　ŋuə²²ŋoʔ⁵tsʰaŋ²⁴tsʰaŋ⁴⁴tsʰuə²⁴³，

六月拔大肚，拔大肚：喝稀粥　　　laʔ²ŋoʔ²baʔ²do²²tuə²⁴³，

七月割新谷，　　　　　　　　　　tsʰəʔ⁵ŋoʔ⁵kɒʔ⁵sɛ̃²⁴kuoʔ⁵，

八月有戏促⁼，促⁼：看　　　　　　paʔ⁵ŋoʔ²iɯ²²xi⁴⁴tsʰoʔ⁵，

九月拜祖公，祖公：先祖　　　　　ku²⁴ŋoʔ²pa⁴⁴tsuə⁴⁴koŋ⁴，

十月钳皂子，皂子：皂角　　　　　ʑiɐʔ²ŋo⁵giɛ̃²²zmɐ²²tsə²⁴³，

十一月转个嘞曲， ʑiɐʔ² iɛʔ⁵ ŋoʔ⁵ dɛ̃²² kəʔ⁵ lɛ⁴⁴ kʰɐʔ⁵ ,

十二月过大年。 ʑiɐʔ² n̠i²² ŋoʔ²ʔ yɐ⁴⁴ do²² n̠iɛ̃²¹³ 。

（2020 年 10 月 25 日，江山，发音人：叶玉仙）

三十六行

衰⁼ 衰⁼ 真儿蛮，_{真儿：真的。}　　ɕiɐ⁴⁴ ɕiɐ⁴⁴ tɕiɐ̃⁴⁴ n̠i²⁴ maŋ²¹³ ,
_{蛮：野蛮}

大起学做糖； do³¹ i⁰ xɒʔ² tso⁴⁴ daŋ²¹³ ;

做糖剑发芽，_{剑：不会} tso⁴⁴ daŋ²¹³ fa⁴⁴ faʔ⁵ ŋɒ²¹³ ,

排起学撑簰；_{排起：开始。簰：筏} ba²² i⁰ xɒʔ² tsʰaŋ²⁴ bɒ²¹³ ;

撑簰惊上滩，_{惊：怕} tsʰaŋ²⁴ bɒ²¹ kuaŋ⁴⁴ dʑiaŋ²² tʰɒŋ⁴⁴ ,

排起学养蜂； ba²² i⁰ xɒʔ² iɒŋ²² fɒŋ⁴⁴ ;

养蜂剑出蜜， iɒŋ²² fɒŋ⁴⁴ fa⁴⁴ tɕʰyɛʔ⁵ miɛʔ² ,

排起学打石； ba²² i⁰ xɒʔ² taŋ⁴⁴ ʑiɛʔ² ;

打石惊捏锤， taŋ⁴⁴ ʑiɛʔ² kuaŋ⁴⁴ n̠iaʔ² dza²¹³ ,

排起学做鞋； ba²² i⁰ xɒʔ² tso⁴⁴ xa²¹³ ;

做鞋惊雷⁼锥，_{雷⁼锥：锥子} tso⁴⁴ xa²¹³ kuaŋ⁴⁴ lɛ²² tɕiɐ⁴⁴ ,

排起学做戏； ba²² i⁰ xɒʔ² tso⁴⁴ xi⁵³ ;

做戏走弗来天官步， tso⁴⁴ xi⁵³ tsɯ⁴⁴ fɘʔ⁵ li²¹ tʰiɛ̃⁴⁴ kuɛ̃²⁴ buɐ⁵³ ,

改行做豆腐； kɛ⁴⁴ xɒŋ²¹³ tso⁴⁴ dɯ²² vuɐ²⁴³ ;

豆腐剑出渣， dɯ²² vuɐ²⁴³ fa⁴⁴ tɕʰyɛʔ⁵ tsɒ⁴⁴ ,

排起学杀猪； ba²² i⁰ xɒʔ² saʔ⁵ tɒ⁴⁴ ;

杀猪劾出血，　　　　　saʔ⁵tɒ⁴⁴fa⁴⁴tɕʰyɛʔ⁵xyɛʔ⁵，

排起学打铁；　　　　　ba²²i⁰xɒʔ²taŋ⁴⁴tʰiɛʔ⁵；

打铁火星溅衣裳，　　　taŋ⁴⁴tʰiɛʔ⁵xuɛ⁴⁴ɕ ĩ⁴⁴tɕiɛ̃⁴⁴i²⁴ʑiaŋ⁵³，

排起做漆匠；　　　　　ba²²i⁰tso⁴⁴tɕʰiɛʔ⁵ʑiaŋ³¹；

漆匠劾漆匾，　　　　　tɕʰiɛʔ⁵ʑiaŋ³¹fa⁴⁴tɕʰiɛʔ⁵piɛ̃²⁴³，

排起破棘笼；棘笼:笼帚　ba²²i⁰pʰa⁴⁴tɕi⁴⁴ɕiɛ̃²⁴³；

棘笼破起亦劾卖，　　　tɕi⁴⁴ɕiɛ̃²⁴³pʰa⁴⁴i⁰iɛʔ²fa⁴⁴mɒ²²，

排起学做瓦；　　　　　ba²²i⁰xɒʔ²tso⁴⁴ŋɒ²²；

做瓦惊进瓦窑门，　　　tso⁴⁴ŋɒ²²kuaŋ⁴⁴tɕ ĩ⁵³ŋɒ²²iɐɯ²²moŋ²¹³，

排起学打铜；　　　　　ba²²i⁰xɒʔ²taŋ⁴⁴doŋ²¹³

打铜做弗起好铜勺，　　taŋ⁴⁴doŋ²¹³tso⁴⁴fəʔ⁵ki⁰xɐɯ⁴⁴doŋ²²ʑiaʔ²，

排起学铸镬；　　　　　ba²²i⁰xɒʔ²tɕyə⁴⁴yaʔ²；

铸镬难铸犁头壁，　　　tɕyə⁴⁴yaʔ²nɒŋ²²tɕyə⁴⁴li²²dɯ²²piɛʔ⁵，

排起学打锡；　　　　　ba²²i⁰xɒʔ²taŋ⁴⁴ɕiɛʔ⁵；

打锡炮弗红，　　　　　taŋ⁴⁴ɕiɛʔ⁵buə²²fəʔ⁵oŋ²¹³，

排起学捶砻；　　　　　ba²²i⁰xɒʔ²dza²²loŋ²¹³；

捶砻斧头背弗动，　　　dza²²loŋ²²pu⁴⁴du²¹³pɛ⁴⁴fəʔ⁵doŋ²²，

排起学箍桶；　　　　　ba²²i⁰xɒʔ²kʰuə⁴⁴doŋ²²；

箍桶掇弗起底，　　　　kʰu⁴⁴doŋ²²təʔ⁵fəʔ⁵ki⁰tiə²⁴³，

排起做草纸；　　　　　ba²²i⁰tso⁴⁴tsʰɐɯ⁴⁴tɕiə²⁴³；

草纸纸浆搂弗匀，　　　tsʰɐɯ⁴⁴tɕiə²⁴³tɕiə⁴⁴tɕiaŋ⁴⁴lɯ²²fəʔ⁵y ĩ²¹³，

排起学打银；　　　　　ba²²i⁰xɒʔ²taŋ⁴⁴n̩ ĩ²¹³；

打银灯盏火勠噗，噗：吹	taŋ^{44} ȵĩ^{213} tĩ^{44} tsaŋ^{44} xuᴇ^{44} fa^{44} pʰuə^{44} ,
排起学补瓯；	ba^{22} i^{0} xɒʔ^{2} puə^{44} uə^{44} ;
补瓯使弗来金刚钻，	puə^{44} uə^{243} ɕiɵ^{44} fəʔ^{5} li^{0} kĩ^{44} kɒŋ^{24} tsɒŋ^{53} ,
改行做雨伞；	kᴇ^{44} xɒŋ^{213} tso^{44} yə^{22} sɒŋ^{243} ;
雨伞难贴纸，	yə^{22} sɒŋ^{243} nɒŋ^{22} tʰiᴇʔ^{4} tɕiə^{243} ,
排起学做酒；	ba^{22} i^{0} xɒʔ^{2} tso^{44} tɕyə^{243} ;
做酒酒油出弗来，	tso^{44} tɕyə^{243} tɕyə^{44} iɯ^{213} tɕʰyᴇʔ^{5} fəʔ^{5} li^{213} ,
排起学泥水；	ba^{22} i^{0} xɒʔ^{2} ȵiə^{22} ɕy^{243} ;
泥水勠砌石头磡，	ȵiə^{22} ɕy^{243} fa^{44} tɕʰiᴇʔ^{5} ʑiᴇʔ^{2} du^{22} kʰɒŋ^{53} ,
排起学烧炭；	ba^{22} i^{0} xɒʔ^{2} ɕiɐɯ^{44} tʰɒŋ^{53} ;
烧炭惊火舌，	ɕiɐɯ^{44} tʰɒŋ^{53} kuaŋ^{44} xuᴇ^{44} dʑiᴇʔ^{2} ,
排起学做篾；	ba^{22} i^{0} xɒʔ^{2} tso^{44} miᴇʔ^{2} ;
做篾勠使戗，	tso^{44} miᴇʔ^{2} fa^{44} ɕiɵ^{44} tɕʰiaŋ^{53} ,
改行做木匠；	kᴇ^{44} xɒŋ^{22} tso^{44} moʔ^{2} ʑiaŋ^{31} ;
木匠勠削叉，	moʔ^{2} ʑiaŋ^{31} fa^{44} ɕiaʔ^{5} tsʰɒ^{44} ,
排起弹棉花；	ba^{22} i^{0} dɒŋ^{22} miɛ̃^{22} xuɒ^{44} ;
棉花亦勠弹，	miɛ̃^{22} xuɒ^{44} iᴇʔ^{2} fa^{44} dɒŋ^{213} ,
改行做裁缝；	kᴇ^{44} xɒŋ^{213} tso^{44} zᴇ^{22} vɒŋ^{213} ;
裁缝难做裤，	zᴇ^{22} vɒŋ^{213} nɒŋ^{22} tso^{44} kʰuə^{53} ,
改行学撑渡；	kᴇ^{44} xɒŋ^{213} xɒʔ^{2} tsʰaŋ^{24} duə^{53} ;
撑渡无力气，	tsʰaŋ^{24} duə^{53} m^{24} liᴇʔ^{2} kʰi^{53} ,
排起学粜米；	ba^{22} i^{0} xɒʔ^{2} tʰiɐɯ^{44} mi^{22} ;

梮米难过斗，	$t^hiɐw^{44}mi^{22}nɒŋ^{22}kyə^{44}tu^{243}$，
排起学剃头；	$ba^{22}i^0xɒʔ^2t^hiə^{44}du^{213}$；
剃头剃弗光，	$t^hiə^{24}du^{21}t^hiə^{44}fə?^5kyaŋ^{44}$，
排起学做香；	$ba^{22}i^0xɒʔ^2tso^{44}xiaŋ^{44}$；
做香无依拜老佛，	$tso^{44}xiaŋ^{44}m^{24}naŋ^{44}pa^{44}lɐw^{22}vɵ?^2$，
排起学做贼；	$ba^{22}i^0xɒʔ^2tso^{44}zə?^2$；
做贼㓥打洞，	$tso^{44}zə?^2fa^{44}taŋ^{24}doŋ^{31}$，
排起学打铳；	$ba^{22}i^0xɒʔ^2taŋ^{44}tɕ^hioŋ^{53}$；
打铳铁子个大抓，	$taŋ^{44}tɕ^hioŋ^{53}t^hiɛ?^2tsə^{243}a^{44}do^{22}tsɒ^{44}$，
嚯隆一声打死自家爸；	$xuo?^5loŋ^{53}iɛ?^5ɕ\ \tilde{i}^{44}taŋ^{44}sə^{243}dzə?^2kɒ^{44}$
	$pɒ^{44}$；
三十六岁学骟猪，骟：骗	$saŋ^{44}zə?^2la?^2xuɛ^{53}xɒʔ^2t\tilde{ɛ}^{44}tɒ^{44}$，
骟猪十个九个死，	$t\tilde{ɛ}^{44}tɒ^{44}ʑiɐ?^2ka^{53}kw^{24}ka^{53}sə^{243}$，
改行拖猪牯；猪牯：种猪	$kɛ^{44}xɒŋ^{213}t^ha^{44}tɒ^{44}kuə^{243}$；
拖猪牯走路真可怜，	$t^ha^{44}tɒ^{44}kuə^{243}tsw^{44}luə^{31}tɕi\ \tilde{ɵ}^{44}k^ho^{44}$
	$li\tilde{ɛ}^{213}$，
改行学种田；	$kɛ^{44}ɒŋ^{213}xɒʔ^2ioŋ^{44}di\tilde{ɛ}^{213}$；
种田赚弗着大铜钿，	$ioŋ^{44}di\tilde{ɛ}^{213}dzaŋ^{22}fə?^5də?^0do^{22}doŋ^{22}di\tilde{ɛ}^{213}$，
无事去赌钿；	$mu^{24}ʑiɐ^{22}k^hə^{44}tuə^{44}di\tilde{ɛ}^{213}$；
赌钿败家当，	$tuə^{44}di\tilde{ɛ}^{213}ba^{22}kɒ^{24}taŋ^{53}$，
老起去讨饭。	$lɐw^{22}i^0k^hə^{44}t^huə^{44}vaŋ^{31}$。

（2016 年 8 月 28 日，江山，发音人：徐长秋）

拜堂歌[①]

今日堂中喜气冲，　tɕĩ^{24} ʑiᴇʔ^{2} daŋ^{22} tsoŋ^{44} ɕi^{44} tɕʰi^{44} tsʰoŋ^{44}，

上有三星照堂中；　zaŋ^{22} iɯ^{22} saŋ^{44} ɕĩ^{44} tsɐɯ^{53} daŋ^{22} tsoŋ^{44}；

五色祥云齐汇合，　u^{22} səʔ^{5} dʑiaŋ^{24} yĩ^{213} dʑi^{24} uᴇ^{44} ɒʔ^{2}，

张灯结彩满堂红；　tsaŋ^{44} təŋ^{53} kiᴇʔ^{5} tsʰᴇ^{243} mɛ̃^{22} daŋ^{24} oŋ^{213}；

男女宾客笑盈盈，　naŋ^{24} ŋyə^{22} pĩ^{44} kʰaʔ^{5} ɕiɐɯ^{53} ĩ^{24} ĩ^{213}，

庆贺新人结秦晋；　kʰɛ̃^{44} o^{31} ɕĩ^{24} ʑĩ^{213} kiᴇʔ^{5} dʑĩ^{22} tɕĩ^{53}；

大喝三声天门开，　da^{22} xaʔ^{5} saŋ^{44} ɕĩ^{44} tʰiɛ̃^{24} moŋ^{213} kʰᴇ^{44}，

金童玉女下凡来；　kĩ^{24} doŋ^{213} ȵioʔ^{2} ŋyə^{22} ʑiɒ^{22} vaŋ^{24} lᴇ^{213}；

请得八仙同祝贺，　tɕʰĩ^{44} təʔ^{5} paʔ^{5} ɕiɛ̃^{44} doŋ^{22} tɕioʔ^{5} o^{31}，

分班堂里两边排；　fɛ̃^{44} paŋ^{44} dzaŋ^{22} liᴇ^{21} liaŋ^{22} piɛ̃^{24} ba^{213}；

洞宾肩背清风剑，　doŋ^{22} pĩ^{44} kiɛ̃^{44} pᴇ^{53} tɕʰĩ^{44} fɒŋ^{44} kiɛ̃^{53}，

拐李仙翁厾铁拐；厾：轻点　kua^{44} li^{21} ɕiɛ̃^{44} oŋ^{44} toʔ^{5} tʰiᴇʔ^{5} kua^{243}；

湘子风流吹玉笛，　ɕiaŋ^{44} tsə^{243} fɒŋ^{24} liɯ^{213} tsʰuᴇ^{44} ioʔ^{2} diᴇʔ^{2}，

钟离祖师把扇摇；　tsoŋ^{24} li^{213} tsu^{44} sɯ^{44} pa^{44} ɕiɛ̃^{53} iɐɯ^{213}；

采和篮内献蟠桃，　tsʰᴇ^{44} o^{213} laŋ^{22} lᴇ^{53} ɕiɛ̃^{53} fɛ̃^{44} dɔ^{213}，

仙姑敬上长生酒；　ɕiɛ̃^{44} kuə^{44} tɕĩ^{53} zaŋ^{31} dzaŋ^{22} sɛ̃^{44} tɕiɯ^{243}；

国舅手执云阳板，　kuoʔ^{5} gɯ^{22} sɯ^{44} tsəʔ^{5} yĩ^{22} iaŋ^{22} paŋ^{243}，

---

① 《拜堂歌》及《挂账歌》是传统的婚嫁仪式歌，遣词用语比较典雅，字音文读现象较多。

果老骑驴引凤凰；　　　　　　ko²⁴lɐɯ²²dʑi²²li²¹³ĩ²²voŋ²²uaŋ²¹³；

一对红烛喜洋洋，　　　　　　iɛʔ⁵tuɛ⁵³oŋ²²tɕiŋʔ⁵ɕi⁴⁴iaŋ⁴⁴iaŋ²¹³，

新郎新娘来拜堂。　　　　　　ɕĩ⁴⁴laŋ²¹³ɕĩ⁴⁴ȵiaŋ²¹lɛ²²pa⁵³daŋ²¹³。

（2016 年 8 月 28 日，江山，发音人：徐长秋）

挂账歌

一撒天地开张，　　　　　　iɛʔ⁵sɒʔ⁵tʰiɛ̃⁴⁴di³¹kʰɛ⁴⁴tɕiaŋ⁴⁴，

二撒夫妻寿长，　　　　　　ȵi²²sɒʔ⁵fuə⁴⁴tɕʰi⁴⁴ʑiɯ²²dzaŋ²¹³，

三撒早生贵子，　　　　　　saŋ⁴⁴sɒʔ⁵tsɐɯ²⁴³saŋ⁴⁴kuɛ⁵³tsə²⁴³，

四撒金宝满堂，　　　　　　ɕi⁴⁴sɒʔ⁵kĩ⁴⁴pɐɯ²⁴³mɛ̃²²daŋ²¹³，

五撒五子登科，　　　　　　ŋuə²²sɒʔ⁵ŋuə²²tsə²⁴³tɛ̃⁴⁴kʰo⁴⁴，

六撒六国丞相，　　　　　　laʔ²sɒʔ⁵laʔ²kuoʔ⁵dʑiŋ²²ɕiaŋ⁵³，

七撒七寿余庆，　　　　　　tsʰəʔ⁵sɒʔ⁵tsʰəʔ⁵ʑiɯ²⁴³yə²²kʰɛ̃⁵³，

八撒八仙漂海，　　　　　　paʔ⁵sɒʔ⁵paʔ⁵ɕiɛ⁴⁴pʰiɐɯ⁴⁴xɛ²⁴³，

九撒九子十三孙，　　　　　kɯ⁴⁴sɒʔ⁵kɯ⁴⁴tsə²⁴³zəʔ²saŋ⁴⁴suɛ̃⁴⁴，

十撒代代儿孙中状元。　　　zəʔ²sɒʔ⁵dɛ²²dɛ²²ȵi²²suɛ̃⁴⁴tɕioŋ⁴⁴dʑiɒŋ²²yɛ̃²¹³。

（2016 年 8 月 28 日，江山，发音人：徐长秋）

上云梯①

日出东山诸仙来，	ʑiɛʔ² tɕʰyɛʔ⁵ toŋ⁴⁴ saŋ⁴⁴ tɕyə⁴⁴ ɕiɛ̃²⁴ lɛ²¹³，
一朵鲜花满地开，	iɛʔ⁵ to²⁴ ɕiɛ̃⁴⁴ xuɒ⁴⁴ mɛ̃²² di⁵³ kʰɛ⁴⁴，
鲜花开起家家爱，	ɕiɛ̃²⁴ xuɒ⁴⁴ kʰɛ⁴⁴ tɕʰi²⁴ tɕia⁴⁴ tɕia⁴⁴ ɛ⁵³，
做梁弟子近前来。	tso⁴⁴ liaŋ²¹³ di²² tsə⁵³ dʑĩ³¹ dʑiɛ̃²² lɛ²¹³。
你往东来我往西，	n̩i²² uaŋ⁵³ toŋ⁴⁴ lɛ²⁴ ŋɒ²² uaŋ⁵³ ɕi⁴⁴，
一步行来二步先，	iɛʔ⁵ buə⁵³ ĩ²² lɛ²¹³ ɜ²² buə⁵³ ɕiɛ̃⁴⁴，
三步来到楼梯边。	saŋ²⁴ buə⁵³ lɛ²² tau⁵³ luɯ²² tʰi⁵³ piɛ̃⁴⁴。
左手提起衣，	tso⁵³ ɕiəu²⁴ di²² kʰi²⁴ i⁴⁴，
右脚上云梯，	iəu²² kiaʔ⁵ ʑiaŋ²² yĩ²² tʰi⁴⁴，
脚踏楼梯步步高，	tɕiaʔ⁵ daʔ² luɯ²² tʰi⁴⁴ buə²² buə²² kɐɯ⁴⁴，
手攀玉柱采仙桃，	ɕiəu²⁴ pʰaŋ⁵³ ɲioʔ² dʑyə²² tsʰɛ⁴⁴ ɕiɛ̃²⁴ dɐɯ⁵³，
仙桃落在金盘内，	ɕiɛ̃²⁴ dɐɯ³¹ laʔ² dʑɛ²² kĩ⁴⁴ bɛ̃²² nuɛ⁵³，
荣华富贵福寿高。	ioŋ²² uɒ²⁴ fuə⁵³ kuɛ⁵³ foʔ⁵ ʑiəu³¹ kɐɯ⁴⁴。

（2015 年 9 月 14 日，江山，发音人：邓作友）

---

① 《上云梯》及《抛栋梁》是云和传统中庆贺新屋上梁落成的仪式歌，使用的语言注重对仗、押韵，整体而言书面语色彩较浓，类似地方普通话。发音人大量使用的文读音，有不少是单字及词汇调查中未曾出现过的，如"手"读［ɕiəu²⁴］、"子"读［tsɿ²⁴³］等。

抛栋梁①

麦子麦子，	maʔ²tsʅ²⁴³ maʔ²tsʅ²⁴³，
生在何处？	saŋ²⁴dzɛ²²o²²tɕʰyə⁵³？
出在何方？	tɕʰyɛʔ⁵dzɛ²²o²²fɒŋ⁴⁴？
生在湖广地上，	saŋ²⁴dzɛ²²uə²²kʰuaŋ⁵³di²²ʑiaŋ²²，
江西客人带籽浙江地方。	tɕiaŋ⁴⁴ɕi⁴⁴kʰaʔ⁵z̩²¹³taɛ⁵³tsə²⁴³tɕiɛʔ⁵kɒŋ⁴⁴ di²²fɒŋ⁴⁴。
九冬十月犁耕下种，	tɕiɯ²⁴toŋ⁴⁴ʑiɐʔ²ŋoʔ⁵li²²kaŋ⁴⁴o²²tɕioŋ⁵³，
十一二月经过雪霜；	ʑiɐʔ²iɛʔ⁵n̩i²²ŋoʔ²tɕiŋ⁴⁴ko⁵³ɕyɛʔ⁵ɕiɒŋ⁴⁴；
正二三月麦青飘扬，	tɕiŋ⁴⁴n̩i²²saŋ⁴⁴ŋoʔ⁵maʔ²tɕʰiŋ⁴⁴pʰiɐɯ²⁴iaŋ²¹³，
四五月收籽回家乡。	ɕi⁵³ŋo²²ŋoʔ⁵səɯ⁴⁴tsuə²⁴³uɛ²²kia²⁴xiaŋ⁴⁴。
大担挑进仓房，	da²²taŋ⁵³tʰiɐɯ⁴tɕiŋ⁵³tsʰŋ⁴⁴vɒŋ²¹³，
小担挑进磨坊；	ɕiɐɯ⁴⁴taŋ⁵³tʰiɐɯ⁴⁴tɕiŋ⁵³mo²²vɒŋ²¹³；
头道粉来白如雪，	do²²tɐɯ⁵³fɛ̃²⁴lɛ²¹³baʔ²ʑyə²²ɕyɛʔ⁵，
二道粉来白如霜；	n̩i²²tɐɯ⁴⁴fɛ̃²⁴lɛ²¹³baʔ²ʑyə²²ɕiɒŋ⁴⁴；
东家吩咐堂倌，	toŋ⁴⁴kɒ⁴⁴fɛ̃⁴⁴fuə⁵³daŋ²²kyɛ̃⁴⁴，
走到十字街上；	tsəɯ²⁴tɐɯ⁵³ʑiɐʔ²zuə²²kaɛ²⁴ʑiaŋ⁵³；
请来厨倌师父，	tɕʰiŋ²⁴lɛ²¹³dʑyə²²kuɛ̃⁴⁴ɕiɐ⁴⁴vuə²²，
做起包子抛栋梁。	tso⁴⁴kʰi²⁴³pɐɯ⁴⁴tsuə²⁴³pʰɐɯ⁴⁴toŋ²⁴liaŋ⁵³。

---

① 抛栋梁是江山民间一种庆贺新屋落成的喜庆活动，上完正梁并以酒浇梁之后，领班木匠一边唱诵喝彩，一边同领班瓦匠一起向下抛撒馒头、钱币、糖果、花生等物，众亲友乡邻视为天降吉运，争相抢接。

做起个对个双成双，　　　　　tso⁴⁴ kʰi²⁴³ kaɛ⁵³ tuɛ⁵³ kaɛ⁵³ ɕiɒŋ⁴⁴ dʑĩ²² ɕiɒŋ⁴⁴，

厨师不可乱吃，　　　　　　　dʐyə²² suɯə⁴⁴ poʔ⁴ kʰo⁴⁴ lɒŋ²² kʰiɛʔ⁵，

堂倌不可先尝，　　　　　　　daŋ²² kyɛ̃⁴⁴ poʔ⁴ kʰo⁴⁴ ɕiɛ̃²⁴ ʑiaŋ²¹³，

留得鲁班弟子抛栋梁。　　　　ləɯ²⁴ təʔ⁵ luə²² paŋ⁴⁴ di²² tsɿ⁵³ pʰɐɯ⁴⁴ toŋ²⁴ liaŋ⁵³。

一保落地，千斤粮米；　　　　iɛʔ⁵ pɐɯ²⁴ loʔ² di²²，tɕʰiɛ̃⁴⁴ tɕĩ²⁴ liaŋ²² mi²²；

二保落地，状元夫妻；　　　　ɜ²⁴ pɐɯ²⁴ loʔ² di²²，dʑiɒŋ²² yɛ̃²⁴ fuə⁴⁴ tɕʰi⁴⁴；

三保落地，三元及第；　　　　saŋ⁴⁴ pɐɯ²⁴ loʔ² di²²，saŋ²⁴ n̥yɛ̃²¹³ dʑiɛʔ² di²²；

四保落地，四品横堂；　　　　ɕi⁵³ pɐɯ²⁴ loʔ² di²²，ɕi⁵³ pʰĩ²⁴³ uaŋ²² daŋ²¹³；

五保落地，五子登科；　　　　ŋuə²² pɐɯ²⁴ loʔ² di²²，ŋuə²² tsuɯə²⁴³ tɛ̃²⁴ kʰo⁴⁴；

六保落地，六国丞相；　　　　laʔ² pəɯ²⁴ loʔ² di²²，laʔ² kuo⁵ dʑiŋ²² ɕiaŋ⁵³；

七保落地，七品郎官；　　　　tsʰəʔ⁵ pɐɯ²⁴ loʔ² di²²，tsʰəʔ⁵ pʰĩ⁴⁴ laŋ²² kyɛ̃⁴⁴；

八保落地，八仙漂海；　　　　paʔ⁵ pɐɯ²⁴ loʔ² di²²，paʔ⁵ xiɛ̃⁴⁴ pʰiɐɯ⁴⁴ xɛ²⁴³；

九保落地，九子千孙；　　　　kɯ²⁴ pɐɯ²⁴ loʔ² di²²，kɯ²⁴ tsuɯə²⁴³ tɕʰiɛ̃⁴⁴ suɛ̃⁴⁴；

十保落地，十子团圆。　　　　ʑiɐʔ² pɐɯ²⁴ loʔ² di²²，ʑiɐʔ² tsuɯə²⁴³ dɒŋ²² yɛ̃²¹³。

读书侬摭得，进学眼前；　　　tʰoʔɕyə²⁴ naŋ⁴⁴ iaʔ⁵ təʔ⁵，tɕĩ⁵³ iaʔ² ŋaŋ²² dʑiɛ̃²¹³；

女子侬摭得，添丁当先；　　　n̥yə²² tsuɯə²⁴³ naŋ²¹³ iaʔ⁵ təʔ⁵，tʰi ɛ̃⁴⁴ t ĩ²⁴

　　　　　　　　　　　　　　　taŋ⁴⁴ ɕiɛ̃⁴⁴；

儿童者摭得，百病消灾；　　　ɜ²² doŋ²¹³ tɕia²⁴³ iaʔ⁵ təʔ⁵，paʔ⁵ bĩ²² ɕiɐɯ²⁴ tsɛ⁴⁴；

老席＝侬摭得，身体康健；　　　ləɯ²² ʑiɛʔ² naŋ²¹³ iaʔ⁵ təʔ⁵，ɕĩ⁴⁴ tʰi²⁴³ kʰɒŋ²⁴

　　　　　　　　　　　　　　　giɛ̃²²；

工人者摭得，名誉宣传；　　　koŋ²⁴ ʑĩ²¹³ tɕia²⁴³ iaʔ⁵ təʔ⁵，mĩ²² yə⁵³ ɕyɛ̃⁴⁴

　　　　　　　　　　　　　　　dʐyɛ̃²¹³；

买卖者摭得，年年赚钱；　maᴇ^{22} maᴇ^{31} tɕia^{243} iaʔ^{5} təʔ^{5}，ȵiε̃^{22} ȵiε̃^{213} dzaŋ^{22} dʑiε̃^{213}；

阖家大小男女摭得，　ɒʔ^{2} kia^{44} daᴇ^{22} ɕiɐɯ^{243} naŋ^{24} ȵyə^{22} iaʔ^{5} təʔ^{5}，

百事团圆！　paʔ^{5} ʑiɵ^{22} dɒŋ^{22} yε̃^{213}！

（2015 年 9 月 14 日，江山，发音人：邓作友）

二、谚　语

农业谚语

1. 莨田出谷，莨：稀疏　laŋ^{22} diε̃^{213} tɕ^{h}yᴇʔ^{5} kuoʔ^{5}，

   密田好促$^{=}$。　maʔ^{2} diε̃^{213} xɐɯ^{44} ts^{h}oʔ^{5}。

2. 立夏沿，　liᴇʔ^{2} ɒ^{22} iε̃^{213}，

   好莳田。莳田：插秧　xɐɯ^{44} zə^{22} diε̃^{213}。

3. 枇杷黄，　bi^{22} ba^{213} yaŋ^{213}，

   莳田忙。　zə^{22} diε̃^{213} miaŋ^{213}。

4. 侬老个年，　naŋ^{213} lɐɯ^{22} a^{44} ȵiε̃^{213}，

   籼老个暝。籼：稻。个暝：一夜　dɯ^{22} lɐɯ^{22} a^{44} maŋ^{31}。

5. 十八廿三，　ʑiɵʔ^{2} paʔ^{5} ȵiε̃^{22} saŋ^{44}，

   㧟断肩担。㧟：压。肩担：扁担　k^{h}aʔ^{5} dəŋ^{22} kiε̃^{44} taŋ^{44}。

6. 十月日，　ʑiɵʔ^{2} ŋoʔ^{2} nəʔ^{2}，

   梳头洗面到昼日。昼日：中午　sɒ^{44} du^{213} ɕi^{44} miε̃^{44} tɐɯ^{44} tu^{44} nəʔ^{2}。

7. 莳田割谷，　zə^{22} diε̃^{213} kɒʔ^{5} kuoʔ^{5}，

   虎过莫促$^{=}$。　xuə^{44} kyə^{53} moʔ^{2} ts^{h}oʔ^{5}。

8. 天晴无放出，_{放出:付出}　　　　$t^hi\tilde{\epsilon}^{44}z_1^{213}m^{44}pon^{44}t\varphi^hy\epsilon?^5$，

　　断﹦雨无得归。_{断﹦雨:下雨。归:进}　　$den^{22}ye^{22}m^{44}te?^5kue^{44}$。

9. 只□好田客，_{田客:种田人}　　　　$tse?^5leu^{53}xeu^{44}di\tilde{\epsilon}^{22}k^ha?^5$，

　　弗惊黄泥塥。_{惊:怕。塥:硬土}　　$fe?^5kuan^{44}yan^{22}\textipa{n}ie^{22}ka?^5$。

10. 种薯弗□脧，_{脧:男阴}　　　　　$ion^{44}dzie^{213}fe?^5leu^{44}tsue^{44}$，

　　只□个抓灰。_{抓:把}　　　　　$tse?^5leu^{44}a^{44}tsp^{44}xue^{44}$。

气象谚语

1. 冬至月头，　　　　　　$tan^{24}t\varphi ie^{53}no?^2du^{213}$，

　　冻死老狗；　　　　　　$ton^{44}se^{243}leu^{44}ku^{243}$；

　　冬至月中，　　　　　　$tan^{24}t\varphi ie^{53}no?^2ton^{44}$，

　　无雪无霜；　　　　　　$u^{22}\varphi y\epsilon?^5u^{22}\varphi ion^{24}$；

　　冬至月尾，　　　　　　$tan^{24}t\varphi ie^{53}no?^2m\epsilon^{22}$，

　　弗□棉被。　　　　　　$fe?^5leu^{44}mi\tilde{\epsilon}^{22}b\epsilon^{22}$。

2. 东虹日头西虹雨。　　　$ton^{24}kpn^{53}ne?^2du^{213}\varphi i^{24}kpn^{53}ye^{22}$。

3. 天红霞，　　　　　　　$ti\tilde{\epsilon}^{44}on^{22}np^{213}$，

　　无水泡茶。　　　　　　$mu^{44}y^{243}p^heu^{44}dzp^{213}$。

4. 乌云接日，　　　　　　$ue^{44}y\tilde{\imath}^{213}t\varphi i\epsilon?^5ne?^2$，

　　有雨明日。　　　　　　$iu^{22}ye^{22}ma?^2le?^2$。

5. 雪弗烊，_{烊:融化}　　　　　$\varphi y\epsilon?^5fe?^5ian^{213}$，

　　雪儿等雪娘。　　　　　$\varphi y\epsilon?^5\textipa{n}i^{243}t\tilde{\epsilon}^{44}\varphi y\epsilon?^5\textipa{n}ian^{213}$。

6. 雨当中，　　　　　　　$ye^{24}tan^{44}t\varphi ion^{44}$，

　　两头空。　　　　　　　$n\tilde{\epsilon}^{22}du^0k^hon^{44}$。

7. 云底日，　　　　　　　$y\tilde{\imath}^{22}tie^{243}ne?^2$，

　　晒死贼。　　　　　　　$sp^{44}se^{44}ze?^2$。

8. 云往上，　yĩ^{22} uaŋ^{44} dʑiaŋ^{22} ，
大雨笔直冲，　do^{22} yə^{22} pɵʔ^{5} diᴇʔ^{2} tɕ^{h}iaŋ^{44} ，
云往下，　yĩ^{22} uaŋ^{44} o^{22} ，
大雨无样大。无样：无比，非常　do^{22} yə^{22} mu^{24} iaŋ^{44} do^{22} 。

生活谚语

1. 捶板壁，　dza^{22} paŋ^{243} piᴇʔ^{5} ，
响屋柱。喻旁敲侧击　xiaŋ^{44} uoʔ^{5} dʑyə^{22} 。

2. 大碚石□衰⁼碚石塞。　do^{22} bᴇ^{22} dʑiaʔ^{2} lɐɯ^{44} ɕiɵ^{44} bᴇ^{22} dʑiaʔ^{2} saʔ^{5} 。

3. 顶着茅坑板，　tĩ^{24} təʔ^{5} mɐɯ^{22} k^{h}aŋ^{44} paŋ^{243} ，
忖记顶着天。　ts^{h}ε̃^{24} ki^{53} tĩ^{24} təʔ^{5} t^{h}iε̃^{44} 。

4. 弗数侬，数侬：议论别人　fəʔ^{5} ɕyə^{24} naŋ^{213} ，
无天谈。　m^{44} t^{h}iε̃^{44} daŋ^{213} 。

5. 斧头捶凿凿捶树。喻一物降一物　pu^{44} du^{213} dza^{22} zoʔ^{2} zoʔ^{2} dza^{22} dzɯ^{31} 。

6. 个竹篙捶死个船侬。喻不问青红皂白　a^{44} taʔ^{5} kɐɯ^{44} dza^{22} sə^{243} a^{44} ʑyε̃^{22} naŋ^{213} 。

7. 江山碚石堆，　kɒŋ^{44} saŋ^{44} bᴇ^{22} dʑiaʔ^{2} tuᴇ^{44} ，
勱去亦勱归。勱：滚　luᴇ^{22} k^{h}ə^{53} iᴇʔ^{2} luᴇ^{22} kuᴇ^{44} 。

8. 空腹灯笼大字号。喻徒有虚名　k^{h}oŋ^{44} poʔ^{5} tĩ^{24} loŋ^{53} do^{22} zɯ^{22} ɐɯ^{31} 。

9. 量腹咥饭，　liaŋ^{22} poʔ^{2} tiᴇʔ^{5} vaŋ^{31} ，
量力搿担。搿：挑　liaŋ^{22} liᴇʔ^{2} gəʔ^{2} taŋ^{53} 。

10. 轮得你第十一。喻恰好轮不上　lĩ^{22} təʔ^{5} ȵi^{44} di^{22} ʑiɵʔ^{2} iᴇʔ^{5} 。

11. 卖麦粉碰着起鬼头风。喻行事不顺　mɒ^{22} maʔ^{2} fε̃^{243} p^{h}oŋ^{24} təʔ^{5} k^{h}i^{44} kuᴇ^{44} du^{22} fɒŋ^{44} 。

12. 牛轭断倒个节樵。牛轭:架在牛颈　　　ŋɯ²² aʔ⁵ dəŋ²² tɐɯ⁵³ a⁴⁴ tɕiɛʔ⁵ ʑiɐɯ²¹³。

上拉东西的弯木。樵:柴火

13. 侬心无饱足，　　　　　　　　　naŋ²² ɕi⁴⁴ m⁴⁴ piə⁴⁴ tsoʔ⁵，

饲鸡无饱腹。饲:喂　　　　　　zə²² iə⁴⁴ m⁴⁴ piə⁴⁴ poʔ⁵。

14. 樵索跟樵楤，樵楤:挑柴的尖头扁担　　ʑiɐɯ²² sɒʔ⁵ kɛ̃⁴⁴ ʑiɐɯ²² tsʰoŋ⁴⁴，

老嬷跟老公。　　　　　　　　lɐɯ²² mɒ²² kɛ̃⁴⁴ lɐɯ²² koŋ⁴⁴。

15. 亲姓个把锯，亲姓:亲戚　　　　　tɕʰĩ²⁴ ɕĩ⁵³ a⁴⁴ po²⁴³ kə⁵³，

拖来亦拖去。　　　　　　　　tʰa⁴⁴ li²¹³ iɛʔ² tʰa⁴⁴ kʰəʔ⁵³。

16. 浸莫勾，勾:蜷曲身体　　　　　tsʰɛ̃⁴⁴ moʔ² gɯ²¹³，

苦莫愁。　　　　　　　　　　kʰuə²⁴³ moʔ² zɯ²¹³。

17. 三岁到老，　　　　　　　　　saŋ⁴⁴ xuɛ⁵³ tɐɯ⁵³ lɐɯ²²，

五岁到死。　　　　　　　　　ŋuə²² xuɛ⁵³ tɐɯ⁵³ sə²⁴³。

18. 生罢个性，罢:定　　　　　　saŋ²⁴ bɒ²² gəʔ⁰ ɕĩ⁵³，

钉罢个秤。　　　　　　　　　tĩ⁴⁴ bɒ²² gəʔ⁰ tɕʰĩ⁵³。

19. 屋漏滴，　　　　　　　　　　uoʔ⁵ ləʔ² tiɛʔ⁵，

代代接。代代接:喻不孝家风代代相传　　dɛ²² dɛ²² tɕiɛʔ⁵。

20. 有得忙，　　　　　　　　　　iɐɯ²² tiɛʔ⁵ miaŋ²¹³，

有得偿。　　　　　　　　　　iɐɯ²² tiɛʔ⁵ ʑiaŋ²¹³。

　　　　　　　　　　　　（2015 年 8 月 31 日，江山，发音人:蔡秉洪）

三、歇后语

1. 鼻头□准盐——扎狗鼻头　bəʔ² du²² xo⁵³ tɕyĩ⁴⁴ iɛ̃²¹³——tsaʔ⁵ ku²⁴³

□:鼻屎。准:当作。扎狗:小气

2. 布袋腹里买猫——弗知得　puə⁴⁴ dɛ²² poʔ⁵ ləʔ⁰ mɒ²² mɐɯ²¹³——fəʔ⁵

雌牯知得:知道。雌牯:雌雄　　tsə⁴⁴ tiɛʔ⁵ tsʰə⁴⁴ kuə²⁴³

3. 戴凉笠叭喙——凑弗拢叭　　tɛ⁴⁴ liaŋ²² liɛʔ² paʔ⁵ tɕʰy²⁴³ ——tsʰɯ⁴⁴ fəʔ⁵
　　喙:亲嘴　　　　　　　　　　loŋ²²

4. 戴蓑衣捶火——引火烧身　　tɛ⁴⁴ so⁴⁴ i⁴⁴ dza²² xuɛ²⁴³ ——ĩ²² xuɛ²⁴³ ɕiɐɯ⁴⁴
　　戴:穿　　　　　　　　　　ɕiɵ̃⁴⁴

5. 断═雨天□稿——越□越　　dəŋ²² yə²² tʰiɛ̃⁴⁴ gəʔ² kɐɯ²⁴³ ——yɛʔ² gəʔ²
　　重□稿:挑稻草　　　　　　yɛʔ² dʑioŋ²²

6. 棺材腹里打拳——弗知得　　kyɛ̃⁴⁴ zɛ²¹³ poʔ⁵ ləʔ⁰ taŋ⁴⁴ gɵ²¹³ ——fəʔ⁵
　　死活　　　　　　　　　　tsə⁴⁴ tiɛʔ⁵ sə⁴⁴ uaʔ²

7. 光棍侬养猪——咥无捶有　　kyaŋ⁴⁴ ku ɛ̃⁴⁴ naŋ²¹³ ioŋ²² tɒ⁴⁴ ——tiɛʔ⁵
　　　　　　　　　　　　　　mu⁴⁴ dza²¹³ iɯ²²

8. 黄狗促═花被单——弗懂　　yaŋ²² ku²⁴³ tsʰoʔ⁵ xuɒ⁴⁴ bɛ²² tɒŋ⁴⁴ ——fəʔ⁵
　　装懂　　　　　　　　　　toŋ²⁴³ tɕioŋ⁴⁴ toŋ²⁴³

9. 黄污坑里洗鹅——越洗越　　yaŋ²² uə⁴⁴ kʰaŋ⁴⁴ ləʔ⁰ ɕi⁴⁴ go²¹³ ——yɛʔ²
　　乌齞黄污坑:沤肥的水坑;乌齞:脏　　ɕi²⁴³ yɛʔ² uə⁴⁴ tɕʰiɒʔ⁵

10. 眙目侬穿饵线——碰运　　kaʔ⁵ moʔ² naŋ²¹³ tɕʰy ĩ⁴⁴ ȵi⁴⁴ ɕi ɛ̃⁵³
　　气饵线:缝衣针　　　　　　pʰoŋ⁴⁴ y ĩ²² kʰi⁵³

11. 眙目侬捶老嬷——□脱　　kaʔ⁵ moʔ² naŋ²¹³ dza²² lɐɯ²² mɒ²²
　　手　　　　　　　　　　　fa⁴⁴ tʰɒʔ⁵ tɕʰyə²⁴³

12. 砻糠□坝——无使头□:　　loŋ²² kʰɒŋ⁴⁴ tsɒʔ⁵ pɛ⁵³ ——mu⁴⁴ ɕiɵ⁴⁴ du²¹³
　　塞;使头:用处

13. 麻雀踩水碓——自弗量　　maʔ² tɕiaʔ⁵ tsʰa⁴⁴ ɕy⁴⁴ tuɛ⁵³ ——zə²² fəʔ⁵
　　力　　　　　　　　　　　liaŋ²² liɛʔ²

14. 天萝壳捶老嬷——做做　　tʰiɛ̃⁴⁴ lo²² kʰɒʔ⁵ dza²² lɐɯ²² mɒ²² ——
　　样子天萝壳:丝瓜络　　　　tso⁴⁴ tso⁴⁴ iaŋ²² tsə²⁴³

15. 挖胐臀寻□——无事擤　　uɒ⁴⁴ kʰuoʔ⁵ d ɛ̃²¹³ ʑĩ²² fə⁵³ ——mu²⁴ ʑiɵ⁵³
　　事擤:找　　　　　　　　lo²² ʑiɵ³¹

16. 问侬客杀鸡——假客气　　mɛ̃²²naŋ²²kʰaʔ⁵saʔ⁵iə⁴⁴——kɒ⁴⁴kʰaʔ⁵kʰi⁵³

（2015 年 8 月 31 日，江山，发音人：蔡秉洪、刘青青）

四、谜　语

事物谜语

长长头颈圆圆面，　　　　　dɛ̃²²dɛ̃²²du²²kĩ²⁴³yɛ̃²²yɛ̃²²miɛ̃⁵³，

每日天光推三遍。天光：早晨。　mE²⁴nəʔ²tʰiɛ̃⁴⁴kyaŋ⁴⁴kʰɒʔ⁵saŋ⁴⁴piɛ̃⁵³。

　　推：敲

　　　　　——笊篱笊篱　　　　　　　　　　——tsɒ⁴⁴tɯ⁴⁴

赤膊去，戴壳归；　　　　　tɕʰiəʔ⁵piaʔ⁵kʰə⁵³，tE⁴⁴kʰɒʔ⁵kuE⁴⁴；

个棍子，两爿开。　　　　　a⁴⁴kuɛ̃⁴⁴tsə²⁴³，nɛ̃²²baŋ²²kʰE⁴⁴。

　　　　　——豆　　　　　　　　　　　　—— du³¹

大口朝天，　　　　　　　　do²²kʰɐɯ²⁴dziɐɯ²²tʰiɛ̃⁴⁴，

衰＝口腹边，衰＝：小　　　　　ɕiɐ⁴⁴kʰɐɯ²⁴poʔ⁵piɛ̃⁴⁴，

尾兜出烟。尾兜：尾巴　　　　　mE²²tɯ⁴⁴tɕʰyEʔ⁵iɛ̃⁴⁴。

　　　——谷扇扬净谷物的农具　　　　　　——kuoʔ⁵ɕiɛ̃⁵³

红尿桶，捶白板，　　　　　oŋ²²ȵiɐɯ²²doŋ²²，dza²²baʔ²paŋ²⁴³，

捶到泥底歇三暝。　　　　　dza²²tɐɯ⁵³ȵiə²²tiə²⁴³xiEʔ⁵saŋ⁴⁴maŋ⁵³。

　　　　　——荸荠　　　　　　　　　　　—— bi²²ʑi²¹³

牛角角弯弯，角角：角　　　　ŋɯ²²loʔ²kɒʔ⁵uaŋ²⁴uaŋ⁴⁴，

牛背花斑；　　　　　　　　　　ŋɯ²² pE⁵³ xuɒ⁴⁴ paŋ⁴⁴，

两个侬扛起，　　　　　　　　　nɛ̃²² kəʔ⁰ naŋ⁵³ kɒŋ⁴⁴ ki²⁴³，

牛囊卵吊停荡。_{囊卵：睾囊。吊停}　ŋɯ²² lɒŋ²² ləŋ²² tiɐɯ⁴⁴ dĩ²² daŋ²²。

_{荡：荡秋千}

　　　　　——杆秤　　　　　　　　　—— kɒŋ²⁴ tɕʰĩ⁵³

青布包白布，　　　　　　　　　tɕʰĩ²⁴ puə⁵³ pɐɯ⁴⁴ baʔ² puə⁵³，

白布包头梳，　　　　　　　　　baʔ² puə⁵³ pɐɯ⁴⁴ du²² sɒ⁴⁴，

头梳腹里个桠珍珠花。_{桠：朵}　du²² sɒ⁴⁴ poʔ⁵ ləʔ⁰ a⁵³ uo⁴⁴ tɕiɵ̃⁴⁴ tɕyə⁴⁴ xuɒ⁴⁴。

　　　　　——泡⁼_{柚子}　　　　　　　—— pʰɐɯ⁴⁴

四爿长，两爿短，　　　　　　　ɕi⁴⁴ baŋ²² dɛ̃²¹³，nɛ̃²² baŋ²² ti⁴⁴，

猜得着，送得你。　　　　　　　tsʰa²⁴ ləʔ⁵ dəʔ⁰，soŋ⁴⁴ təʔ⁰ ɳi²²。

　　　　　——棺材　　　　　　　　　—— kyɛ̃²⁴ zE⁵³

乌漆漆，漆漆乌，　　　　　　　uə⁴⁴ tɕʰiEʔ⁵ tɕʰiEʔ⁵，tɕʰiEʔ⁵ tɕʰiEʔ⁵ uə⁴⁴，

捶破无法箍。　　　　　　　　　dza²⁴ pʰa²⁴³ m²² faʔ⁵ kʰuə⁴⁴。

　　　　　——味镬_{铁锅}　　　　　　—— tɕy⁴⁴ yaʔ²

衰⁼衰⁼欠侬账，_{衰=衰：小时候}　ɕiɵ ʔ⁴ ɕiɵ⁵³ ɕiɵ⁵³ kʰiɛ̃⁴⁴ naŋ²² tiaŋ⁵³，

大起界你剥衣裳。　　　　　　　do²² kiEʔ⁵ pEʔ⁵ ɳi⁴⁴ piaʔ⁵ i²⁴ ɕiaŋ⁵³。

　　　　　——棕树　　　　　　　　　——tsoŋ²⁴ dzɯ³¹

衰⁼时戴鞋戴袜，　　　　　　　ɕiɵ⁴⁴ zɯ²¹³ tE⁴⁴ a²¹³ tE⁴⁴ maʔ²，

大起披头散发。　　　　　　　　do²² kiEʔ⁵ pʰi⁴⁴ dɯ²¹³ sɒŋ⁴⁴ faʔ⁵。

　　　　　——毛竹　　　　　　　　　—— mɐɯ²² taʔ⁵

个兜竹棍两头空，　　　　　　　a⁴⁴ tɯ⁴⁴ taʔ⁵ kuɛ̃²⁴ nɛ̃²² doʔ² kʰoŋ⁴⁴，

半暝三更攞老公。　　　　　　piɛ̃⁴⁴maŋ⁴⁴saŋ²⁴kaŋ⁴⁴lo²²lɐɯ²²koŋ⁴⁴。

　　　　——灯笼　　　　　　　　　　　—— tĩ²⁴loŋ⁵³

个苋柱,千苋梁,　　　　　　　a⁴⁴tɯ²⁴dʑyə²²,tɕʰiɛ̃⁴⁴tɯ²⁴liaŋ²¹³,

个爿瓦,铺到墙。　　　　　　　a⁴⁴baŋ²¹³ŋɒ²²,pʰuə²⁴tɐɯ⁵³ʑiaŋ²¹³。

　　　　——雨伞　　　　　　　　　　　—— yə²²sɒŋ²⁴³

个粒谷,撑破屋。　　　　　　　a⁴⁴lɒʔ²kuoʔ⁵,tsʰaŋ⁴⁴pʰa²⁴uoʔ⁵。

　　　　——油灯　　　　　　　　　　 ——iɐɯ²²tĩ⁴⁴

圆辂辘,圆辂辘,　　　　　　　yɛ̃²²kuoʔ⁵loʔ⁵,yɛ̃²²kuoʔ⁵loʔ⁵,

个日洗三桶浴。　　　　　　　　a⁴⁴nəʔ²ɕi²⁴³saŋ⁴⁴doŋ²²ioʔ²。

　　　　——瓯　　　　　　　　　　　　—— u⁴⁴

（2015 年 8 月 31 日,江山,发音人:蔡秉洪、刘青青）

地名谜语

白布下染缸——清湖（青乌）	baʔ²puə⁴⁴o²²ɲiɛ̃²²kɒŋ⁴⁴——tɕʰĩ²⁴uə⁵³
背大桶劶过——峡（狭）口	mɛ⁴⁴do²²doŋ²²fa⁴⁴kyə⁵³——ɒʔ²kʰu²⁴³
大锣劶响——童家（铜假）	do²²lo²²fa⁴⁴xiaŋ²⁴³——doŋ²²kɒ⁴⁴
渡船无蓬——广（光）渡	duə²²ʐyɛ̃²¹³m⁴⁴boŋ²¹³——kyaŋ⁴⁴duə³¹
鸡咥麻糍——源（软）口	iə²⁴tiɛʔ⁵mo²²zə²¹³——ȵyɛ̃²²kʰu²⁴³
老佛无依拜——凤林（毈灵）	lɐɯ²²vəʔ²mu⁴⁴naŋ⁵³pa⁵³——vɒŋ²²lĩ²¹³
个竹篙劶到底——深渡	a⁴⁴taʔ²kɐɯ⁴⁴fa⁴⁴tɐɯ⁴⁴tiə²⁴³——tɕʰiɵ²⁴duə⁵³

（2015 年 8 月 31 日,江山,发音人:蔡秉洪　刘青青）

五、故　事

牛郎和织女

早时啦有个嘞小后生，触＝里家世比较可怜，驰爸过辈得亦比较早，孤苦个嘞侬，触＝里就是留得个头老牛，所以嘞就是话，大家就□乙个小后生名字□渠牛郎罢。

tɕiɐɯ²⁴ʑiɘ²¹³la⁰iɯ²²kə?⁵lɛ⁰ɕiɐɯ⁴⁴uo?²saŋ²⁴³，tɕʰyɛ?⁵li⁰gɒ²²sɛ⁵³pi⁴⁴kiɐɯ⁴⁴kʰo⁴⁴liɛ̃²¹³，tɕia⁴⁴pɒ⁴⁴kyɘ⁴⁴pɛ⁵³də?⁰iɛ?²pi⁴⁴kiɐɯ⁴⁴tɕiɐɯ²⁴³，kuɘ⁴⁴kʰuɘ²⁴³kə?⁵lɛ⁰naŋ⁰，tɕʰyɛ?⁵li⁰dʑiɛ?²lɛ⁴⁴lɯ²²tə?⁰a⁵³du²²lɐɯ²²ŋɯ²¹³，so⁴⁴i⁰lɛ⁰dʑiɛ?²lɛ⁴⁴yɘ⁴⁴，da²²kɒ⁴⁴dʑiɛ?²gyaŋ²²iɛ?⁵gə?⁰ɕiɐɯ⁴⁴uo?²saŋ²⁴³mĩ̃²²zə³¹gyaŋ²²ŋə²²ŋɯ²²laŋ²¹³bɒ⁰。

从前有个小伙子，家里比较穷，父母早就去世了，他一个人孤零零的，家里只留下一头老牛，所以大家都叫他牛郎。

牛郎平时嘞就是靠乙个老牛耕田两侬过日子，反正你靠我、我靠你，两侬相侬过过日子啦。其实嘞乙老牛嘞是天里个金牛星，金牛星呢欢喜小后生牛郎个勤力相，老实相，做侬好，渠嘞想帮渠成个嘞家，讨个嘞老嬷。

ŋɯ²²laŋ²¹³bĩ̃²²zɯ²¹³lɛ⁰dʑiɛ?²lɛ⁴⁴kʰɐɯ⁴⁴iɛ?⁵gə?⁰lɐɯ²²ŋɯ²²kaŋ²⁴diɛ̃²¹³nɛ̃²²naŋ⁵³kyɘ⁵³nə?⁵tsə²⁴³，faŋ⁴⁴tɕĩ̃⁵³ɲi²²kʰɐɯ⁵³ŋɒ²²、ŋɒ²²kʰɐɯ⁵³ɲi²²，nɛ̃²²naŋ⁵³ɕiaŋ⁴⁴i⁴⁴kyɘ⁴⁴kyɘ⁴⁴nə?⁵tsə²⁴³la⁰。gi²²ʑiɛ?²lɛ⁰iɛ?⁵lɐɯ²²ŋɯ²¹³lɛ⁰zɯ²²tʰiɛ̃²²lə?⁵kə?⁵kɵ̃⁴⁴ŋɯ²²ɕĩ̃⁴⁴，kɵ̃⁴⁴ŋɯ²²ɕĩ̃⁴⁴lɛ⁰xuɛ⁴⁴xi²⁴³ɕiɐɯ⁴⁴uo?²saŋ²⁴³ŋɯ²²laŋ²¹³gə?⁰gɵ̃²²liɛ?⁵ɕiaŋ⁵³，lɐɯ²²ʑiɛ?⁵ɕiaŋ⁵³，tso⁴⁴naŋ²¹³xɐɯ²⁴³，ŋɒ²²lə?⁰ɕiaŋ⁴⁴pian⁴⁴ ŋə²² dzɿ̃²² kəʔ⁵ lɛ⁰ kɒ⁴⁴ , tʰuɐ⁴⁴ kəʔ⁵ lɛ⁰ lɐɯ²² mɒ²² 。

　　牛郎平时就靠老牛耕田为生,与老牛相依为命。其实老牛是天上的金牛星,他喜欢牛郎的勤恳老实,想帮牛郎讨个老婆成个家。

　　有个日,金牛星听得话,喝⁼天里个仙女□下来,到喝⁼个村东边个山脚底去洗浴,再渠就去托梦得乙个牛郎罢,跟渠话:你侬明日天光,天蒙蒙光个时候嘞,你就到喝⁼个场地,促⁼得喝⁼个树里个衣裳,是渠些ㄦ个仙女徛里洗浴,你侬促⁼得喝⁼树里个衣裳,你快末帮渠界个件讨个件归,头颅壳莫回转,快末逃归,你侬若[乙样]个做,你就会得着个嘞老赟得、姿态得个乙个仙女,做你老嬷个,哦。

iuɯ²² a⁵³ nəʔ² , kʰɵ̃⁴⁴ ŋuɯ²² ɕĩ⁴⁴ tʰĩ⁴⁴ təʔ⁰ yə⁴⁴ , xaʔ⁵ tʰiɛ̃⁴⁴ ləʔ⁰ gəʔ⁰ ɕi ɛ̃²⁴ ŋyə³¹ lɐɯ⁴⁴ o³¹ lɛ⁰ , tɐɯ⁴⁴ xaʔ⁵ gəʔ⁰ tsʰuɛ̃⁴⁴ toŋ⁴⁴ piɛ̃⁴⁴ gəʔ⁰ saŋ⁴⁴ kiaʔ⁵ tiə²⁴³ kʰə⁴⁴ ɕi⁴⁴ ioʔ² , tsɛ⁴⁴ ŋə²² dziɛʔ² kʰə⁰tʰaʔ⁵ moŋ⁴⁴ dəʔ⁰ iɛʔ⁵ gəʔ⁰ ŋuɯ²² laŋ²¹³ bɒ⁰ , kɛ̃⁴⁴ ŋə²² yə⁴⁴ : "ȵi²² naŋ⁵³ maʔ² ləʔ² tʰiɛ̃⁴⁴ kyaŋ⁴⁴ , tʰiɛ̃⁴⁴ moŋ²² moŋ²² kyaŋ⁴⁴ gəʔ⁰ ziɵ ɯ³¹ lɛ⁰ , ȵi²²² dziɛʔ²tɐɯ⁴⁴ xaʔ⁵ gəʔ⁰ dziaŋ²² di²¹³ , tsʰoʔ⁵ təʔ⁰ xaʔ⁵ gəʔ⁰ dzɯ³¹ ləʔ⁰ gəʔ⁰ i²⁴ ȵiaŋ⁵³ , ʑɯ²² ŋə²² ɕĩ⁴⁴ gəʔ⁰ ɕiɛ̃⁴⁴ ŋyə²² gɛ²² ləʔ⁰ ɕi⁴⁴ ioʔ² , ȵi²² naŋ⁴⁴ tsʰoʔ⁵ təʔ⁰ xaʔ⁵ dzɯ²² ləʔ⁰ gəʔ⁰ i²⁴ ȵiaŋ⁵³ , ȵi²² kʰua⁴⁴ məʔ⁰ paŋ⁴⁴ ŋə²² pɛ⁴⁴ aʔ⁵ giɛ̃³¹ tʰuɐ⁴⁴ a⁵³ giɛ̃³¹ kuɛ⁴⁴ , du²² loʔ² kʰɒ⁵ moʔ² uɛ²⁴ tɵ̃²⁴³ , kʰua⁴⁴ məʔ⁰ dɐɯ²² kuɛ⁴⁴ , ȵi²² naŋ⁵³ ziɵʔ² iaŋ²⁴ gəʔ⁰ tso⁵³ , ȵi²² dziɛʔ² ua²² təʔ⁰ dəʔ⁰ kəʔ⁵ lɛ⁰ lɐɯ²² yĩ⁴⁴ daʔ²、tsɵ⁴⁴ dɛ²² daʔ² gəʔ⁰ iɛʔ⁵ gəʔ⁰ ɕiɛ̃⁴⁴ ŋyə³¹ , tsu⁴⁴ ȵi²² lɐɯ²² mɒ²² gəʔ⁰ , ɒʔ⁵ 。"

　　有一天,金牛星听说天上的仙女要下来到村东的山脚下洗澡,他就托梦给牛郎,说:明天早上天蒙蒙亮时,你去村东的山脚下。如果看到树上有衣服,就说明是仙女们在湖里洗澡,你赶紧拿下其中的一件衣服,头也别回地赶紧回家,这样,就会有一个漂亮的仙女做你老婆。

再乙个牛郎嘞，听得乙个金牛星跟渠样个话嘞，半相信半弗相信。第二日天个末滴滴光，渠就去罢，个促=，真是，喝=个山脚底喝=湖里，有七个仙女俤里洗浴嬉水。再渠促= 得个件粉红色个衣裳，挂得喝=树里嘛，再渠腾命界起起，飞跑样个头颅壳得勔回就逃，界归罢，界到触=里。再实在呢〔乙个〕件衣裳、界归〔乙个〕件衣裳个仙女名字嘞，就是大家□渠织女个啦。喝=个日暝时，再乙个织女嘞就喝=个轻轻个，逃得乙个牛郎触=里，推推推，帮渠门推开罢，再喝=个暝，渠两侬就做得小夫妻罢。

tsε⁴⁴ iε⁵ gə⁵ ŋɯ²² laŋ²¹³ lε⁰ , tʰ ĩ⁴⁴ tə⁵ iε⁵ gə⁵ k ɵ̃⁴⁴ ŋɯ²² ɕi⁴⁴ k ɛ̃⁴⁴ ŋə²² iaŋ³¹ a⁵³ yə⁴⁴ lε⁰ , pi ɛ̃⁴⁴ ɕiaŋ⁴⁴ ɕĩ⁵³ pi ɛ̃⁴⁴ fə⁵ ɕiaŋ⁴⁴ ɕĩ⁵³ 。 di²² ɲi²² nə⁵ tʰ i ɛ̃⁴⁴ a⁵³ mə⁵ tiε⁵ tiε⁵ kyaŋ⁴⁴ , ŋə²² dʑiε⁵ kʰ ə⁵ bɒ⁰ , a⁵³ tsʰ o⁵ , tɕiɵ²⁴ dʑi²² , xa⁵ gə⁵ saŋ⁴⁴ kia⁵ tiə²⁴³ xa⁵ uə²² lə⁵ , iɯ²² tsʰ ə⁵ ka⁵³ ɕi ɛ̃⁴⁴ ŋyə³¹ gε²² lə⁵ ɕi⁴⁴ io⁵ xi⁴⁴ y²⁴³ 。 tsε⁴⁴ ŋə²² tsʰ o⁵ də⁵ a⁵³ gi ɛ̃³¹ f ɛ̃⁴⁴ oŋ²² sə⁵ gə⁵ i²² ʑiaŋ⁵³ , kua⁴⁴ tə⁵ xa⁵ dzɯ lə⁵ ma⁰ , tsε⁴⁴ ŋə²² d ɛ̃²² m ĩ³¹ pε⁴⁴ iʔ⁰ kiʔ⁰ , fi⁴⁴ bɐɯ²² iaŋ³¹ gə⁵ du²² loʔ⁵ kʰ ɒ⁵ tə⁵ vɒŋ²² uε²¹³ dʑiε⁵ dɐɯ²² , pε⁴⁴ kuε⁴⁴ bɒ⁰ , pε⁴⁴ tɐɯ⁰ tɕʰ yε⁵ li⁰ 。 tsε⁴⁴ ʑiε⁵ dzε³¹ lə⁵ ia⁵³ gi ɛ̃³¹ i²² ʑiaŋ⁵³ 、pε⁴⁴ kuε⁴⁴ ia⁵³ gi ɛ̃³¹ i²² ʑiaŋ⁵³ gə⁵ ɕi ɛ²⁴ ŋyə³¹ m ĩ²² zɯ³¹ lε⁰ , dʑiε⁵ lε⁵ da²² kɒ⁴⁴ gyaŋ²² ŋə²² tɕiε⁵ ŋyə²² gə⁵ la⁰ 。 xa⁵ a⁵³ nə⁵ maŋ²² ʑiɵ²² , tsε⁴⁴ iε⁵ gə⁵ tɕiε⁵ ŋyə²² lε⁰ dʑiε⁵ xa⁵ gə⁵ kʰ ĩ⁴⁴ kʰ ĩ⁴⁴ gə⁵ , dɐɯ²² də⁵ iε⁵ gə⁵ ŋɯ²² laŋ²¹³ tɕʰ yε⁵ li⁰ , kʰ ɒ⁵ kʰ ɒ⁵ kʰ ɒ⁵ , paŋ⁴⁴ ŋə⁰ moŋ²¹³ kʰ ɒ⁵ kʰ ε⁴⁴ bɒ⁰ , tsε⁴⁴ xa⁵ a⁵ maŋ⁵³ , ŋə²² n ɛ̃²² naŋ⁵³ dʑiε⁵ tso⁴⁴ də⁵ ɕiɐɯ⁴⁴ fuə²⁴³ tɕʰ i⁴⁴ bɒ⁰ 。

牛郎听了金牛星的话，半信半疑。第二天天刚蒙蒙亮，他就去了。到那儿一看，山脚下的湖里果真有七个仙女在洗澡、玩水。他看到一件粉红色的衣服挂在树上，就赶紧拿下，头也不回地飞跑回家了。被拿走衣服的仙女叫织女。那天晚上，织女悄悄地跑到牛郎家，敲开了他家的门，两个人就做了夫妻。

日子过得快得来，目睛子个夹，三年过去罢，喝＝渠牛郎跟织女生得个嘞女儿鬼、个嘞细儿鬼，个双囡妹啦，再日子得过得蛮写意、蛮快活啦，但是乙个织女私自下凡个乙个东西嘞，乙个事体嘞，得乙个玉皇大帝知得罢，玉皇大帝有个日得＝发功哼啦，喝＝天里上乌风彭雨，大风大雨，雷公霍闪，哐啷哐啷哐啷哐啷，喂呀，就个记工夫，亦＝吉＝喝＝织女就乌倒罢，勮促＝得哼嘞。再两个囡妹哇啦哇啦攞弛，攞弗得弛罢，常＝亦屑＝叫亦屑＝叫个，再乙个牛郎嘞快急死罢，天，老嬷弗知得嚓＝里去罢，囡妹徛里叫，常＝急死罢，喂呀，常＝心里锥爪挖样个。

nəʔ² tsə²⁴³ kyə⁴⁴ dəʔ⁰ kʰua⁴⁴ daʔ² lɛ⁰ , moʔ² tɕĩ⁴⁴ tsə²⁴³ a⁵³ gɵʔ² , saŋ²⁴ n̠i ɛ̃³¹ kyə⁴⁴ kʰə⁰ bɒ⁰ , xaʔ⁵ ŋə²² ŋɯ²² laŋ²¹³ k ɛ̃⁴⁴ tɕiɛʔ⁵ ŋyə³¹ saŋ⁴⁴ təʔ⁰ kəʔ⁵ lɛ⁰ nɒ²² n̠i⁴⁴ kuɛ²⁴³ 、kəʔ⁵ lɛ⁰ ɕiə⁴⁴ n̠i⁴⁴ kuɛ²⁴³ , a⁵³ ɕiɒŋ⁴⁴ nəʔ² mɛ²¹³ la⁰ , tsɛ⁴⁴ nəʔ² tsə²⁴³ kyə⁴⁴ dəʔ⁰ maŋ²¹³ ɕiɒ⁴⁴ i⁰ 、maŋ²¹³ kʰ ɒ⁴⁴ uaʔ² la⁰ , dɒŋ²² dzi²² iɛʔ⁵ gəʔ² tɕiɛʔ⁵ ŋyə³¹ sə²⁴ dzə³¹ iɒ²² vaŋ²¹³ gəʔ⁵ iɛʔ⁵ gəʔ² təʔ⁰ ɕi⁴⁴ lɛ⁰ , iɛʔ⁵ gəʔ² ʑiɵ²² tʰ ɛ²⁴³ lɛ⁰ , təʔ⁵ ŋə²² gəʔ⁰ n̠ioʔ² uaŋ²² da²² ti⁵³ tsə⁴⁴ tiɛʔ⁵ bɒ⁰ , n̠ioʔ² uaŋ²² da²² ti⁵³ iɯ²² a⁵³ nəʔ² təʔ⁰ faʔ⁵ koŋ⁴⁴ bəʔ⁰ la⁰ , xaʔ² tʰi ɛ̃⁴⁴ ləʔ⁰ dʑiaŋ²² uə⁴⁴ fɒŋ⁴⁴ baŋ²² yə²² , do²² fɒŋ⁴⁴ do²² yə²² , lɛ²² koŋ⁴⁴ xyaʔ⁵ ɕi ɛ̃⁵³ , kʰuaʔ⁵ laŋ²² kʰuaʔ⁵ laŋ²² kʰuaʔ⁵ laŋ²² kʰuaʔ⁵ laŋ²² , uɛ²⁴ ia³¹ , dʑiɛʔ² a⁴⁴ ki⁵³ koŋ⁴⁴ fuə⁰ , iɛʔ² kiɛʔ⁵ xaʔ⁵ tɕiɛʔ⁵ ŋyə²² dʑiɛʔ² uə²⁴ tɐɯ⁵³ bɒ⁰ , vɒŋ²⁴ tsʰ oʔ⁵ dəʔ⁰ bəʔ⁰ lɛ⁰ . tsɛ⁴⁴ n ɛ̃²² ka⁵³ nəʔ² mɛ²¹³ ua²⁴ la⁰ ua²⁴ la⁰ lo²² tɕia⁴⁴ , lo²² fəʔ⁵ təʔ⁰ tɕia⁴⁴ bɒ⁰ , dʑiaŋ²² iɛʔ² səʔ⁵ iɐɯ⁵³ iɛʔ² səʔ⁵ iɐɯ⁵³ gəʔ⁰ , tsɛ⁴⁴ iɛʔ⁵ gəʔ⁰ ŋə²² laŋ²¹³ lɛ⁰ kʰua⁴⁴ kiɛʔ⁵ sə²⁴³ bɒ⁰ , tʰi ɛ̃⁴⁴ , lɐɯ²² mɒ²² fəʔ⁵ tsə⁴⁴ tiɛʔ⁵ tsʰ aʔ⁵ ləʔ⁵ kʰə⁰ bɒ⁰ , nəʔ² mɛ²¹³ gɛ²² ləʔ⁰ iɐɯ⁵³ , dʑiaŋ²² kiɛʔ⁵ sə²⁴³ bɒ⁰ , uɛ³¹ ia⁰ , dʑiaŋ²¹³ ɕĩ⁴⁴ ləʔ⁰ tɕi⁴⁴ tsɐɯ²⁴ uɒ⁴⁴ iaŋ³¹ gəʔ⁰ .

日子过得飞快，眼睛一眨，三年过去了，牛郎和织女生了一男一女两个孩子，日子过得幸福美满。但是织女私自下凡的事情被玉皇大帝知道了，这一天玉帝发火了，顿时电闪雷鸣，又是狂风又是暴雨，一转眼的工夫，织女就不见了。两个孩子找不到妈妈了，哇啦哇

啦拼命哭喊。牛郎都快急死了，老婆不见了，孩子在哭喊，他的心像
被针扎了一样。

　　再倚［乙样］个时候嘞，喝⁼老牛亦开、会开口话事个，渠话："牛
郎牛郎，你莫急，你莫急，你心里亦莫难过，你侬快末帮我两个牛角
角装下来，装下来就变成两只笤罢，你快末帮两个囡妹置下去，置下
去渠会飞个，飞起快末去攞你老嬷。"再乙牛郎听得嘞腔⁼勒奇怪，
喝⁼两只笤嘞，两只牛角角哼嘞突断⁼下地地罢，变成两只笤。喂呀，
再牛郎断命就帮两个囡妹抱上哼，个头个嘞，装得个菀肩担就撅起，
去□追老嬷。喝⁼笤就是跟生得喝⁼翼膀样个，喂吧，就是往天里上
亦屑⁼飞亦屑⁼飞，腾云驾雾，常⁼快得来，飞去飞去飞去飞去。

　　tsɛ⁴⁴ gɛ²² iaŋ²⁴ gəʔ⁰ ʑiɐ²² xɯ³¹ lɛ⁰ , xaʔ⁵ lɐɯ²² ŋɯ²¹³ iɛʔ kʰɛ⁰ 、ua²² kʰɛ⁴⁴ kʰɯ²⁴³ yə²² ʑiɐ²³¹ gəʔ⁰ , "ŋə²² yə⁴⁴ : ŋɯ²² laŋ²¹³ ŋɯ²² laŋ²¹³ , ȵi²² moʔ kiɛʔ⁵ , ȵi²² moʔ kiɛʔ⁵ , ȵi²² ɕ ĩ⁴⁴ ləʔ⁰ iɛʔ moʔ naŋ²² kyə⁵³ , ȵi²² naŋ⁴⁴ kʰua⁴⁴ məʔ paŋ⁴⁴ ŋɯ²² nɛ̃⁰ ka⁰ ŋɯ²² loʔ kɒʔ⁵ tɕiɒŋ⁴⁴ o⁴⁴ lɛ⁰ , tɕiɒŋ⁴⁴ o⁴⁴ lɛ⁰ dʑiɛʔ piɛ̃⁴⁴ dʑ ĩ²² nɛ̃²² tɕiɛʔ⁵ la²¹³ bɒ⁰ , ȵi²² kʰua⁴⁴ məʔ paŋ⁴⁴ nɛ̃²² ka⁰ nəʔ meʔ²¹³ tɕiɐ⁴⁴ o⁴⁴ kʰə⁰ 。tɕiɐ⁴⁴ o⁴⁴ kʰə⁰ ŋə²² ua²² fi⁴⁴ gəʔ⁰ , fi⁴⁴ iᵒ kʰua⁴⁴ məʔ kʰə⁵³ lo²² ȵi²² lɐɯ²² mɒ²² , "tsɛ⁴⁴ iɛʔ ŋɯ²² laŋ²¹³ tʰ ĩ⁴⁴ təʔ⁰ lɛ⁰ kʰiaŋ⁴⁴ ləʔ gi²² kua⁵³ , xaʔ⁵ n ɛ̃²² tɕiɛʔ⁵ la²¹³ lɛ⁰ , n ɛ̃²² tɕiɛʔ⁵ ŋɯ²² loʔ kɒʔ⁵ bəʔ ləʔ dəʔ dəŋ²² o³¹ diɐʔ diɐ³¹ bɒ⁰ , pi ɛ̃⁴⁴ dʑ ĩ²² n ɛ̃²² tɕiɛʔ⁵ la²¹³ 。uɛ³¹ iaᵒ , tsɛ⁴⁴ ŋɯ²² laŋ²¹³ dəŋ²² m ĩ³¹ dʑiɛʔ paŋ⁴⁴ n ɛ̃²² ka⁰ nəʔ meʔ²¹³ bɐɯ²² dʑiaŋ²² bəʔ , a⁴⁴ du²¹³ kəʔ⁵ lɛ⁰ , tɕiɒŋ⁴⁴ təʔ a⁵³ tɯ⁴⁴ ki ɛ̃⁴⁴ taŋ⁴⁴ dʑiɛʔ gəʔ i²⁴³ , kʰə⁴⁴ lɐɯ⁴⁴ tsuɛ⁴⁴ lɐɯ²² mɒ⁰ 。xaʔ⁵ la²¹³ dʑiɛʔ lɛ⁴⁴ k ɛ̃⁴⁴ saŋ⁴⁴ təʔ xaʔ⁵ iɛʔ paŋ²⁴³ iaŋ³¹ gəʔ , uɛ³¹ iɐ⁰ , dʑiɛʔ lɛ⁴⁴ uaŋ²² tʰi ɛ̃⁴⁴ ləʔ dʑiaŋ³¹ iɛʔ səʔ⁵ fi⁴⁴ iɛʔ səʔ⁵ fi⁴⁴ , dəŋ²² y ĩ²² kɒ⁴⁴ muə³¹ , dʑiaŋ²² kʰua⁴⁴ daʔ lɛ⁰ , fi⁴⁴ kʰə⁰ fi⁴⁴ kʰə⁰ fi⁴⁴ kʰə⁰ fi⁴⁴ kʰə⁰ 。

　　这时候老牛开口说话了，他说："牛郎牛郎，你别急，也别难过，
你快把我两个角扳下来，它们会变成两只箩筐，你把两个孩子放进

去，它们就会飞起来的。快点儿去找你老婆。"牛郎听了正奇怪，两只牛角"哼嘞突"一声掉在了地上，变成了两只箩筐。牛郎赶紧把两个孩子抱进箩筐，一头一个，风扁担挑起箩筐就去追老婆。那箩筐就像长了翅膀一样直飞上天，腾云驾雾一般很快地飞上天。

就快飞得追得渠个老嬷织女哼嘞，再得喝＝个王母娘娘亦促＝着罢，王母娘娘常＝头颅壳里拔起喝＝个金钗，再渠常＝徛岗＝喝＝个，织女跟喝＝个牛郎顶中央常＝划起去，划起去常＝，喝＝个记工夫亦吉＝就变得喝＝个上向顶中央，常＝喝＝个大菀得个水，常＝哗啦哗啦个，常＝个圈个圈、个浪个浪个喝＝个汉溪，一边促＝弗得喝＝边对岸个，再渠活生就是帮渠两侬隔开罢，帮喝＝个织女跟乙个牛郎就乙两侬就隔开罢从此。

dʑiɛʔ² kʰua⁴⁴ fi⁴⁴ təʔ² tsuɛ⁴⁴ təʔ⁰ ŋə²² gəʔ⁰ lɐu²² mɒ²² tɕiɛʔ⁵ ŋyə²² bəʔ⁰ lɛ⁰, tsɛ⁴⁴ təʔ⁵ xaʔ⁵ gəʔ⁰ uaŋ²² mu²² ȵiaŋ²² ȵiaŋ²¹³ iɛʔ² tsʰoʔ⁵ təʔ² bɒ⁰, uaŋ²² mu²² ȵiaŋ²² ȵiaŋ²⁴³ dʑiaŋ²² du²² loʔ² kʰɒʔ⁵ ləʔ⁰ baʔ² i⁰ xaʔ⁵ gəʔ⁰ k ɛ̃⁴⁴ tsʰa⁴⁴, tsɛ⁴⁴ ŋə²² dʑiaŋ²² gɛ²² gəʔ⁰ xaʔ⁵ gəʔ⁰, tɕiɛʔ⁵ ŋyə²² k ɛ̃⁴⁴ xaʔ⁵ gəʔ⁰ ŋu²² laŋ²¹³ t ĩ⁴⁴ tioŋ⁴⁴ iaŋ⁴⁴ dʑiaŋ³¹ uaʔ² i⁰ kʰə⁵³, uaʔ² i⁰ kʰə⁵³ dʑiaŋ²¹³, xaʔ⁵ a⁴⁴ ki⁰ koŋ⁴⁴ fuə⁴⁴ iɛʔ² kiɛʔ⁵ dʑiɛʔ² pi ɛ̃⁴⁴ təʔ² xaʔ⁵ gəʔ⁰ dʑiaŋ²² xaŋ⁴⁴ t ĩ⁴⁴ tioŋ⁴⁴ iaŋ³¹, dʑiaŋ²² xaʔ⁵ gəʔ⁰ do²² tu⁴⁴ daʔ² gəʔ⁰ y²⁴³, dʑiaŋ²² xuɒ²² la⁰ xuɒ²² la⁰ gəʔ⁰, dʑiaŋ²² a⁴⁴ kʰy ɛ̃⁴⁴ a⁴⁴ kʰy ɛ̃⁴⁴、a⁴⁴ laŋ²² a⁴⁴ laŋ²² gəʔ⁰ xaʔ⁵ gəʔ⁰ xɒŋ⁴⁴ tɕʰiə⁴⁴, iɛʔ⁵ pi ɛ̃⁴⁴ tsʰoʔ⁵ fəʔ⁵ təʔ² xaʔ⁵ pi ɛ̃⁴⁴ tuɛ⁴⁴ ɒŋ⁵³ gəʔ⁰, paŋ⁴⁴ xaʔ⁵ gəʔ⁰ tɕiɛʔ⁵ ŋyə²² kɛ̃⁴⁴ iɛʔ⁵ gəʔ⁰ ŋu²² laŋ²¹³ dʑiɛʔ² iɛʔ⁵ nɛ̃²²naŋ⁴⁴ dʑiɛʔ² kaʔ⁵ kʰ ɛ⁴⁴ bɒ⁰ dzoŋ²⁴ tsʰə⁰.

眼看快要追到织女了，又被王母娘娘发现了。王母娘娘从头上拔下金钗，在织女和牛郎中间一划，一下子就变出一条波涛汹涌的天河，哗啦啦一浪接一浪，这边看不到另一边，活生生把牛郎跟织女两个人隔开了。

再嘞,喝= 个飞鹊很同情牛郎跟织女个爱情故事,每个年个七月初七乙个日,就是成万、成千成万个飞鹊,飞得喝= 个汉溪里上,就是乌凤风个个大爿、个大爿,我侬个喙脯= □住前头,晚尾样呢飞鹊个喙脯= ,□住前头飞鹊喝= 乙个尾苑,个嘞个嘞接龙样个,长得长得个桥帮渠搭起个座。再织女跟喝= 个牛郎,就倚个七月初七,每个年个七月初七[乙个]日,就是倚岗= 飞鹊里就是两侬[乙样]见面,再团聚。

tsɛ⁴⁴ lɛ⁰ ,xaʔ⁵ gəʔ⁰ fi⁴⁴ tɕʰiaʔ⁵ xəŋ⁴⁴ doŋ²² dʑ ĩ²¹³ ŋɯ²² laŋ²¹³ k ɛ̃⁴⁴ tɕiɛʔ⁵ ŋyə²² gəʔ⁰ ɛ⁴⁴ dʑ ĩ²² kuə⁴⁴ ziɵ⁵³ ,mɛ²⁴ a⁵³ ȵi ɛ̃²¹³ gəʔ⁰ tsʰəʔ⁵ ŋɔʔ² tsʰuə⁴⁴ tsʰəʔ⁵ iəʔ⁵ a⁴⁴ nəʔ² , dʑiɛʔ² lɛ⁴⁴ ʐ ĩ²² maŋ²² 、ʐ ĩ²² tɕʰi ɛ̃⁴⁴ ʐ ĩ²² maŋ²² gəʔ⁰ fi⁴⁴ tɕʰiaʔ⁵ ,fi⁴⁴ təʔ⁵ xaʔ⁵ gəʔ⁰ ɒŋ²² tɕʰi ɛ̃⁴⁴ ləʔ⁰ dʑiaŋ²² ,dʑiɛʔ² lɛ⁴⁴ uə⁴⁴ fɒŋ⁴⁴ fɒŋ⁴⁴ gəʔ⁰ aʔ⁵ do²² baŋ⁵³ 、a⁵³ do²² baŋ²¹³ ,ŋɒ²² naŋ⁵³ gəʔ⁰ tɕʰioʔ⁵ buə²¹³ gɒ²² dʑyə²² zuɛ²² dəʔ² ,maŋ²² mɛ²² iaŋ³¹ nəʔ⁰ fi⁴⁴ tɕʰ iaʔ⁵ gəʔ⁰ tɕʰioʔ⁵ buə²¹³ ,gɒ²² dʑyə²² zuɛ²² dəʔ⁰ fi⁴⁴ tɕʰiaʔ⁵ xaʔ⁵ iɛʔ⁵ gəʔ⁰ mɛ²² tɯ⁴⁴ , kəʔ⁵ lɛ⁰ kəʔ⁵ lɛ⁰ tɕiɛʔ⁵ liɒŋ²² iaŋ³¹ gəʔ⁰ ,d ɛ̃²² daʔ²d ɛ̃²² daʔ⁵ gəʔ⁰ giɐɯ²¹³ paŋ⁴⁴ ŋ²² taʔ⁵ i⁰ a⁵³ zo²² 。 tsɛ⁴⁴ tɕiɛʔ⁵ ŋyə²² k ɛ̃⁴⁴ xaʔ⁵ gəʔ⁰ ŋɯ²² laŋ²¹³ ,dʑiɛʔ² gɛ²² gəʔ⁰ tsʰəʔ⁵ ŋɔʔ² tsʰuə⁴⁴ tsʰəʔ⁵ ,mɛ²⁴ a⁵³ ȵiɛ̃²¹³ gəʔ⁰ tsʰəʔ⁵ ŋɔʔ² tsʰuə⁴⁴ tsʰəʔ⁵ ia⁵³ nəʔ² ,dʑiɛʔ² lɛ⁴⁴ gɛ²² kaŋ⁰ fi⁴⁴ tɕʰiaʔ⁵ ləʔ⁰ dʑiɛʔ² lɛ⁴⁴ n ɛ̃²² naŋ⁵³ iaŋ²⁴ iə⁵³ mi ɛ̃⁵³ , tsɛ⁴⁴ dɒŋ²² ʐyə³¹ 。

喜鹊非常同情牛郎和织女。每一年的七月初七这一天,成千上万只喜鹊飞到天河上,乌压压一大片,后面的喜鹊用嘴巴咬住前面喜鹊的尾巴,接龙一样搭起了一条长长的鹊桥,让织女和牛郎在鹊桥上相会、团聚。

（2016 年 7 月 17 日,江山,讲述人:祝文娟）

弗动脑筋赚弗得咥①

　　从前有个嘞算命先生,眙目个,渠带得个徒弟。有个遭嘞渠外向算算命归倒来,走到乙个喝ᵚ个江山个砚瓦山末场地,再天有末乌荫罢。再哼渠个徒弟问渠,渠话:"先生,得ᵚ乌荫哼嘞,俺到嚓ᵚ里歇嘞?"渠师父话:"我腔ᵚ好听得前头有猪叫牛叫个,喝ᵚ里有侬家个,俺问问察到喝ᵚ里歇孛ᵚ有法个。"

　　dzoŋ²⁴ dʑi ɛ̃²¹³ iu²² kəʔ⁵ lɛ⁰ sɒŋ⁴⁴ m ĩ³¹ ɕi ɛ̃⁴⁴ saŋ⁴⁴ , kaʔ⁵ moʔ² gɛ⁰ , ŋə²² ta⁴⁴ təʔ⁰ gəʔ⁰ duə²² di³¹ 。 iu²² a⁴⁴ tsɐu⁴⁴ lɛ⁰ ŋə²² ua²² xiaŋ⁵³ sɒŋ⁴⁴ sɒŋ⁴⁴ m ĩ³¹ kuᴇ⁴⁴ tɐu⁰ lɛ⁰ , tsu⁴⁴ tɐu⁴⁴ iᴇʔ⁵ gəʔ⁰ xaʔ⁵ gəʔ⁰ kɒŋ⁴⁴ saŋ⁴⁴ gəʔ⁰ ɲiɛ̃²² ŋuɒ²² saŋ⁴⁴ məʔ⁵ dʑiaŋ²² di³¹ , tsᴇ⁴⁴ tʰiᴇ⁴⁴ iɯ²² məʔ⁵ uə²⁴̃ĩ⁵³ bɒ⁰ , tsᴇ⁴⁴ bəʔ⁵ ŋə²² gəʔ⁰ duə²² di³¹ m ɛ̃²² ŋə²² , ŋə²² yə³¹ :ɕiɛ̃⁴⁴ saŋ⁴⁴ , təʔ⁰ uə²⁴̃ĩ⁵³ bəʔ⁵ lɛ⁰ , aŋ²⁴ tɐu⁵³ tsʰaʔ⁵ ləʔ⁵ xiɛiʔ⁵ lᴇ⁰ ? ŋə²² ɕiɛ̃⁴⁴ vuə²² yə³¹ :ŋə²² kʰiaŋ⁴⁴ xɐu²⁴³ tʰ ĩ⁴⁴ təʔ⁰ zuɛ²² du⁰ iɯ²² tɒ⁴⁴ iɐu⁴⁴ ŋɯ²² iɐu⁴⁴ gɛ⁰ , xaʔ⁵ ləʔ⁵ iɯ²² naŋ²² kɒ⁴⁴ gɛ⁰ , aŋ²⁴ m ɛ̃²² m ɛ̃²² tsʰaʔ⁵ tɐu⁴⁴ xaʔ⁵ ləʔ⁵ xiɛʔ⁵ bəʔ⁵ iɯ²² faʔ⁵ gəʔ⁰ 。

　　从前有一个瞎眼的算命先生,他带了个徒弟。有一次他们从外面算命回来,走到江山砚瓦山那个地方,天色已经暗了,徒弟问他:"师父,天都黑了,我们到哪里去歇息呀?"师父说:"我刚好听到前面有猪叫牛叫,那边有人家的,我们问问看,能不能到那边去歇息。"

　　到喝ᵚ里之后跟乙个东家话,渠话:"我侬、我侬是两个过路侬,

----

　　① "弗动脑筋赚弗得咥"意思是"不动脑筋挣不到吃食"。故事里的算命先生尽管为了糊口生存而耍了点故弄玄虚的小伎俩,但毕竟没有以此来诈骗钱财,反而能知恩图报地为收留他的东家排解心结,也能为懵懂的徒弟现身说法、指点迷津,总体来看不宜一概否定。阅读这则故事也有助于读者看清一些所谓"灵验"现象背后的真相。

算命个，我［乙样］目睛晗个，再天么亦□乌荫罢，我无场地歇记，俫你里歇个暝孛⁼有法个？"欤，再乙侬倒好个，渠话："有法个有法个，出门侬统弗容易个。"再哼归去之后嘞，［乙个］家侬嘞对渠都蛮好个，装末暝得渠咥咥。

tɐuɁ⁵³ xaɁ⁵ ləɁ⁰ tsɯ⁴⁴ ɯ³¹ kɛ̃⁴⁴ iɛɁ⁵ gəɁ⁰ toŋ⁴⁴ kɒ⁴⁴ yə³¹ , ŋɒ²² yə³¹ : ŋɒ²² naŋ²¹³ 、 ŋɒ²² naŋ²¹³ lɛɁ⁵ n ɛ̃²² ka⁵³ kyə⁴⁴ luə²² naŋ²¹³ , sɒŋ⁴⁴ m ĩ³¹ gəɁ⁰ , ŋɒ²² iaŋ²⁴ moɁ² tɕĩ⁴⁴ kaɁ⁵ gəɁ⁰ , tsɛ⁴⁴ tʰiɛ̃⁴⁴ məɁ² iɛɁ⁵ lɐu⁵³ uə²⁴ĩ⁵³ bɒ⁰ , ŋɒ²² m²² dʑiaŋ²² di³¹ xiɛɁ⁵ tɕi⁰ , gɛ²² n̠i²² ləɁ⁰ xiɛɁ⁵ aɁ⁵ maŋ³¹ bəɁ² iɯ²² faɁ⁵ gɛ⁰ ? ɛ³¹ , tsɛ⁴⁴ iɛɁ⁵ naŋ²¹³ tɐu⁴⁴ xɐu²⁴³ gəɁ⁰ , ŋɒ²² yə²² : iɯ²² faɁ⁵ gɛ⁰ iɯ²² faɁ⁵ gɛ⁰ , tɕʰyɛɁ⁵ moŋ²² naŋ²¹³ tʰoŋ²⁴ fəɁ² ioŋ²² i⁵³ gɛ⁰ 。 tsɛ⁴⁴ bəɁ² kuɛ⁴⁴ kʰə⁰tsɯ⁴⁴ ɯ³¹ lɛ⁰ , ia⁴⁴ kɒ⁴⁴ naŋ²¹³ lɛ⁵ tuɛ⁴⁴ ŋɒ²² to⁴⁴ maŋ²² xɐu²⁴³ gɛ⁰ , tɕiɒŋ⁴⁴ məɁ⁵ maŋ⁴⁴ təɁ⁵ ŋɒ²² tiɛɁ⁵ tiɛɁ⁰ 。

到了那里之后，他跟东家说："我们两个过路人是算命的，我呢眼睛瞎的，天又黑了，我没地方过夜，在你家借宿一夜可以吗？"这个东家人倒是很好，他说："可以可以，出门人都不容易啊。"进去之后呢，这家人对他们也挺好的，给他们做了晚饭吃。

咥咥坐岗⁼嘞谈天时候嘞，乙先生跟渠话，渠话："你侬触⁼里乙两年运气蹢大好孛⁼是啊？"渠话："是，你喃⁼知得嘎？"渠话："我促⁼起嘞，你触⁼里嘞好像，本来侬家触⁼里汉⁼鸡会叫，你汉⁼鸡得⁼□叫个。"渠话："先生你真是强个嘞，我汉⁼鸡乙两年是□叫个，喝⁼哼你孛⁼有办法帮我解一记嘞，先生？"渠话："我帮你促⁼促⁼察啦。"再先生嘞界末罗盘，走到大门外，就是地理喝⁼个倒⁼罗盘、指南针倒⁼啦，走到门外，帮渠促⁼去之后渠话："你侬好像乙个大门向蹢大好，若大门向改过你运气就会好起个，汉⁼鸡得⁼会叫起个。"

tiɛɁ⁵ tiɛɁ⁵ zi²² kaŋ⁰ lɛ⁰ daŋ²² tʰiɛ̃⁴⁴ zɯ²² ɯ³¹ lɛ⁰ , iɛɁ⁵ ɕiɛ̃⁴⁴ saŋ⁴⁴ kɛ̃⁴⁴ ŋɒ²² yə³¹ , ŋɒ²² yə³¹ : n̠i²² naŋ⁵³ tɕʰyɛɁ⁵ li⁰ iɛɁ⁵ nɛ̃⁴⁴ n̠iɛ̃²¹³ y ĩ²² kʰi⁵³ vɒŋ²² do²² xɐu²⁴³ bəɁ² dʑi²² a⁰ ? ŋə²² yə⁴⁴ :dʑi²² , n̠i⁴⁴ naŋ²² tsə⁴⁴ tiɛʔ⁵ ga⁰ ? ŋə²² yə³¹ :ŋɒ²² tsʰoʔ⁵ kʰi²⁴³ lɛ⁰ , n̠i²² tɕʰyɛʔ⁵ li⁰ lɛ⁰ xɐu⁴⁴ ʑiaŋ³¹ , p ɛ̃⁴⁴ li²¹³ naŋ²² kɒ⁴⁴ tɕʰyɛʔ⁵ li⁰ xɒŋ⁴⁴ iə⁴⁴ ua²² iɐu⁵³ , n̠i²² xɒŋ⁴⁴ iə⁴⁴ təʔ⁵ fa²⁴ iɐu⁵³ gəʔ⁰ 。 ŋə²² yə³¹ :ɕi ɛ̃⁴⁴ saŋ⁴⁴ n̠i²² tɕi ʊ̃⁴⁴ dʑi²² giaŋ²¹³ gəʔ⁰ lɛ⁰ , ŋɒ²² xɒŋ⁴⁴ iə⁴⁴ iɛʔ⁵ n ɛ̃²² n̠i ɛ̃²¹³ dʑi²² fa²⁴ iɐu⁵³ gəʔ⁰ , xaʔ⁵ bəʔ⁰ n̠i²² bəʔ⁰ iu²² baŋ²² faʔ⁵ paŋ⁴⁴ ŋɒ²² ka²⁴³ iɛʔ⁵ ki⁰ lɛ⁰ , ɕi ɛ̃⁴⁴ saŋ⁴⁴ ? ŋə²² yə³¹ :ŋɒ²² paŋ⁴⁴ n̠i²² tsʰoʔ⁵ tsʰoʔ⁵ tsʰaʔ⁰ la⁰ 。 tsɛ⁴⁴ ɕi ɛ̃⁴⁴ saŋ⁴⁴ lɛ⁰ pɛ⁴⁴ məʔ⁵ lo²² baŋ²¹³ , tsɯ⁴⁴ tɐu⁴⁴ do²² moŋ²² ua³¹ , dʑiɛʔ⁵ lɛʔ⁵ di²² li³¹ xaʔ⁵ gəʔ⁰ tɐu²⁴ lo²² baŋ²¹³ 、tsɯ⁴⁴ naŋ²² tɕi ʊ̃⁴⁴ tɐu²⁴ la⁰ , tsɯ²⁴ tɐu⁰ moŋ²² ua³¹ , paŋ⁴⁴ ŋə²² tsʰoʔ⁵ kʰə⁰ tsɯ⁴⁴ ɯ³¹ ŋə²² yə⁴⁴ :n̠i²² naŋ²¹³ xɐu⁴⁴ ʑiaŋ³¹ iɛʔ⁵ gəʔ⁰ do²² moŋ²² xiaŋ⁵³ vɒŋ²² do²² xɐu²⁴³ , ʑiaʔ⁵ do²² moŋ²² xiaŋ⁴⁴ kɛ⁴⁴ kyə⁵³ n̠i²² y ĩ²² kʰi⁵³ dʑiɛʔ⁵ ua²² xɐu²⁴ ki⁰ gəʔ⁰ , xɒŋ⁴⁴ iə⁴⁴ təʔ⁵ ua²² iɐu⁵³ ki⁰ gəʔ⁰ 。

坐下来吃饭闲谈的时候，算命先生跟东家说："你家里这两年运气不大好，是吧？"东家说："是啊，你怎么知道的？"先生说："我算了一下，人家家里的公鸡都会叫，你家公鸡好像都不叫。"东家说："先生你真厉害啊，我家的公鸡这两年是不叫了，先生，你可有办法帮我解一下呢？"先生说："我帮你看看吧。"他就拿出罗盘，走到大门外。罗盘就是地理先生用的指南针。他走到门外，测过之后说："你家这个大门朝向好像不太好，如果大门朝向改过来，你家的运气就会好起来的，公鸡也会叫起来的。"

再渠听渠话嘞，再第二日真雇得一些ㄦ喝=个泥水匠侬，忙得两三日，帮乙大门向改好罢。改好之后第二日嘞，汉=鸡真个会叫罢，欵。再渠话："先生，你侬真好个嘞，欵，你帮我解倒，再乙两三日哼嘞，你徛我里你帮我帮得[乙样]个大忙，我真□多谢你个嘞。""你啊弗□多谢，你待我都好个，乙两三日你得=[乙样]热情个待我，真好个。"再哼走罢。

tsE⁵³ ŋə²² tʰ ĩ̃⁴⁴ ŋə²² yə⁴⁴ lE⁰ , tsE⁵³ di²² n̠i²² nəʔ² tɕi ɤ̃⁴⁴ kuə⁴⁴ təʔ⁵ iEʔ⁵ ɕ ĩ̃⁴⁴ aʔ⁵
gəʔ⁰ n̠iə²² ɕy²⁴³ ʑiaŋ³¹ naŋ²¹³ , miaŋ²² təʔ⁰ n ɛ̃²² saŋ⁴⁴ nəʔ² , paŋ⁴⁴ iEʔ⁵ do²² moŋ²²
xiaŋ⁵³ kE²⁴ xɒɯ⁰ ɒɒ⁰ 。 kE²⁴ xɒɯ²⁴³ tsuɯ⁴⁴ ɯ³¹ dE²² n̠i²² nəʔ² lE⁰ , xɒŋ⁴⁴ iə⁴⁴ tɕi ɤ̃⁴⁴
gəʔ⁰ ua²² iɒɯ⁵³ ɒɒ⁰ , E²⁴³ 。 tsE⁵³ ŋə²² yə⁴⁴ :ɕi ɛ̃⁴⁴ saŋ⁴⁴ , n̠i²² naŋ⁵³ tɕi ɤ̃²⁴ xɒɯ²⁴³ gəʔ⁰
lE⁰ , E²⁴³ , n̠i²² paŋ⁴⁴ ŋɒ²² ka⁴⁴ tɒɯ⁰ , tsE⁵³ iEʔ⁵ n ɛ̃²² saŋ⁴⁴ nəʔ² bəʔ⁰ lE⁰ , n̠i²² gE²⁴ ŋɒ²²
ləʔ⁰ n̠i²² paŋ⁴⁴ ŋɒ²² piaŋ⁴⁴ lE⁰ iaŋ²⁴ gəʔ⁰ do²² miaŋ²¹³ , ŋɒ²² tɕi ɤ̃⁴⁴ lɒɯ⁴⁴ to⁴⁴ ʑiə³¹ n̠i²²
gəʔ⁰ lE⁰ 。 n̠i²² aᵒ fəʔ⁵ lɒɯ⁴⁴ to⁴⁴ ʑiə³¹ , n̠i²² dE²² ŋɒ²² to²⁴ xɒɯ²⁴³ gəʔ⁰ , iEʔ⁵ n ɛ̃²² saŋ⁴⁴
nəʔ² n̠i²² təʔ⁵ iaŋ²⁴ n̠iEʔ² dʑ ĩ̃²¹³ gəʔ⁰ dE²² ŋɒ²² , tɕiɤ²⁴ xɒɯ²⁴³ gəʔ⁰ 。 tsE⁴⁴ bəʔ² tsuɯ²⁴
ɒɒ⁰ 。

　　东家听了先生的话，第二天真的叫来了一些泥水匠，忙了两三天，把大门朝向改好了。改好之后第二天，公鸡真的又啼了。东家说："先生，你真好，你帮我把坏运气解掉了，这两三天你在我家帮了我大忙，我真要多谢你啊。""你不用多谢，你待我也很好的，这两三天你都这么热情地招待我，真好。"说完就走了。

　　走得半路，再喝ᵀ个徒弟问渠："先生，你侬喃ᵀ强啦？你得ᵀ促ᵀ弗得个，蛤ᵀ知得汉ᵀ鸡□叫嘞，你[乙样]乌荫，蛤ᵀ知得汉ᵀ鸡□叫。"渠话："是，我侬归个时候啦，摸得渠个鸡舍，渠个鸡舍低险嘞，乙汉ᵀ鸡□叫个时候头颈□伸直个，渠[乙样]低个鸡舍嘞头颈伸弗直个，汉ᵀ鸡就□叫罢。我话等渠屋门向改好嘞，大门向改好嘞，我帮鸡舍顶高抽倒个爿板，再到第二日天光嘞，汉ᵀ鸡头颈伸得直罢，就会叫罢。"渠话："先生，你真强真强！欬。"先生渠话："俺倚外向嘞，真就□刮ᵀ蛤ᵀ相东西得ᵀ□动脑筋个，弗动脑筋常ᵀ赚弗得咥个。"

　　tsɯ²⁴ təʔ⁰ pi ɛ̃⁴⁴ luə³¹ , tsE⁵³ xaʔ⁵ gəʔ⁰ duə²² di³¹ m ɛ̃²² ŋə²² : ɕi ɛ̃⁴⁴ saŋ⁴⁴ , n̠i²²
naŋ⁴⁴ naŋ²¹³ giaŋ²² la⁰ ? n̠i²² təʔ⁵ tsʰoʔ⁵ fəʔ⁵ təʔ² gəʔ⁰ , gəʔ² tsⁿ⁴⁴ tiEʔ⁵ xɒŋ⁴⁴ iə⁴⁴ fa⁴⁴
iɒɯ⁵³ lE⁰ , n̠i²² iaŋ²⁴ uə²⁴ ĩ̃⁵³ , gəʔ² tsⁿ⁴⁴ tiEʔ⁵ xɒŋ⁴⁴ iə⁴⁴ fa⁴⁴ iɒɯ⁵³ 。 ŋə²² yə⁴⁴ :dʑiə²² ,

ŋ²²naŋ⁵³kuɛ⁴⁴gɐʔ⁰zu²²ɯ³¹la⁰,mo⁴⁴təʔ⁵ŋɐ²²gɐʔ⁰iə²²suɛ⁵³,ŋɐ²²gɐʔ⁰iə²²suɛ⁵³ti⁴⁴
xiɛ̃²⁴³lɛ⁰,iɛʔ⁵xɒŋ⁴⁴iə⁴⁴lɐɯ⁴⁴iɐɯ⁵³gɐʔ⁰zu²²ɯ³¹du²²kĩ²⁴³lɐɯ⁴⁴tɕʰiɛ̃²⁴diɐʔ⁰gɐʔ⁰,
ŋɐ²²iaŋ²⁴ti⁴⁴gɐʔ⁰iə²²suɛ⁴⁴lɛ⁰du²²kĩ⁴⁴tɕʰiɛ̃⁴⁴fɐʔ⁰diɐʔ⁰gɐʔ⁰,xɒŋ⁴⁴iə⁴⁴dziɐʔ⁰fa⁴⁴
iɐɯ⁴⁴bɒ⁰,ŋɐ²²yə⁴⁴tɛ̃⁴⁴ŋɐ²²oʔ⁵moŋ²²xiaŋ⁴⁴kɛ²⁴xɐɯ²⁴³lɛ⁰,do²²moŋ²²xiaŋ⁴⁴kɛ²⁴
xɐɯ²⁴³lɛ⁰,ŋɐ²²paŋ⁴⁴iə²²suɛ⁴⁴tĩ⁴⁴kɐɯ⁴⁴tɕʰiɐ⁴⁴təʔ⁰a⁴⁴baŋ²²paŋ²⁴³,tsɛ⁴⁴tɐɯ⁴⁴dɛ⁴⁴
n²²nəʔ⁵tʰiɛ̃⁴⁴kyaŋ⁴⁴lɛ⁰,xɒŋ⁴⁴iə⁴⁴du²²kĩ²⁴³tɕʰiɐ⁴⁴ləʔ⁵diɐʔ⁵bɒ⁰,dziɐʔ⁵ua²²iɐɯ⁵³
bɒ⁰。ŋɐ²²yə⁴⁴:ɕiɛ̃⁴⁴saŋ⁴⁴,n̠i²²tɕiɐ²⁴giaŋ²²tɕiɐ²⁴giaŋ²²！ɛ²⁴³。ɕiɛ̃⁴⁴saŋ⁴⁴ŋɐ²²
yə³¹:aŋ²¹³gɛ⁴⁴ua²²xiaŋ⁴⁴lɛ⁰,tɕiɐ²⁴dziɐʔ⁵lɐɯ⁴⁴kuaʔ⁵laʔ⁵ɕiaŋ⁵³təʔ⁵ɕi⁴⁴təʔ⁵lɐɯ⁴⁴
doŋ²²nɐɯ²²kĩ⁴⁴gɐʔ⁰,fɐʔ⁵doŋ²²nɐɯ²²kĩ⁴⁴dziaŋ²²dzaŋ²²fɐʔ⁵təʔ⁵tiɛʔ⁵gɐʔ⁰。

走到半路，徒弟问："师父，你怎么这么厉害呀！你眼睛看不见，怎么知道公鸡不叫呢？你眼前一片乌黑，还知道公鸡不会叫。"[①]他说："是，我进门的时候，碰到了他们家的鸡笼，他家的鸡笼很矮，这公鸡要打鸣的时候脖颈都要伸直的，他的鸡笼这么矮，公鸡脖颈是伸不直的，所以公鸡就不会叫。等他大门朝向改好以后，我就把他鸡笼顶上的板抽掉了一块，这样，到第二天早上，公鸡脖颈就能伸直了，就会叫了。"徒弟说："先生，你真厉害，真厉害！"先生说："出门在外，很多事情都要动脑筋，不动脑筋是挣不到吃食的。"

（2020 年 10 月 23 日，江山，发音人：王锦土）

老公老嬷

以前啊有个对老公老嬷，老嬷嘞长大险嘞，老公嘞低衰⁼险嘞，总之［乙个］对老公老嬷嘞，两侬嘞常⁼得⁼杠来杠去个。

i⁴⁴dziɛ̃²¹³a⁰iuɯ²²a⁵³tuɛ⁵³lɐɯ²²koŋ⁴⁴lɐɯ²²mɒ²²，lɐɯ²²mɒ²²lɛ⁰dɛ̃²²do³¹
xiɛ̃²⁴³lɛ⁰，lɐɯ²²koŋ⁴⁴lɛ⁰ti⁴⁴ɕiɐ⁴⁴xiɛ̃²⁴³lɛ⁰，tsoŋ⁴⁴tɕiɛ̃⁴⁴ia⁵³tuɛ⁵³lɐɯ²²koŋ⁴⁴

leɯ²² mɒ²¹³ lE⁰ , n ɛ̃²² naŋ⁴⁴ lE⁰ ʑiaŋ²² də⁰ gɒŋ²⁴ li⁰ gɒŋ²² kʰə⁵³ gəʔ⁰ 。

以前有一对夫妻，老婆生得很高大，老公长得很矮小，这对夫妻
总喜欢争来吵去的。

有个日嘞，两侬为些喝゠个小事体两侬亦吵起罢，吵吵吵嘞老公
就□去捶老嬷。个到渠面前渠老嬷把渠抱起起，抱起起嘞个双骹喝゠
个离开地地罢。再老公话："你无胆骹落到地地啦，骹落到地地你□
死个，你无胆骹落到地地啦。"再渠老嬷话："落到地地就落到地地！"
渠把哼啦嗒蹶个地地下，成个侬样骑起上去，渠骑马骑上去，使拳头
往下就捶，渠嘞装末衰゠拳头从底高往上亦捶。再哼隔壁侬望着罢，
渠话："你侬老公老嬷么有倒゠话事哼话，常゠［乙样］捶来捶去督゠岁゠
啦？哎，两侬捶崩得得゠统得弗好个。"再□想帮渠拖渠嘞归，"你莫
拖，我底高往上捶更有力。"［乙样］话嘞隔壁侬就笑起罢。

iɯ²² a⁵³ nəʔ² lE⁰ , n ɛ̃²² naŋ⁴⁴ uE²² ɕiɐ⁰ aʔ⁵ gəʔ⁰ ɕiɐɯ⁴⁴ ʑi ɐ²² tʰi²⁴³ n ɛ̃²² naŋ⁴⁴
iəʔ² tsʰɔ²⁴³ iEʔ⁵ bɒ⁰ , tsʰɔ²⁴ tsʰɔ²⁴ tsʰɔ²⁴ lE⁰ leɯ²² koŋ⁴⁴ dʑiEʔ² leɯ³¹ kʰə⁵³ dza²² leɯ²²
mɒ²² 。 a⁵³ tɤ⁵³ ŋə²² mi ɛ̃²² ʑi ɛ̃²¹³ ŋə²² leɯ²² mɒ²² pɒ²⁴³ ŋə⁰ buə²² kiEʔ⁰ kiEʔ⁰ , buə²²
kiEʔ⁰ kiEʔ⁰ lE⁰ a⁵³ ɕiɒŋ⁴⁴ kʰɐɯ⁴⁴ aʔ⁵ kəʔ⁰ liə²² kʰ E⁴⁴ diEʔ² diə²¹³ bɒ⁰ 。 tsE⁵³ leɯ²²
koŋ⁴⁴ yə⁴⁴ : ɳi²² mu²² taŋ²⁴³ kʰɐɯ⁴⁴ laʔ²tɐɯ⁵³ diEʔ² diə²¹³ la⁰ , kʰɐɯ⁴⁴ laʔ²tɐɯ⁵³
diEʔ² diə²¹³ ɳi²² leɯ⁵³ sə²⁴³ gE⁰ , ɳi²² mu²² taŋ²⁴³ kʰɐɯ⁴⁴ laʔ²tɐɯ⁵³ diEʔ² diə²¹³ la⁰ 。
tsE⁵³ ŋə²² leɯ²² mɒ²² yə⁴⁴ : laʔ²tɐɯ⁵³ diEʔ² diə²¹³ dʑiEʔ² laʔ²tɐɯ⁵³ diEʔ² diə²¹³ ! ŋə²²
pɒ²⁴³ biEʔ² laʔ² taʔ⁵ tsuaʔ⁵ ŋə²² diEʔ² diə²¹³ o⁰ , ʐɿ⁴⁴ ka⁵³ naŋ²¹³ iaŋ³¹ gə²¹³ kiE⁰ dʑiaŋ³¹
kʰə⁰ , ŋə²² gə²² mɒ²² gə²² dʑiaŋ³¹ kʰə⁰ , ɕiə⁴⁴ g ɵ̃²² du²¹³ uaŋ³¹ o⁰ dʑiEʔ² dza²¹³ , ŋə²²
lE⁰ tɕiEʔ¹ məʔ² ɕiə⁴⁴ g ɵ̃²² du²¹³ dzoŋ²² tiə²⁴³ kɐɯ⁴⁴ uaŋ³¹ dʑiaŋ²² iəʔ² dza²¹³ 。 tsE⁴⁴
bəʔ⁰ kaʔ⁵ piEʔ⁵ naŋ²¹³ miaŋ²² təʔ⁵ bɒ⁰ , ŋə²² yə⁴⁴ : ɳi²² naŋ⁴⁴ leɯ²² koŋ⁴⁴ leɯ²²
mɒ²² bəʔ⁰ iɯ²² tɐɯ⁵³ yə²² ʑiə²⁴³ bəʔ⁰ yə³¹ , dʑiaŋ²² iaŋ²⁴³ dza²² li⁰ dza²² kʰə⁰ toʔ⁵
xuE⁵³ la⁰ ? E²¹³ , n ɛ̃²² naŋ⁴⁴ dza²² pɒŋ⁴⁴ də⁰ təʔ⁵ tʰoŋ⁴⁴ də⁰ fəʔ⁵ xɐɯ²⁴³ gəʔ⁰ 。 tsE⁴⁴

lɐɯ²² ɕiaŋ²⁴³ maŋ⁴⁴ ŋə²² tʰa⁴⁴ ŋə⁰ lɐɯ²² kuɛ⁴⁴ , n̩i⁴⁴ moʔ tʰa⁴⁴ , ŋɒ²² tiə²⁴³ kɐɯ⁴⁴ uaŋ³¹ dʑiaŋ³¹ dza²¹³ kaŋ⁵³ iɯ²² liɛʔ² 。 iaŋ²⁴³ yə⁴⁴ lɛ⁰ kaʔ⁵ piɛʔ⁵ naŋ²¹³ dʑiɛʔ² tɕʰiɐɯ⁴⁴ i⁰ bɒ⁰ 。

　　有一天，两个人又为了一些小事吵起来了，吵着吵着，老公就要去打老婆。一到她面前，老婆就把他抱了起来，他的一双脚就离开地面了。老公说："你没胆把我的脚放地上，我的脚落到地上你就死定了，你没胆把我的脚放地上。"他老婆说："放到地上就放到地上！"她把老公扔到地上，整个人就像骑马一样骑了上去，提起拳头就往下打，老公也用小拳头从下面往上打。隔壁邻居看到了，说："你们夫妻有什么话好好说，干什么这样打来打去呢？两个人打伤了都不好吧。"老婆想把老公拉进屋里，他说："你别拉，我下面往上打更有力。"听他这么一说，邻居们都笑起来了。

　　再哼腔⁼好乙个记嘞，个嘞过路侬往里过，往里过嘞，促⁼得个对老公老嬷徛里捶相打，边侬么徛里笑。渠话："［乙样］［乙个］对侬嘞徛里［乙样］捶相打嘎？哦，底高个嘞个嘞囡妹儿，你捶囡妹儿嚓⁼有法［乙样］样子捶嘎？如捶崩哼啦，□你个事体喂。"［乙样］话嘞隔壁侬亦屑⁼会笑。

　　tsɛ⁴⁴ bəʔ⁰ kʰiaŋ⁴⁴ xɐɯ²⁴³ iɛʔ⁵ ga⁰ gi⁰ lɛ⁰ , kəʔ⁵ lɛ⁰ kyə⁴⁴ luə²² naŋ²¹³ uaŋ⁴⁴ lə⁰ kyə⁵³ , uaŋ⁴⁴ lə⁰ kyə⁵³ lɛ⁰ , tsʰoʔ⁵ təʔ⁰ a⁵³ tuɛ⁵³ lɐɯ²² koŋ⁴⁴ lɐɯ²² mɒ²² gɛ²² lɛ⁰ dza²² ɕiaŋ⁴⁴ taŋ²⁴³ , piɛ̃⁴⁴ naŋ⁵³ mə⁰ gɛ²² li⁰ tɕʰiɐɯ⁵³ 。 ŋə²² yə⁴⁴ :iaŋ²⁴³ ia⁵³ tuɛ⁴⁴ naŋ²¹³ ləʔ gɛ²² li⁰ iaŋ²⁴ dza²² ɕiaŋ⁴⁴ taŋ²⁴³ ga⁰ ？ o⁵³ , tiə²⁴³ kɐɯ⁴⁴ kəʔ⁵ lɛ⁰ kəʔ⁵ lɛ⁰ nəʔ² mɛ⁰ n̩i²⁴³ , n̩i⁴⁴ dza²¹³ naʔ² mɛ²² n̩i²⁴³ tsʰaʔ⁵ iɯ²² faʔ iaŋ²⁴ iaŋ²² tsə⁰ dza²¹³ ga⁰ ？ zyə⁰ dza²² pɒŋ⁵³ bəʔ⁰ la⁰ , tɕʰiɒŋ²⁴³ n̩i²² gəʔ⁰ ziɒ²² tʰiə²⁴³ uɛ⁰ 。 iaŋ²⁴ yə⁴⁴ lɛ⁰ kaʔ⁵ piɛʔ⁵ naŋ²¹³ iɛʔ⁵ səʔ⁵ ua²¹³ tɕʰiɐɯ⁵³ 。

　　恰好这个时候有个过路人经过，看到这对夫妻在打架，边上还有人在笑。他说："这是两个人在打架吗？哦，地上是个孩子，你怎么能这么打孩子呢？要是打伤了，不还是你自己的事吗？"这么一说，邻居们笑得更厉害了。

再乙个老嬷嘞，哦哟，听渠［乙样］话嘞，理记感到弗好意思罢，就爬起罢，渠老公逃得个望路个时候嘞，骰个跳起："你再莫过来啦，你莫过来啦，过来我收拾你！你再莫过来啦，过来我就收拾你！"再哼老嬷话："我就过来，想喃┐哼？"再渠老公嘞就往触┐里逃，个逃嘞逃得床底归，再哼渠老嬷嘞逃得床前嘞，渠侬侬长大□归个，老公嘞徛岗┐腹里。"哎，你孛┐□出来个？""我就是弗出来！""你孛┐□出多音来？""我就是弗出来，大丈夫话弗出来就是弗出来个！"渠老嬷话："喂呀！我嚓┐会无办法啦？"畀得个菟竹叉往里向就擩，喂吔，老公咥弗住哼嘞，跑出来罢。

tsE⁴⁴ iE⁵ gəʔ⁰ leɯ²² mɒ²² lE⁰ , o²⁴ io²¹ , tʰ ĩ⁴⁴ ŋə²² iaŋ²⁴ yə⁴⁴ lE⁰ , li²² kiE⁵³ kɒŋ⁴⁴ təʔ⁰ fəʔ⁵ xɐɯ²⁴ i⁴⁴ sɯ⁵³ bɒ⁰ , dʑiE² bɒ²¹³ kiə²⁴³ bɒ⁰ , ŋə²² leɯ²² koŋ⁴⁴ deɯ²² təʔ⁰ a⁵³ miaŋ⁴⁴ luə²² gəʔ⁰ zu²² ɯ³¹ lE⁰ , kʰeɯ⁴⁴ a⁵³ tʰieɯ²⁴ kiəʔ⁰ : ȵi²² tsE⁴⁴ moʔ⁵ kyə²⁴ liº laº , ȵi²² moʔ⁵ kyə²⁴ liº laº , kyə²⁴ liº ŋə²² sɯ⁴⁴ ʑiE² ȵi⁴⁴ ! ȵi²² tsE⁴⁴ ləʔ⁰ moʔ⁵ kyə²⁴ liº laº , kyə²⁴ liº ŋə²² dʑiE² sɯ⁴⁴ ʑiE² ȵi⁴⁴ ! tsE⁴⁴ bəʔ⁰ leɯ²² mɒ²² yə⁴⁴ : ŋɒ²² dʑiE² kyə⁴⁴ liº , ɕiaŋ²⁴³ naŋ²² xaŋ⁴⁴ ? tsE⁵³ ŋə²² leɯ²² koŋ⁴⁴ lE⁰ dʑiE² uaŋ³¹ tɕʰyEʔ⁵ liº deɯ²¹³ , a⁵³ deɯ²¹³ lE⁰ deɯ²² təʔ⁰ z ɛ̃²² tiə²⁴³ kuE⁴⁴ , tsE⁴⁴ bəʔ⁰ ŋə²² leɯ²² mɒ²² lE⁰ deɯ²² təʔ⁰ z ɛ̃²² ĩ²² lE⁰ , ŋə⁴⁴ naŋ⁵³ naŋ²¹³ d ɛ̃²² do³¹ fa²⁴³ kuE⁴⁴ gəʔ⁰ , leɯ²² koŋ⁴⁴ lE⁰ gE²² kaŋ poʔ⁵ lE⁰ 。 E²⁴ , ȵi⁴⁴ bəʔ² leɯ²² tɕʰyEʔ⁵ liº gəʔ⁰ ? ŋɒ²² dʑiE² lEʔ⁵ fəʔ⁰ tɕʰyEʔ⁵ liº ! ȵi⁴⁴ bəʔ² leɯ²² tɕʰyEʔ⁵ liº ? ŋɒ²² dʑiE² lEʔ⁵ fəʔ⁰ tɕʰyEʔ⁵ liº , dɒ²² dʑiaŋ²² fuə⁴⁴ yə⁴⁴ fəʔ⁵ tɕʰyEʔ⁵ liº dʑiE² lEʔ⁵ fəʔ⁵ tɕʰyEʔ⁵ liº gəʔ⁰ ! ŋ²² leɯ²² mɒ²² yə⁴⁴ : uE²¹³ ia²¹³ ! ŋ²² tsʰaʔ⁵ ua²² m²² baŋ²² faʔ⁵ laº ? pE⁴⁴ təʔ⁰ a⁵³ tu⁴⁴ taʔ⁵ tsʰ ɒ⁴⁴ uaŋ⁴⁴ liə²² xiaŋ⁴⁴ dʑiE² zyə²¹³ , uE²⁴ iə⁴⁴ , leɯ²² koŋ⁴⁴ tiEʔ⁵ fəʔ⁵ dʑyə³¹ bəʔ⁰ lE⁰ , beɯ²² tɕʰyɛʔ⁵li⁰bɒ⁰。

老婆听了以后感到不好意思，就站起身来不打了，老公乘机跑出去一大段路，然后双脚跳起，说："你别过来啊，过来我就收拾你！你别过来啊，过来我就收拾你！"老婆说："我就过来，你想怎样？"老公就往屋里跑，一跑跑到床底下。老婆追到床前，老公躲在床底下，她人高马大钻不进去。"你出不出来？""我就不出来！""你出不出来？""我就是不出来！大丈夫说不出来就不出来！"老婆说："喔哟！你以为我就没办法啦？"她拿了根晾衣竹叉往里捅，老公就吃不消了，跑了出来。

跑出来两个提提扯扯，渠话："去，我□跟你离婚！"担老嬷溪˭溪˭扯扯，扯到乙个衙门里，徛岗˭乙个堂里，两侬就溪˭溪˭噪噪，你弗话我□话，我弗话我□话，两侬[乙样]统得徛里叽叽嘎。再县官狠心罢，担手个揪："个嘞个嘞话！[乙样]我听倒˭侬嘎？"再哼嘞渠话："哦，喝˭个嘞个嘞话。"渠话："倒˭侬话起？"渠话："我话起。"再哼老公话起，□话嘞，喝˭个县官嘞担了个毛笔界起来记罢，担喝˭个笔囥纸个划嘞，个荚樵，担纸得˭划破罢。县官话："[乙样]气个，[乙样]日子啦？担毛笔毛冻起嘎？"再边里差侬促˭着就笑起罢，渠话："老爷，你个毛笔毛得˭断˭过罢，你个荚笔杆徛里捎喂。""喂呀，"再县官话："唉，喃˭[乙样]结孽个事体嘎？我今日得渠乙些ɻ底高个嘞差侬笑，弗审罢！算数算数，退堂！明日再见。"

bɒɯ²²tɕʰyɛʔ⁵li⁰nɛ̃²²kaᵒtʰi⁴⁴tʰi⁴⁴tɕʰiɐ⁴⁴tɕʰiɐ⁴⁴，ŋə²²yə⁴⁴﹕kʰə⁵³，ŋɒ²²lɒɯ²²kɛ⁴⁴ŋi²²i²²xuɛ̃⁴⁴！tɑŋ⁴⁴lɒɯ²²mɒ²²tɕʰi⁴⁴tɕʰi⁴⁴tɕʰiɐ⁴⁴tɕʰiɐ⁴⁴，tɕʰiɐ̃⁴⁴tɒɯ⁵³iɛʔ⁵gəᵒɒ²²mɒŋ²¹³lɛ⁰，gɛ²²kaŋ⁰iɛʔ⁵gəʔ⁰dɑŋ²²lɛ⁰，nɛ̃²²naŋ⁴⁴dʑiɛʔ⁵tɕʰi⁴⁴tɕʰi⁴⁴tsɒɯ⁴⁴tsɒɯ⁰，ŋi²²fə⁵yə⁴⁴ŋɒ²⁴iɒɯ³¹yə²¹³，ŋɒ²²fə⁵yə⁴⁴ŋɒ²²iɒɯ³¹yə²¹³，nɛ̃²²naŋ⁴⁴iaŋ²⁴³tʰɒŋ²⁴təʔ⁰gɛ²²lɛ⁰gi³¹gi³¹kua⁰。tsɛ⁵³yɛ̃²²kyɛ̃⁴⁴﹕⁴⁴ɕ ĩ⁵³bɒ⁰， taŋ⁴⁴ɕiɐu²⁴³ a⁵³ kʰ ɛ̃²⁴³ : kəʔ⁵ lᴇ⁰ kəʔ⁵ lᴇ⁰ yə³¹！ iaŋ²⁴ ŋɒ²² tʰ ĩ⁴⁴ tɐu⁴⁴ naŋ⁵³ ga⁰？ tsᴇ⁴⁴ bəʔ⁵ lᴇ⁰ ŋɐ²² yə²² : ɐu³¹，kəʔ⁵ lᴇ⁰ kəʔ⁵ lᴇ⁰ yə⁵³。ŋɐ²² yə⁴⁴ : tɐu⁴⁴ naŋ⁵³ yə⁴⁴ ki⁰？ ŋɐ²² yə⁴⁴ : ŋɒ²² yə²² ki⁰。 tsᴇ⁴⁴ bəʔ⁵ lɐu²² koŋ⁴⁴ yə⁴⁴ ki⁰，lɐu⁴⁴ yə⁴⁴ lᴇ⁰，aʔ⁵ gəʔ⁰ yɛ̃²² kyɛ̃⁴⁴ lᴇ⁰ taŋ²⁴³ lə⁰ gəʔ⁰ mɐu²² pɐʔ⁵ pᴇ⁴⁴ iə⁰ lə⁰ kə⁵³ bɒ⁰，taŋ⁴⁴ aʔ⁵ gəʔ⁰ pɐʔ⁵ kʰ ɒŋ⁴⁴ tɕiɐ²⁴³ a⁵³ uaʔ⁵ lᴇ⁰，a⁵³ tɯ⁴⁴ ziɐu²¹³，taŋ⁴⁴ tɕiɐ²⁴³ təʔ⁵ uaʔ⁵ pʰ ᴇ⁵³ bɒ⁰。 yɛ̃²² kyɛ̃⁴⁴ yə⁴⁴ : iaŋ²⁴ kʰi⁰ gəʔ⁰，iaŋ²⁴ nəʔ⁵ tsə²⁴³ la⁰？ taŋ⁴⁴ mɐu²² pɐʔ⁵ mɐu²¹³ toŋ⁵³ kiᴇʔ⁵ ga⁰？ tsᴇ⁵³ pi ɛ̃⁴⁴ lə⁰ tsʰ a⁴⁴ naŋ⁵³ tsʰ oʔ⁵ təʔ⁵ dziᴇʔ⁵ tɕʰiɐu⁵³ iə⁰ bɒ⁰，ŋɒ²² yə⁴⁴ : lɐu²² iə²¹³，n̠i²² gəʔ⁰ mɐu²² pɐʔ⁵ mɐu²² təʔ⁵ dəŋ²² kyə²⁴ bɒ⁰，n̠i²² a⁵³ tɯ⁴⁴ pɐʔ⁵ kɒŋ²⁴³ gᴇ²² lə⁰ gu²² ᴇ⁰。 uᴇ³¹ ia⁰，tsᴇ⁵³ yɛ̃²² kyɛ̃⁴⁴ yə⁴⁴ : xᴇ³¹，lɐu²² iaŋ²⁴ kiᴇʔ⁵ n̠iᴇʔ⁵ gəʔ⁰ ziɐ²² tʰi²⁴³ ga⁰？ ŋɒ²² kɒʔ⁵ ləʔ⁵ təʔ⁵ ŋɒʔ⁵ iəʔ⁵ ɕĩ⁰ tiə²⁴ kɐu⁴⁴ kəʔ⁵ li⁰ tsʰ a⁴⁴ naŋ²¹³ tɕʰiɐu⁵³，fəʔ⁵ ɕi ɵ̃²⁴³ bɒ⁰！ sɒŋ⁴⁴ ɕyə⁵³ sɒŋ⁴⁴ ɕyə⁵³，tʰ uᴇ⁴⁴ daŋ²¹³！ maʔ⁵ ləʔ⁵ tsᴇ⁴⁴ tɕiɛ̃²⁴³。

　　两个人拉拉扯扯跑出来，老公说："走，我要跟你离婚！"一路扭打吵闹把老婆拽到了衙门里，两个人在公堂上叽叽喳喳吵得不可开交。县官发火了，把手一拍："一个一个说！这么吵，我听谁的？"老公说："哦，那一个一个说。"老婆问："那谁先说？"老公说："我先说。"正要说呢，县官拿了支毛笔来记录，那毛笔在纸上一划，完蛋，把纸都划破了。县官说："真气人！这什么日子啊，怎么笔毛都冻住了？"边上的差人一看就笑了起来，他说："老爷，你的毛笔笔毛都掉了，你是在用笔杆写呢。""哎呀，"县官说："怎么碰上这么不顺的事啊？我今天被手下的差人嘲笑，不审了！算了算了，退堂！明天再说。"

　　再哼［乙样］个就个路走个路徛里想，唉呀，乙两个刁民真乔＝嘞，唉，得我做［乙样］事体得底高差侬徛里笑。再哼一边走一边想，一边走一边想，个㑳小心，骸爿底个溜个嘞大脄臀蹶，喂呀忙法爬起，喝＝个脄臀痛险痛险。再跷记跷记跷到间里，担裤么除下来，对照镜，昪末膏药，徛里［乙样］贴贴贴。腔＝好勒贴个时候嘞，渠个老嬷走过来罢，渠话："老爷，你侬督̄岁̄啦？"渠话："喏，腔̄碰着两个刁民，哎呀徛堂里吵死，我侬气糊涂起罢，唉，再个路邸小心个嘞大脓臀蹶，你促̄，脓臀斥̄得［乙样］亦红亦肿，我装末膏药贴个记。"渠老嬷："噎？［乙样］贴膏药么应该贴脓臀里嘛，你喃̄贴岗̄镜里嘎？"

tsE⁴⁴ bəʔ⁰ iaŋ²⁴ gəʔ⁰ dʑiɛʔ² a⁵³ luɐ²² tsɯ²⁴³ a⁵³ luɐ²² gɛ²² li⁰ ɕiaŋ⁵³，ɛ²² ia⁰，iɛʔ⁵ nɛ̃²² kaʔ⁰ tiɐɯ²⁴ m ĩ²¹ tɕi ɛ̃⁴⁴ giɐɯ²¹³ lɛ⁰，ɛ²³¹，təʔ⁵ ŋɒ²² tso⁵³ iaŋ²⁴ ziɐ²² tʰi²⁴³ təʔ⁵ tiɐ²⁴ kɐɯ⁴⁴ tsʰa²⁴ naŋ⁵³ gɛ²² li⁰ tɕʰiɐɯ⁵³。tsE⁴⁴ bəʔ⁰ iɛʔ⁵ pi ɛ̃⁴⁴ tsɯ²⁴³ iɛʔ⁵ pi ɛ̃⁴⁴ ɕiaŋ⁵³，iɛʔ⁵ pi ɛ̃⁴⁴ tsɯ²⁴³ iɛʔ⁵ pi ɛ̃⁴⁴ ɕiaŋ⁵³，a⁵³ vɒŋ²¹³ ɕiɐɯ⁴⁴ ɕ ĩ⁴⁴，kʰɐɯ⁴⁴ baŋ²² tiɐ²⁴³ a⁵³ lu⁴⁴ kəʔ⁵ lɛ⁰ do²² kʰuoʔ⁵ d ɛ̃⁰ tɕiaʔ⁵，uɛ²³¹ ia⁰ maŋ²² faʔ⁵ bo²² kiɐ⁰，xaʔ⁵ gəʔ⁰ kʰuoʔ⁵ d ɛ̃²¹³ tʰoŋ⁵³ xi ɛ̃²⁴³ tʰoŋ⁵³ xi ɛ̃²⁴³。tsE⁵³ kʰiɐɯ⁴⁴ kiɐ⁰ kʰiɐɯ⁴⁴ kiɐ⁰ kʰiɐɯ⁴⁴ tɐɯ⁵³ kɒŋ⁴⁴ lɐ⁰，taŋ⁴⁴ kʰuɐ⁴⁴ bəʔ⁵ dɐ²¹³ o²² li⁰，tuɛ⁴⁴ tɕiɐɯ⁴⁴ k ĩ⁵³，pɛ⁴⁴ məʔ⁵ kɐɯ⁴⁴ iaʔ²，gɛ²² ləʔ⁰ iaŋ²⁴ tʰiɛʔ⁵ tʰiɛʔ⁵ tʰiɛʔ⁵。kʰiaŋ⁴⁴ xɐɯ²⁴³ ləʔ² tʰiɛʔ⁵ gəʔ⁰ zu²² ɯ²² lɛ⁰，ŋɐ²² gəʔ⁰ lɐɯ²² mɒ²² tsɯ²⁴ kyɐ⁴⁴ li⁰ bɒ⁰，ŋɐ²² yɐ²²：laɯ²² iɐ²¹³，ɲi²² naŋ⁵³ toʔ⁵ xuɛ²⁴³ la⁰？ŋɐ²² yɐ²²：no²¹³，kʰiaŋ⁴⁴ pʰoŋ²⁴ təʔ⁰ n ɛ̃²² ka⁵³ tiɐɯ⁴⁴ m ĩ²¹³，ɛ²³¹ ia⁰ gɛ²² daŋ²¹³ lɐ⁰ tsʰɐɯ⁴⁴ sɐ²⁴³，ŋɒ²² təʔ⁵ kʰi⁵³ uɐ⁰ dɐ²¹³ iɐ⁴⁴ bɒ⁰，ɛ²³¹，tsE⁵³ a⁵³ luɐ²² vɒŋ²¹³ ɕiɐɯ⁴⁴ ɕ ĩ⁴⁴ kəʔ⁵ lɛ⁰ do²² kʰuoʔ⁵ d ɛ̃⁰ tɕiaʔ⁵，ɲi²² tsʰoʔ⁵，kʰuoʔ⁵ d ɛ̃²¹³ xuɐ⁴⁴ təʔ⁵ iaŋ²⁴ iɛʔ² xoŋ²¹³ iɛʔ² iɒŋ²¹³，ŋɒ²² tɕiɒŋ⁴⁴ mɐ⁰ kɐɯ⁴⁴ iaʔ² tʰiɛʔ⁵ a⁵³ ki⁰。ŋɐ²² lɐɯ²² mɒ²²：iɛʔ⁵？iaŋ²⁴ tʰiɛʔ⁵ kɐɯ⁴⁴ iaʔ² bəʔ⁰ ĩ⁴⁴ kɛ⁴⁴ tʰiɛʔ⁵ kʰuoʔ⁵ d ɛ̃²¹³ lɐ⁰ ma⁰，ɲi²² naŋ²² tʰiɛʔ⁵ kaŋ⁰ k ĩ⁴⁴ lɐ⁰ ga⁰？

县官一路走一路想：哎呀，这两个刁民真坏，让我做错事情被底下的差人笑话。他边走边想，一不小心脚底下一滑，一屁股摔在地上，赶紧爬起来，屁股摔得很痛很痛。他一瘸一拐走到屋里，把裤子脱下来，照着镜子，弄点膏药贴贴。正在贴的时候，他老婆走进来了，她问："老爷，你在干什么呀？"县官说："喏，刚刚碰到两个刁民，在公堂上吵死了，我都被气昏了，路上一不小心摔了一跤，你看，屁股摔得又红又肿，我弄点膏药贴一下。"他老婆说："咦？这膏药应该贴屁股上啊，你怎么贴在镜子上啊？"

（2020 年 10 月 23 日，江山，发音人：王锦土）

傻子女婿

早时有个嘞傻子女婿，哎，去见丈人□去。

tɕieɯ²⁴ zie²¹³ iɯ²² kəʔ⁵ lE⁴⁴ sɒ⁴⁴ tsə²⁴ nɒ²² sE⁵³，E⁴⁴，kʰəʔ⁵ i ɛ̃⁴⁴ dziaŋ²² n̥ɿ̃²¹³ leɯ⁵³ kʰə⁰。

以前有个傻女婿，要去见丈人。

渠毑啊惊死话错话事、话错话事，特别嘱渠，渠话就是话，弗□咥多余，到丈人触˭里去。哎，再乙个惊死话弗来哼嘞，做得个嘞饼跟渠女、跟渠个儿话："哎，你话弗来嘞，就按照毑跟你话个，你话跟你囡有缘。毑做个嘞饼囥你袋里，你记牢圆个□得罢。"

ŋ²² tɕia⁴⁴ aº kuaŋ⁴⁴ sə²⁴ yə⁴⁴ tɕʰyə⁴⁴ yə²² zie³¹ 、yə⁴⁴ tsʰo⁴⁴ yə²² zie³¹，dəʔ⁵ bieʔ⁵ tɒŋ⁴⁴ ŋ²²，ŋ²² yə⁴⁴ dziEʔ⁵ lEʔ⁵ yə⁴⁴，fəʔ⁵ leɯ⁵³ tieʔ⁵ to⁴⁴ yə²¹³，teɯ⁴⁴ dziaŋ²² n̥ɿ̃²¹³ tɕʰyEʔ⁵ ləº kʰə⁵³。E²⁴³，tsE⁴⁴ ieʔ⁵ gəʔº kuaŋ⁴⁴ sə²⁴ yə⁴⁴ fəʔ⁵ li²¹³ bəʔ⁵ lEº，tso⁴⁴ təʔº kəʔ⁵ lE⁴⁴ p ɿ̃²⁴ k ɛ̃⁴⁴ ŋ²² nɒ²²、k ɛ̃⁴⁴ ŋ²² gəʔº ɲi²¹³ yə⁴⁴：E²⁴³，ɲi²² yə⁴⁴ fəʔ⁵ li²¹³ lEº，dziEʔ⁵ ɒŋ⁴⁴ tɕieɯ⁵³ tɕia⁴⁴ k ɛ̃⁴⁴ ɲi²² yə⁴⁴ gəʔº，ɲi²² yə⁴⁴ k ɛ̃⁴⁴ ɲi²² naŋ²¹³ iɯ²² y ɛ̃²¹³。tɕia⁵³ tso⁵³ kəʔ⁵ lE⁴⁴ p ɿ̃²⁴ kʰaŋ⁵³ ɲi²² dE³¹ ləʔº，ɲi²² kə⁵³ leɯº ye²¹³ gəʔº dzia³¹ təʔ⁵ bɒº。

他母亲非常害怕他说错话，特意叮嘱他：到丈人家里去，不要吃太多。她担心儿子不会说话，就做了个饼给她儿子，说："你不会说话呢，就按照妈说的来，你就说：跟你女儿有缘。妈做个圆饼放你口袋里，你记牢圆的就行了。"

再傻子女婿话："哦，好，记牢罢，圆，圆，跟你囡有缘。"渠就记记心里，个路走呗就是跟你囡有缘，话起话起，话起话起。

tsE⁴⁴ sɒ⁴⁴ tsə²⁴ nɒ²² sE⁵³ yə²²:o²², xɐɯ²⁴³, kɵ⁵³ lɐɯ²¹³ bɒ⁰, y ɛ̃²¹³, y ɛ̃²¹³, kɛ̃⁴⁴ n̺i²² naŋ²¹³ iɯ²² yɛ̃²¹³。ŋə²² dʑiEʔ kɵ⁴⁴ kɵ⁵³ ɕi⁵³ ləʔ⁰, a⁴⁴ luə²² tsɯ²⁴ bəʔ⁰ dʑiEʔ lEʔ⁵ kɛ̃⁴⁴ n̺i²² naŋ²² iɯ²² yɛ̃²¹³, yə²² ki⁰ yə²² ki⁰, yə²² ki⁰ yə²² ki⁰。

傻女婿说：“好的，记牢了，圆，圆，跟你女儿有缘。”他就用心记了，一路走一路就反复说“跟你女儿有缘”。

走到丈人触￣里嘞，丈人触￣里有门□个，渠走到喝￣里踢着个嘞鳖。屵￣乙当￣畜￣个嘞绊，喝￣个袋里个嘞饼，喝￣圆个饼揿扁倒罢。再渠哎促￣着丈人徛嘞，腔￣好话：“我我，”只记得“我跟你囡”，摸摸察袋里个饼是扁个，“我跟你囡扁屁□。”

tsɯ⁴⁴ tɐɯ⁵³ dʑiaŋ²² n̺ĩ²¹³ tɕʰyEʔ⁵ li⁰ lE⁰, ʑiaŋ²² n̺ĩ²¹³ tɕʰyEʔ⁵ li⁰ iɯ²² moŋ²² dʑiɵ̃²² gəʔ⁰, ŋə²² tsɯ²⁴ tɐɯ⁵³ xaʔ⁵ ləʔ⁰ tʰiEʔ⁵ dəʔ⁰ kəʔ⁵ lE⁴⁴ biəʔ²。 xuə⁴⁴ iəʔ⁵ taŋ⁴⁴ tɕʰioʔ kəʔ⁵ lE⁴⁴ paŋ⁵³, xaʔ⁵ gəʔ⁰ dE²² ləʔ⁰ kəʔ⁵ lE⁴⁴ pĩ²⁴³, aʔ⁵ y ɛ̃²² gəʔ⁰ pĩ²⁴ kʰ ɵ̃⁴⁴ piɛ̃²⁴ tɐɯ⁰ bɒ⁰。 tsE⁴⁴ ŋə²² E²⁴³ tsʰoʔ⁵ dəʔ⁰ dʑiaŋ²² n̺ĩ²¹³ gE²² lE⁰, kʰiaŋ⁴⁴ xɐɯ²⁴ yə²²:ŋɒ²² ŋɒ²², tsəʔ⁵ kɵ⁴⁴ təʔ⁵ ŋɒ²² kɛ̃⁴⁴ n̺i²² naŋ²², mo⁴⁴ mo⁴⁴ tsʰaʔ⁵ dE²² ləʔ⁰ gəʔ⁰ pĩ²⁴ lEʔ⁵ piɛ̃²⁴ gəʔ⁰, ŋə²² kɛ̃⁴⁴ n̺i²² naŋ²² piɛ̃²⁴ pʰi⁴⁴ pʰɵ̃⁴⁴。

走到丈人家里，丈人家是有门槛的，他走到那里绊了一跤，这么一摔，口袋里的那个圆饼被压扁了。他看到丈人站着，就说：“我我……”他只记得“我跟你女儿”了，摸了摸袋里的饼是扁个，就说：“我跟你女儿扁扁的。”

（2015 年 8 月 31 日，江山，发音人：蔡秉洪）

后　记

　　江山地处浙闽赣三省交界处,有关江山方言的独特价值与基本面貌,美国学者罗杰瑞、日本学者秋谷裕幸先后有论文和著作加以探讨,江山本土学者赵普义更是以 70 万字的篇幅对江山方言文化做了全景式的细致描写。在民间,关于江山人戴笠把江山话作为军统暗语的传说又给江山方言增添了扑朔迷离的传奇色彩。2013 年夏,受聘出任我校浙江方言文化研究中心主任的曹志耘教授前来启动浙江省的方言文化典藏项目,我不假思索地选择了江山作为调查点,随后便带着相机和纸笔,满怀好奇地走进了江山,结识了赵普义,并和他开始了卓有成效的合作(合作成果《中国语言文化典藏·江山》于 2017 年由商务印书馆出版)。有此基础,当 2015 年中国语言资源保护工程在浙江启动汉语方言调查试点时,我自然而然地再次选择了江山。

　　寻找方言发音人似乎是不在话下的,因为老朋友赵普义(以下简称"老赵")不仅是江山方言的专家,此前还曾担任江山市文化局局长,在当地的影响力和号召力不容置疑。但我们还是按照省语委的统一部署,由教育局在当地媒体上发出公开征召。一方面,通过官方媒体公开征召方言发音人这一程序本身意味着它是一项严肃的政府工程,意味着国家对方言传承与保护的重视,也意味着所采集的方言资源必须在当地具有广泛的代表性。这样的举措无疑会增强社会大众的方言文化自信,有利于方言文化持续传承与长久保护。另一方面,响应征召的报名者一般都会高度认同方言资源保存、保护的价值与意义,合作的热情更高,责任心也更强。由于遴选条件的严苛,加上面试官老赵的严谨,首轮面试并未招齐所有的发音人,最终依靠熟人推荐招齐了所有的发音人。

纸笔调查在江山老火车站旁的满江红宾馆里进行,江山市教育局食堂热情地为我们团队提供了工作餐;音像摄录安排在条件很好的江山中学录播教室,学校破例为我们办理了就餐卡。2015年年底,江山方言点顺利通过验收,调查材料提交给了中国语言资源保护研究中心。

移师别处调查之后,浙江语保团队的同仁们隐隐觉得,调查材料一交了事、人走茶凉的做法似乎对保护与传承当地方言作用有限,于是萌生出给每个调查点编写一本适合当地读者阅读、视听的图文音像方言读物的想法,随后便在2016年度调查的16个方言点上开展了尝试。语保工程收官的2019年年初,名为"浙江方言资源典藏"的融媒体丛书第一辑16册正式出版。此后,全省调查材料的汇编成为团队的中心任务,丛书其他方言点的编写工作便都耽搁下来,直到2023年5月《中国语言资源集·浙江》正式出版后,我们才又腾出精力启动了丛书第二辑的编写。

本书编写过程中始终令人纠结的是方言字问题,来回折腾了好几次。总想着"浙江方言资源典藏"既然是面向普通读者、回馈当地公众的,那么应该尽量避免使用影响阅读感受的有音无字符号"□",事实上确有些与之意义相同或相近的汉字可用,但读音上均不符合音变常理,贸然采用就违背了"一律不使用训读字"的语保工程用字规范,也与先前出版的《中国语言资源集·浙江》不一致。因此,在缺乏同音字的情况下,书中还是出现了少量"□",比如"要"义的"□[lɯ⁵³]"、"喊"义的"□[gyaŋ²¹³]"等,好在书前的"常用方言词"部分已做了注释,随文也有小字注或意译,读着虽然疙里疙瘩,但并不影响理解。此外,对于几个方言字,我是和老赵存有分歧的,比如江山话里的"人"大多说成[naŋ²¹³],我记作"农",初稿请老赵帮忙审校,他认为[naŋ²¹³]的本字就是"人",光这一个"人"字的批注他足足写了1000多字,指出"江山没有人会认同'人'的本字是'农'字的","让江山人把'人'读成nong、nong、nong、nong、nong,人家烦不烦!"我很感激老赵能以如此顶真的态度对待书稿中的方言用字,我们之前就经常为标音用字问题争得面红耳赤,但争吵丝毫不影响我们的友情,每回见面仍被他以各种不容推却的理由灌醉,从他身上你能极其直观地体察到他在《江山方言》中精准概括的江山人的品性:直、硬、义、勤。初稿中的这个义为"人"的"农"字,我最终从众改成了"侬",我准备以下面的理由来跟老赵商榷:"农"或"侬"跟"冬"同属端系通摄合口一等字,"冬"字在江山话的"冬至""冬瓜"等词语里读[taŋ⁴⁴],"侬"在江山话的"媒侬""侬客"等词语里怎么就不能读[naŋ²¹³]呢? 不知下回见到老赵,他会以什么样的理由来把我灌醉?

我在编写过程中仍然不断反思的是:这册小书乃至这套丛书的存世价值究竟何在? 单册的"典藏"的确只能算是一册小书,内容既不广博,研究也不深入,篇幅不过区区20万字左右,扛着"典藏"的名头不免头重脚轻。对于研究基础较好的方言,这样一本小册子的有无似乎无足轻重,但对于省内大多数研究基础相对薄弱的方言而言却绝非无关紧要,它可能是个很好的起点或拐点,能为当地方言文化的保护与传承、开发与应用奠定良好基础、提供有力支撑。当数十乃至上百册这样的小册子汇编成丛书,成为国内第一套省域全覆盖的分县方言读本时,"浙江方言资源典藏"的书名或许是恰如其分的。

作为方言资源型的"典藏",丛书的内容架构也明显有别于一般方言著作。曾有学者一针见血地指出汉语方言学的软肋:几十年来一直没有突破字词句调查记录和音韵分析的藩篱,很少有人花精力调查和记录自然话语,因而话语语料十分匮乏,方言研究总给人只见树木不见森林之感。由此来看,我们这套单册篇幅不大的"典藏",在记录转写方言话语方面,无疑已经集体性地迈出了难能可贵的一大步。除了收录语保工程规定数量的字、词、句外,"典藏"还以近半的篇幅收录原生态的方言口语语料,包括四位不同年龄、不同性别的发音人无文字凭借的讲述与对话,也包括在当地世代相传的歌谣、谚语、故事等集体创作的口传文化。众所周知,口语语料的采集处理难度远非文本语料能比,更何况是方言的话语语料。各省出版的资源集均未收录方言话语部分,个中原因不言自明。这部分总时长 100 分钟的方言话语是语保工程中唯一最接近自然口语的语料,其价值甚至超越方言口语语料本身,但如果连调查采录它们的学者也弃之不顾的话,它们大概率会遥遥无期地沉睡在高阁之上了,这岂是一个有使命感的语保人所能忍看的?浙江语保团队于是硬着头皮咬着牙将它们捡拾起来,选取若干片段收进"典藏",反反复复地审听,不厌其烦地核对,为了最大限度地呈现其原始面貌,甚至连哼哈嗯哪、口误重复之类也不吝笔墨地一一加以记录。我相信,细心、耐心的读者一定能从这些看似粗粝琐碎的话语中感受到浙地方言的独特意韵。需要说明的是,丛书从这一辑起不再能使用已入库的音视频资料,有些匪夷所思,好在浙江语保团队当年还同步采录了实景的"浙江乡音"资料,丛书的口头文化部分仍用二维码形式收录了这些精彩鲜活的音视频,因此,我们的丛书仍然是能阅读、能视听的图文音像方言书。此外需要说明的是,登录"中国语言资源保护工程采录展示平台"后,各地方言的字词句篇视频语料还是可以点播的。

从学术研究的分工来看,我们所从事的调查、摄录、转写及编纂工作大抵属于相对低端的第一产业:田野调查相当于从土里刨食,摄录影像是为了立此存照,转写是从田野搬上纸面,编纂是以类聚物、分类摆放,没有深度加工,也没有精细打磨,未作刻意包装,也未作美化宣传。有同仁曾自嘲为"学术民工",我倒更喜欢"方言搬运工"这一说法。近代以来,人类社会发展日新月异,工业化生产极大地减轻了人类繁重的体力劳动,人工智能的发展也必将极大地减轻人类烦琐的智力劳动。然而即使是能进行自然语言处理的ChatG-PT,无论是在预训练阶段还是与人类的互动阶段,它的模拟认知与逻辑运算仍然必须依靠巨量的文本资源,而能从事田野调查并将世界符号化、文本化的,只有人类自己。在这一点上,"方言搬运工"的工作无疑具有不可或缺也无可替代的原初价值。

感谢老朋友赵普义先生在江山方言的调查摄录及书稿校阅方面所给予的大力支持和无私帮助,感谢编辑田慧女士为本书编校而付出的辛劳,还要感谢江山市教育局的徐凌志、陈丁亮两位先生为选拔发音人、协调摄录场地所付出的辛勤汗水,感谢江山中学慷慨提供录播教室,感谢蔡秉洪、祝文娟、张康、徐珺、邓作友、徐长秋、王锦土等发音人的通力合作与精彩讲述,感谢研究生邢芬、李仪、吴露露承担了音像摄录及语料整理工作,方闻笛、郑诗楠承担了方言文化的补充摄录工作,感谢浙师大中文专业的朱恬逸同学疏通了部分话语难点。书中尚存错谬,敬请不吝指教。

诞生于农耕文明的汉语方言,如今老樟树一般伫立在村口,身后是日渐萧索的村庄,远处是不断扩张的城市,记不清目送过多少儿女离乡远行,也不知道盼到了几多游子衣锦归来。"江山碴石堆,勋去亦勋归",江山的这句谚语令我心生感慨,它道尽了江山人对故土的难舍难离,只是不知在外摸爬滚打的江山"石头块儿们",磨滑了棱角的同时,可曾磨损了自己的乡音?

当故乡回不去时,乡音是我们仅存的精神家园。

是为后记。

浙江师范大学　王洪钟

2023 年 9 月 15 日